JN122175

シリーズ
新時代の学びを創る
11
シリーズ企画者
冨永 光昭
木原 俊行
池永 真義

生活科・
総合的な学習の時間の
理論と実践

資質・能力を育む探究的な学習とカリキュラム

木原俊行・馬野範雄 編著

あいり出版

執筆者紹介

木原俊行	■大阪教育大学大学院	：編者、1章
馬野範雄	■関西福祉科学大学	：編者、2章1、2、3章1
藤原靖浩	■関西福祉科学大学	：2章3
東城大輔	■大阪総合保育大学	：3章2
松井奈津子	■大阪市教育委員会	：3章3
仲野みさ子	■堺市立野田小学校	：4章1
上田幸司	■大阪市立粉浜小学校	：4章2
竹原章雄	■関西女子短期大学	：4章3
森嵜章代	■堺市立登美丘東小学校	：5章
佐藤　真	■関西学院大学	：6章
佐久間敦史	■大阪教育大学	：7章1
余川恭子	■大阪市立晴明丘南小学校	：7章2
中條佐和子	■富田林市立向陽台小学校	：7章3
永野いつか	■大泉学園堺市立大泉中学校	：7章4
香田健治	■関西福祉科学大学	：8章1
渡邉和也	■大阪教育大学附属平野小学校	：8章2
池田知之	■大阪市立吉野小学校	：8章3
藤谷理津子	■大阪教育大学附属平野中学校	：8章4
四辻伸吾	■大阪大谷大学	：9章1
上田晋郎	■和泉市立南池田小学校	：9章2
島﨑由美子	■堺市立北八下小学校	：9章3
服部信悟	■東大阪市立長瀬南小学校	：9章4
平野裕一	■大阪府立豊中高等学校	：9章5
島田　希	■大阪市立大学	：10章1
多賀井直子	■堺市立三宝小学校	：10章2
岩﨑千佳	■大阪教育大学附属平野小学校	：10章3
網代典子	■大阪府立夕陽丘高等学校	：10章4

◎シリーズ企画・監修者　冨永光昭・木原俊行・池永真義

ま え が き

　2017（平成29年）・2018（平成30年）に改訂された学習指導要領においては、資質・能力の育成、主体的・対話的で深い学びの実現、学習評価の工夫、カリキュラム・マネジメントの推進等などの考え方や枠組みが強調されています。それは、学校に、そして教員に、子どもたちの能動的な学びの実現や精錬を要請しました。そして、それを始めつつあった段階で、教育関係者は、いわゆるコロナ渦に遭遇し、いっそう学びの本質について考えざるをえなくなりました。

　2020年初頭から続くコロナ渦にあって教育関係者がその重要性を再認識したものは、何でしょうか。教育関係者の多くは、子どもたちの学びに対するニーズの高さ、その持続的発展の尊さを思い知りました。それに応ずるために、文部科学省は「学びの保障」を訴え、教員たちはその実現に腐心しました。教育委員会関係者も、学校の支援に尽力しました。つまり、コロナ渦により、教育関係者は、新学習指導要領が強調する、子ども主体の学びの重要性や可能性をより強く、より深く、よりていねいに意識せざるをえなくなりました。

　ところで、生活科や総合的な学習の時間（以下、生活・総合）が日本の教育課程に創設されてから、約30年が過ぎました。この間、生活・総合の実践研究にたずさわってきた教員等は、一貫して、子どもの学びを見つめることから授業を創造してきました。実は、新しい学習指導要領の全面実施やコロナ渦で教育関係者があらためて認識した学びの本質は、生活・総合の授業づくりにおいては旧来から大切にされてきたことです。

　本書の執筆者もまた、何十年にも及んで、上記の理念に基づく授業づくりを標榜し、それに関する学び合いを繰り広げてきました。執筆者の大半は、生活科・総合的学習教育学会・大阪支部のメンバーとして、生活・総合の授業づくりを協働的・実践的に追究してきました。特に、この組織の学校教員（及びその経験のある大学研究者）たちは、子どもたちが探究的な学びに没頭するような授業づくりを目指し、それに資する単元計画を作成・実行してきました。また、それを年間、あるいは学校全体で連続・発展させるためのカリキュラム開発に努めてきました。第三者評価を重視したり、ポートフォリオ評価等を導

入したりして、評価方法の工夫・改善にも着手してきました。同時に、この組織の大学研究者たちは、学校教員たちのそうした実践研究を支援したり、その発展に向けて助言したりしてきました。

　もちろん、生活・総合の授業づくりにも、時代や状況に合わせた工夫や転換は必要です。例えば、「未知の状況にも対応できる思考力・判断力・表現力」の育成を図るために、本書の執筆者たちはいわゆる思考ツールの活用にチャレンジしてきました。また、コロナ渦への対応として整備が進んだICT活用と生活・総合の授業づくりの接点も見出そうとしてきました。本書では、そのような生活・総合の授業づくりのイノベーションも述べられています。

　このような経験を有する執筆陣の著述により、本書は、生活・総合の授業づくりに関する手引きとしての性格を有し、理論編（第1部、第2部）と実践編（第3部）で構成されています。生活・総合の授業づくりの総論と各論が体系的に整理されていますので、読者の多様なニーズに合致しうると、編者は自負しております。

　本書を通じて、読者には、生活・総合という舞台で、子どもたちがその資質・能力を高めていく道筋を確かめていただきたいと存じます。また、本書を参考にして、その実践化に向けたプランを磨いていただければ幸甚です。

　なお、本書は、【シリーズ・新時代の学びを創る】全12巻 の第11巻です。このシリーズの各書は、第1巻『教科教育のフロンティア』で示されている、各教科教育に関わる授業づくりの理論を羅針盤にしています。そして、それが各教科等の授業づくりにおいてどのように展開されるかを第2巻以降で語ることとなっています。それゆえ、読者には、本書を第1巻や他巻と合わせて読んでいただくこともお勧めいたします。

　本書の刊行に至るまでに、あいり出版の石黒憲一氏には、たくさんの励ましや貴重な示唆を頂戴いたしました。記して、ここに、感謝の意を表明したいと存じます。

2021年8月　編者

木原俊行（大阪教育大学）

馬野範雄（関西福祉科学大学）

目 次

1章 生活科・総合的な学習の時間の意義

章のねらい

　本章では、生活科・総合的な学習の時間の今日的意義について解説する。それは、「資質・能力の育成」という学力観の先導、「主体的・対話的で深い学び」のモデル、そして「カリキュラム・マネジメント」の主柱という3つの側面に及ぶ。本章は、2章以降の内容のイントロダクションでもある。すなわち、本書全体の内容を俯瞰し、各章を連結する役割も果たす。

1. 資質・能力の育成という学力観の先導

(1) 学校での学びをめぐる今日の状況

　今、なぜ、生活科や総合的な学習の時間の授業づくりが大切なのか。2章で整理されるような系譜をたどり、生活科が教育課程に新しい教科として創設されてから、すでに30年以上の時が流れた。総合的な学習の時間にしても、その創設が学習指導要領で示されてから20年以上の歳月が過ぎた。その間、必ずしも、これらが学校の教育課程における花形だったわけではない。学力向上問題が声高に叫ばれ、国語や算数・数学の知識や技能の習熟のためのトレーニングに、教室で教師たちが多くの時間を割くこともあった。それでもなお、現在、日本の学校の教育課程においては、生活科・総合的な学習の時間の授業時数は一定確保されている。また、筆者のように、学校に足を運ぶ機会が多いと、そこで、しばしば、教師たちから、「生活科・総合的な学習の時間は子どもの成長にとても役立つ」「うちの教育課程は、生活科・総合的な学習の時間が柱だ」といった語りを聞かせてもらえる。

　そして、その声は、令和の時代になって、生活科・総合的な学習の時間の黎明期であった平成の早い時期以上に、大きくなっているのではないか。それは、21世紀社会の特徴に対する共通理解が人々の間で進んだからである。例えば、

1

平成 29 年版等の学習指導要領のもととなった中央教育審議会答申においては、「予測困難な時代に、一人一人が未来の創り手となる」ことの必要性を説き、その背景として「知識・情報・技術をめぐる変化の早さが加速度的となり、情報化やグローバル化といった社会的変化が、人間の予測を超えて進展するようになってきている」ことが述べられている[1]。

たしかに、我々は、日々の生活において、情報技術の恩恵を被ることが増えた。何かを購入する際にキャッシュレスでその代金を支払える、遠く離れた友人とリアルタイムで顔を見ながら（テレビ会議システムを利用して）話し合えるといったことはもはや日常となった。一方、情報技術の日常的利用には落とし穴があり、例えば、ネットショッピング依存に陥るとか、ハッキングによって個人情報を奪われるといった危機とも、我々は隣り合わせである。

グローバル化についても、ずいぶん進展した。航空代金等の枠組みが変わり、我々は、比較的容易に、外国を訪問できるようになった。また、流通の仕組みが整い、我々は、外国の企業や組織による商品を入手しやすくなった。それらの機会やサービスは、我々の日常を豊かにすることに一方で役立っている。しかし他方、グローバル化による人流や物流が新型コロナウィルスを世界中に広めてしまったことに象徴されるが、これには影もある。

振り返ってみると、いつの時代にも過去の社会とは異なる変化があり、そしてそれは必ず、人間に光と影をもたらす。その変化のスピードが加速している今日、学校で子どもたちに培うべきは、変化への備えであり、順応であり、それを自ら創造する資質・能力である[2]。

(2) 「学習」の再定義とそこで培われるべき資質・能力

佐藤によれば、21 世紀の教育の基本的な方向の1つは、「学習の改革が、大量の知識を効率的に伝達する産業主義モデルの学校教育からの脱皮として遂行される」（[*1]、pp.66-67）である。そして、「新しい社会が求める教育は、コミュニケーションの教育であり、創造的な思考の教育であり、狭い専門にとらわれない脱領域的な知性であり、情報を選択し構造化する能力の形成であり、コンピュータ・リテラシーの教育であり、異質な文化の多様性に対する理解であり、エコロジーへの配慮であり、生涯にわたって学び続ける主体の形成であ

る」（*1、p.67）と述べ、学習の再定義によって培われるべき資質・能力を示唆している。

　上記の佐藤の指摘から四半世紀が過ぎたが、このような学力観は加速度的にその重要性が明らかになっている。例えば、米国の企業関係者や教育関係者が参画したATC21s（21世紀型スキルの学びと評価）プロジェクトでは、21世紀の社会状況を見据えて、そこで高度な問題解決と対人コミュニケーションを繰り広げる人材に求められる能力、それを育成・評価するための方法論が総合的に議論されている。*2 そして、育成が望まれる【21世紀型スキル】が、次のような枠組みで示されている。

21世紀型スキル

思考の方法

１．創造性とイノベーション

２．批判的思考、問題解決、意思決定

３．学び方の学習、メタ認知

働く方法

４．コミュニケーション

５．コラボレーション（チームワーク）

働くためのツール

６．情報リテラシー

７．ICTリテラシー

世界の中で生きる

８．地域とグローバルのよい市民であること

９．人生とキャリア発達

10．個人の責任と社会的責任（異文化理解と異文化適応能力を含む）

　さらに、国立教育政策研究所は、プロジェクト研究を通じて、【21世紀型能力】を提案している。それは、「基礎力」「思考力」「実践力」の三層で構成される資質・能力である。次のように説明されている[3]。

第一に、21世紀型能力の中核に、「一人ひとりが自ら学び判断し自分の考えを持って、他者と話し合い、考えを比較吟味して統合し、よりよい解や新しい知識を創り出し、さらに次の問いを見つける力」としての「思考力」を位置づける。「思考力」は、問題の解決や発見、アイデアの生成に関わる問題解決・発見力・創造力、その過程で発揮され続ける論理的・批判的思考力、自分の問題の解き方や学び方を振り返るメタ認知、そこから次に学ぶべきことを探す適応的学習力等から構成される。

第二に、思考力を支えるのが、「基礎力」、すなわち、「言語、数、情報（ICT）を目的に応じて道具として使いこなすスキル」である。（後略）

第三に、最も外側に、思考力の使い方を方向づける「実践力」を位置づける。「実践力」とは、「日常生活や社会、環境の中に問題を見つけ出し、自分の知識を総動員して、自分やコミュニティ、社会にとって価値のある解を導くことができる力、さらに解を社会に発信し協調的に吟味することを通して他者や社会の重要性を感得できる力」のことである。（後略）

さらに、OECD は 2000 年前後から、コンピテンシー概念を整理し、発展させてきた。[*3] まず DeSeCo プロジェクトでは、キー・コンピテンシーが、3つの柱からなるものであると定義された。それは、自律的に行動する力（A: 大局的な視点に基づいて行動する力、B: 人生設計や個人的な計画を作り、実行する力、C: 自らの権利や利益、限界や必要性を主張する力）、道具を相互作用的に用いる力（A: 言語やシンボル、テキストを相互作用的に用いる力、B: 知識や情報を相互作用的に用いる力、C: 技術を相互作用的に用いる力）、異質な人々から構成される集団で相互にかかわり合う力（A: 他者と上手にかかわり合う力、B: 協力する力、C: 対立を処理して、解決する力）である。次いで、Education2030 プロジェクトでは、コンピテンシーが育まれる枠組み等までが、「ラーニング・コンパス」として、可視化された。それは、変革をもたらすコンピテンシー（責任ある行動をとる力、新たな価値を創造する力、対立やジレンマに対処する力）が知識、スキル、態度及び価値の複合的な概念であること、コンピテンシーは「見通し（Anticipation）－行動（Action）－振り返り（Reflection）」の「AAR サイクル」によって育まれることを描くものである。

また、その前提となる概念として「エージェンシー」があること、最終的な目標に個人や社会の「ウェルビーイング」が位置づくという理念をその礎としている。

　このように、世界の教育は、資質・能力の育成に関わる概念を発展させている。こうした資質・能力観に日本でいち早く対応してきたのが、本書が対象とする、生活科・総合的な学習の時間の授業づくりである。それは、これらと教科指導のベクトルに違いがあるからだ。奈須によれば、教科指導がその教科の特質に応じた「見方・考え方」を子どもの中で確かにすることが目指されている「鋭角的な学び」の成立を旨とするのに対して、生活科や総合的な学習の時間の指導では、「間口の広い学び」の創発によって、子どもが「教科等の枠組みを超えて『見方・考え方』を整理・統合し、ついには状況に即応した最適な形で資質・能力を自在に繰り出せる質にまで高めていく」（*4、p.45）ことが可能になる。

(3)　生活科・総合的な学習の時間で育む資質・能力

　以上のような学力観と、今、生活科や総合的な学習の時間で育むべき資質・能力の接点をここで確認しておく。

　学習指導要領で示されている目標は、それぞれ、次のものである。

> 生活科の目標
> 具体的な活動や体験を通して、身近な生活に関わる見方・考え方を生かし、自立し生活を豊かにしていくための資質・能力を次のとおり育成することを目指す。
> (1)　活動や体験の過程において、自分自身、身近な人々、社会及び自然の特徴やよさ、それらの関わり等に気付くとともに、生活上必要な習慣や技能を身に付けるようにする。
> (2)　身近な人々、社会及び自然を自分との関わりで捉え、自分自身や自分の生活について考え、表現することができるようにする。
> (3)　身近な人々、社会及び自然に自ら働きかけ、意欲や自信をもって学んだり生活を豊かにしたりしようとする態度を養う

> 総合的な学習の時間の目標
>
> 探究的な見方・考え方を働かせ、横断的・総合的な学習を行うことを通して、よりよく課題を解決し、自己の生き方を考えていくための資質・能力を次のとおり育成することを目指す。
>
> (1) 探究的な学習の過程において、課題の解決に必要な知識及び技能を身に付け、課題に関わる概念を形成し、探究的な学習のよさを理解するようにする。
>
> (2) 実社会や実生活の中から問いを見いだし、自分で課題を立て、情報を集め、整理・分析して、まとめ・表現することができるようにする。
>
> (3) 探究的な学習に主体的・協働的に取り組むとともに、互いのよさを生かしながら、積極的に社会に参画しようとする態度を養う。

　生活科や総合的な学習の時間で育む資質・能力は、前項で確認した、21世紀を生きるために必要なものとオーバーラップする部分が多い。まず、生活科でも総合的な学習の時間でも、その目標の叙述に「自己」や「自分」という言葉がたくさん登場する。これは、例えば、【21世紀型スキル】の「9．人生とキャリア発達」や【21世紀型能力】の「自律的活動」と深い関係があろう。

　次いで、生活科も総合的な学習の時間も、その目標の叙述に「人々」や「社会」という言葉がしばしば登場する。これらは、佐藤が述べる「コミュニケーションの教育」を彷彿させる。そして「人々」や「社会」という言葉は【21世紀型スキル】の「4．コミュニケーション」「5．コラボレーション（チームワーク）」「8．地域とグローバルのよい市民であること」「10．個人の責任と社会的責任（異文化理解と異文化適応能力を含む）」に含まれている。さらに、【21世紀型能力】の実践力に位置づく「人間関係形成力」「社会参画力」もまた、生活科・総合的な学習の時間で重視する「人々」「社会」に関わる概念であろう。「人々」や「社会」の重視は、【ラーニング・コンパス】の前提に据えられた「ウェルビーイング」や変革をもたらすコンピテンシーの「対立やジレンマに対応する力」と、その理念を共にしていることも、多くの説明を要しないであろう。

　さらに、生活科や総合的な学習の時間で育む資質・能力が現代的であること

を確認できるキーワードがもう１つある。「探究」である。生活科の場合は、「働きかけ」といった用語になっているが、それでもなお、試行錯誤、問題発見・解決といった営為をこの言葉からイメージ化できよう。佐藤が提示した「創造的な思考の教育であり、狭い専門にとらわれない脱領域的な知性であり、情報を選択し構造化する能力の形成」に、これらは応じている。また、【21世紀スキル】の「思考の方法」の「１．創造性とイノベーション」「２．批判的思考、問題解決、意思決定」「３．学び方の学習、メタ認知」に、生活科や総合的な学習の時間の目標で重視される「探究」は重なるところが大である。同様の関係は、【21世紀型能力】の思考力に含まれている「問題解決・発見力・創造力」「論理的・批判的思考力」「メタ認知・適応的学習力」にもあてはまろう。さらに、【ラーニング・コンパス】の「AARサイクル」が「探究」を意味していることは衆目の一致するところである。なお、「探究」に関わる資質・能力の育成については、7章の内容が関連深いので参考にされたい。

　このように、生活科や総合的な学習の時間で育む資質・能力は、新しい社会で重視される、それを生き抜く資質・能力に他ならない。換言すれば、今日育成を図るべき資質・能力を念頭に置くならば、生活科や総合的な学習の時間の授業づくりは、それにふさわしい学びを先導する存在なのだ。

2．「主体的・対話的で深い学び」のモデル

(1) 学びのパラダイム転換

　第１節で述べたような資質・能力を子どもたちに育むためには、その指導のあり方に工夫改善が必要だ。それを、松尾は「Teaching から Learning へのパラダイム転換」と呼んでいる。そして、「教育目標については、コンテンツからコンピテンシーへ、教育内容・教材については、学校知識からオーセンティックな知識へ、教育方法については、教授からアクティブラーニングへ、教育評価については、テスト評価から真正の評価への転換」（*5、pp.32-33）と、その内容を解説している。

　こうした学びは、今日、平成29年版小学校学習指導要領においては、「主体的・対話的で深い学び」として一般化されている。それは、次の図1-2-1で示

される内容となっている[4]。

この図では、主体的な学び、対話的な学び、深い学びが３層構造を成し、そして資質・能力を連続・発展的に高めていく営みであることを概観できる。註4）では、３つの学びはそれぞれ、次のように定義されている。

【主体的な学び】

学ぶことに興味や関心を持ち、自己のキャリア形成の方向性と関連付けながら、見通しを持って粘り強く取り組み、自己の学習活動を振り返って次につなげる「主体的な学び」が実現できているか。

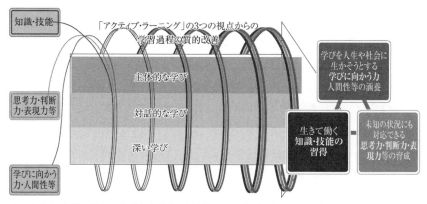

◎図1-2-1　資質・能力の育成と主体的・対話的で深い学び（「アクティブ・ラーニング」の視点）の関係（イメージ）（出典　註4）、p.12）

【対話的な学び】

子供同士の協働、教職員や地域の人との対話、先哲の考え方を手掛かりに考えること等を通じ、自己の考えを広げ深める「対話的な学び」が実現できているか。

【深い学び】

習得・活用・探究という学びの過程の中で、各教科等の特質に応じた「見方・考え方」を働かせながら、知識を相互に関連付けてより深く理解したり、情報を精査して考えを形成したり、問題を見いだして解決策を考えたり、思いや考えを基に創造したりすることに向かう「深い学び」が実現できているか。

これらの定義に基づく授業はどのような様相を呈するだろうか。文部科学省

が示した文書には、「主体的な学び」「対話的な学び」「深い学び」の定義に加えていくつかの例も示されてはいるが [5]、その具体的なイメージは必ずしも判然としない。しかしながら、そのモデルを、生活科・総合的な学習の時間の教師と子どもの姿に、そこで尊ばれている指導と評価の工夫に見出すことができよう。

(2) 生活科・総合的な学習の時間における「主体的・対話的で深い学び」の本格的展開

　生活科や総合的な学習の時間で、ここ数十年の間に取り組まれてきた実践は、資質・能力の育成のための指導と評価の工夫という点で、示唆に富んでいる。換言すれば、「主体的・対話的で深い学び」とその充実に資する「学習評価」に関わる実践を先導的に繰り広げてきたのが、生活科や総合的な学習の時間の授業づくりである。ここでは、その特徴を、次の5点に整理する。

①体験的な学びの徹底

　生活科も総合的な学習の時間も、体験的な学び、すなわち、子どもたちが五感を用いて学ぶことを重視する。生活科や総合的な学習の時間における「主体性」は、もちろん子どもの動機づけだとか好奇心といった内面をベースとするものであるが、それが身体性としても実現する点に注目したい。

　生活科が誕生した際に、中野はその意義に関して、①体験を重視する、②個性を生かす、③家庭や地域との関わりを見直す、④授業を変えるという4つの命題を提示している。そして、①については、「『体得』の重要性」([*6]、p.34)という表現を用いて、その意義を論じている。また、その内容を、「体で学ぶということは、具体的には、見る、調べる、作る、探す、育てる、遊ぶなどの学習活動である」([*6]、p.35)と解説している。

　渡辺によれば、「学習において身体が果たす役割が注目を集めるようになり、そのメカニズムの解明が図られるようになってきた。同時に、そうした身体性が活用された学習形態が提唱され、取り組まれるようになってきている」([*7]、p.242)。生活科における体験的な学びの重視は、こうした流れに位置づく、そのシンボル的存在と言えよう。

②多様なパートナーとの協働

　生活科や総合的な学習の時間では、一般に、子どもたちの学びのパートナーが広がっている。すなわち対話的な学びが充実している。例えば、生活科では、子どもたちは、校区探検に赴き、公園等で様々な人々に出会う。学校内であっても、昔遊びの単元であれば、地域に住んでいらっしゃるお年寄りの方がインストラクター役を果たしてくださる。

　総合的な学習の時間は、その相手がさらに拡充される。総合的な学習の時間では、子どもたちが、探究課題の解決のために必要な情報を有識者から得る、専門家に自分たちがまとめたことや表現したことを批評していただくといったシーンがよくある。同じ探究課題の追究過程で、同様の課題に取り組んでいる他校の子どもとコミュニケーションする場合や、探究課題の追究成果を地域住民や下級生、さらには、異なる校園種の子どもに届けている場合も、珍しくない。

　「対話的な」学びが、学ぶ方法の工夫の１つとして、新学習指導要領において強調された。その象徴は、生活科や総合的な学習の時間において子どもたちが繰り広げている、多様なパートナーとの協働である。その具体例を、9章でつかんでいただきたい。

③複線型の学びの舞台の提供

　子どもの学びが「深い」ものになるためには、筆者は、生活科や総合的な学習の時間でこれまで教師がデザインしていた、「複線型」の学びが功を奏すると考える。それは、いかなるものを指しているだろうか。

　例えば、生活科で、秋の実りを題材とする作品を制作する場合であれば、ある子どもは、どんぐりを集めてくるが、別の子どもは松ぼっくりを選択する。別の子どもは、落葉を拾い集めてくる。それらの実りをそのまま画用紙に付けている子どもの傍らで、別の子どもは、それらを切ったり、それらに色を塗ったりして加工している。同じ教室には、秋の実りをタワーのような立体物へと変化させているグループもある。このように、秋の実りを体験するという共通の舞台の上で、子どもたちは、それまでの生活経験や個性に応じて、異なる材料やスタイルに従事する。そして、やがて、それらを共有し、季節に関する気づきを深める。

　総合的な学習の時間においては、学習の対象が大きく広がる場合さえある。少なからずの学校では、ある学年の学習で環境問題を扱う場合、ある子どもはゴミ問題に対峙しているけれども、別の子どもは大気汚染、地球温暖化を検討している。学習の方法についても、同様である。総合的な学習の時間の学習の一環として自分たちの街の振興について考えている教室を思い浮かべてみよう。そこで、ある子どもたちは街の歴史に関する文献研究にいそしんでいるが、別の子どもたちが、その街の振興会のリーダーにインタビューを試みているという状況は、珍しくない。その横で、何人かの子どもたちは、他の地域で成功した町おこしの当事者と、ビデオ会議システムを用いて、意見交換しているかもしれない。これらの活動の成果は、比較検討され、1つの振興策に収れんしていく。

　このように、幾重にも及んで、生活科と総合的な学習の時間の学習では、子どもたちが異なる学びに従事する。そして、その成果を共鳴させる機会を持つ。そうした「複線型」の学びによって、子どもたちは、ものごとを多面的、多元的に考え、それを表現して、深い学びへと結実させる。

　なお、「複線型」の学びの成立には、ICT 環境や人的環境の整備、その活用が大きく影響する。それらの好事例を8章や9章で得ていただきたい。

④探究の「サイクル」の尊重

　中央教育審議会答申を解説した文書によれば、深い学びの例として、次のようなものが掲げられている[6]。

・ 事象の中から自ら問いを見いだし、課題の追究、課題の解決を行う探究の過程に取り組む
・ 精査した情報を基に自分の考えを形成したり、目的や場面、状況等に応じて伝え合ったり、考えを伝え合うことを通して集団としての考えを形成したりしていく
・ 感性を働かせて、思いや考えを基に、豊かに意味や価値を創造していく

　これらは、総合的な学習の時間の指導で当然視されている「探究」の過程とよく似ている。すなわち、「課題の設定」「情報の収集」「整理・分析」「まとめ

表現」という段階をたどって、子どもたちが学びを進めるという総合的な学習の時間のスタイルは、新しい学習指導要領の「深い学び」のシンボルと言える。そうであるならば、総合的な学習の時間における探究的な学習では、深い学びをいっそう充実させるために、4段階の学習過程が「繰り返される」ことが望まれよう。新学習指導要領における「主体的・対話的で深い学び」の解説に関わる文書を見ても、それは明記されていないように思われる。それゆえに、総合的な学習の時間、そして生活科においては、「まとめ・表現」が新たな「課題の設定」に接続される探究の「サイクル」を指導者は実現してほしい。それにより、主体的・対話的で深い学びの本格的展開が可能となるからだ。

⑤真正の評価の実施

　生活科においても総合的な学習の時間においても、これまで、その評価には工夫が凝らされてきた。子どもたちの学びのプロセス、とりわけ、前述した探究の「サイクル」の様相をトータルに評価しようとするポートフォリオ評価は、教育課程に総合的な学習の時間が創設されたことを契機として、その意義や可能性が注目を浴びるようになった。

　若林・田中は、総合的な学習の時間の今日的意義を4点に整理しているが、その1つが教育評価に関わるものである。[*8]　若林・田中によれば、ポートフォリオ評価は「真正の評価」に位置づくものであり、教育評価の課題を克服する可能性を有している。それは、「知識の記憶の有無のみを評価対象とする画一的な方法が横行し、さらには評価行為自体が教育実践と隔絶して一種の『儀式化』の様相を帯びている状況を打破するための重要な問題提起となっている」（[*8]、p.175）。

　新学習指導要領においては、資質・能力の3つの柱に基づいた目標や内容の再整理を踏まえて、観点別学習状況の評価の観点が、小・中・高等学校の各教科等を通じて、「知識・技能」「思考・判断・表現」「主体的に学習に取り組む態度」の3つに整理されている。また、それらの観点に応じて評価方法を工夫することが指導者に求められている。そこでは、生活科や総合的な学習の時間ではごく普通に取り組まれている、「観察による評価」「制作物による評価」「ポートフォリオによる評価」などが例示されている。こうした見地からすると、生活科や総合的な学習の時間は、今、指導者に求められる、指導と評価の

一体化、学習評価の充実のモデル的存在なのである。

　なお、生活科や総合的な学習の時間における評価の工夫については、3章第1節でその課題を把握するとともに、6章でそれを解決する術を学んでいただきたい。

3．カリキュラム・マネジメントの主柱

(1)　カリキュラム・マネジメントの基本的な考え方

　2017年から改訂され、2019年度から順次全面実施となる学習指導要領において、カリキュラム・マネジメントは脚光を浴びることとなった。子どもたちの資質・能力の育成には学習指導法の工夫が不可欠であり、そのための条件整備として、カリキュラム・マネジメントの確立が求められることとなった。

　その内容として、小学校等の学習指導要領総則の解説においては、次の3側面が提示されている。

> 1.各教科等の教育内容を相互の関係で捉え、学校の教育目標を踏まえた教科横断的な視点で、その目標の達成に必要な教育の内容を組織的に配列していくこと。
> 2.教育内容の質の向上に向けて、子供たちの姿や地域の現状等に関する調査や各種データ等に基づき、教育課程を編成し、実施し、評価して改善を図る一連のPDCAサイクルを確立すること。
> 3.教育内容と、教育活動に必要な人的・物的資源等を、地域等の外部の資源も含めて活用しながら効果的に組み合わせること。

　これまで、生活科や総合的な学習の時間では、子どもたちが複数の教科の内容にまたがる学習課題を探究してきた。総合的な学習の時間の場合は、それらの何をどのように扱うかも学校の裁量で決めることになっていた。それゆえ、多くの学校では、環境、国際理解（協力）、福祉、生命、ジェンダー、キャリアなどをテーマにした学習がデザインされ、実施されていた。つまり、総合的な学習の時間の授業づくりでは、カリキュラム・マネジメントの第1の側面である「教科横断的な視点」が子どもたちの学びに導入されるのは、ごく普通の

ことであった。また、生活科の授業づくりも、「自分と身近な人々、社会及び自然とのかかわり」という教科目標の叙述に象徴されるが、自然科学と社会科学の内容の統合が目指されており、やはり教科横断的な視点を旨としていると言える。

　第2の側面である、教育課程編成のPDCAサイクルについても、生活科や総合的な学習の時間は、その創設時から、教育課程に関するマネジメントを重視してきた。例えば、生活科であれば、内容項目をどのように第1学年及び第2学年の年間指導計画上に配置するかについて、教師たちは、試行錯誤を繰り広げた。総合的な学習の時間の場合は、学校の裁量権が大きいので、授業づくりの試行錯誤を、教師たちは自明のことと受け止めてさえいる。

　生活科や総合的な学習の時間の授業づくりを重視する学校は、したがって、教育課程編成のPDCAサイクルを満たすべく、校内研修に、授業研究だけでなく、教育課程の全体像に関わる研鑽を位置づけることが多い。写真1は、尼崎市立下坂部小学校の教師たちが、令和2年度末に、次年度の生活科や総合的な学習の時間において子どもたちに育む資質・能力の重点化を図っている様子である。令和3年度に、どのような資質・能力を各学年で重視したいのか、それにはどのような異同があるのかを、資質・能力の要素を9つに定め、それらをランキングする活動を校内研修に導入している。

　第3の側面として位置づけられている、人的・物的資源の活用についても、生活科・総合的な学習の時間の授業では、子どもたちを問題解決的な学びに従事させるために、教師たちは、工夫を凝らしてきた。前者については、すでに、

◎写真1　尼崎市立下坂部小学校の教師たちによる資質・能力の検討

本章第2節の（2）で言及したとおりである。また、後者についても、例えば、文部科学省が作成した、総合的な学習の時間に関わる指導資料において、それを支える体制づくりが「学習空間の確保」「教室内の学習環境の整備」「学校図書館の整備」という視点で整理され、その重要性や工夫すべき点が明らかにされている[7]。

　このように、生活科や総合的な学習の時間の授業づくりは、カリキュラム・マネジメントの概念、それに基づく実践が現在のように一般化される前から、子どもたちの学びを充実させるために教師が自然に取り組んでいたことである。換言すれば、生活科や総合的な学習の時間の授業づくりは、平成29年版小学校学習指導要領等で強調されたカリキュラム・マネジメントを教師が自分のものにする取り組みの主柱となろう。

(2)　生活科や総合的な学習の時間におけるカリキュラム・マネジメント

　ここでは、生活科や総合的な学習の時間の教科・領域内でのマネジメントの留意点をまとめておこう。両者のうち、教育課程上は領域である、総合的な学習の時間について検討する。そのカリキュラムに関わるマネジメントは、教科である生活科以上に、複雑であるからだ。

　総合的な学習の時間は、前述したように、その目標でさえも、各学校が定めることになる。教師たちは、学校としての全体計画、各学年等の年間指導計画、そして単元計画と、幾重にも及んで、その授業づくりをマネジメントしなければならない。さらに、それらが、異校園種の連携に及ぶことも望まれる。こうした、「多元的な」カリキュラム・マネジメントに教師たちは、どのように従事すればよいだろうか。

　筆者は、その基幹となるのは、学校としての全体計画の策定であると考える。それが不十分なものであると、次に述べる各学年の年間指導計画や単元計画の作成に支障をきたすからだ。例えば、指導者たちが複数の学年で同じ探究課題を扱って子どもが退屈したり、ある探究課題の解決の前提となる資質・能力を獲得していないために子どもの探究課題の解決が停滞してしまったりすることが危惧される。また、異校園種で連携して一環カリキュラムを構想する際には、その体系をゼロから創るよりも、すでに学校として取り組んでいるもの、その

枠組みをすりあわせ、調整するのが現実的である。前述の指導資料によれば、全体計画は、その必須の要件として、①各学校において定める目標、②目標を実現するにふさわしい探究課題、③探究課題の解決を通して育成を目指す具体的な資質・能力を記すこととなっている[8]。それらの詳細は、4章の3つの節の叙述に委ねるが、全体計画が確かに定まれば、前述したような事態に陥ることはないであろう。

年間指導計画は、全体計画を踏まえて、各学年・学級における、1年間の主な学習活動を表現するものである。各学年の年間指導計画においては、前節でも確認したが、「探究の過程」が連続・発展するよう、単元間の目標・内容・活動が調整されることが望まれる。それゆえ、各単元では、「課題の設定」「情報の収集」「整理・分析」「まとめ・表現」に均等に時間をかける必要はない。例えば、ある年度の初めの単元においては、「課題の設定」にたっぷりと時間をかけたい。それが1年間を貫く探究課題を子どもたちが見出す学習場面になるのだとしたら、それ以降の単元では、「課題の設定」にはそれほど時間をかける必要がなくなるからだ。

そして、単元計画は、年間指導計画に位置づけられた各単元を配当した授業時数の中で探究的な学習としてどのように展開されるべきかを子どもの関心や学びの姿をイメージして具体化するものである。言うまでもなく、単元計画の作成で重要なのは、学習過程が「探究の過程」として成立することである。そのための工夫については、5章の叙述を参照されたい。

(3) 生活科や総合的な学習の時間を主柱とする教育課程全体のカリキュラム・マネジメント

(1) で述べたように、生活科や総合的な学習の時間の授業づくりは、これまでにも、カリキュラム・マネジメントの考え方を踏まえていた。そのため、少なからずの学校では、ここ数年の間に、カリキュラム・マネジメントの1つめの要素である、「学校の教育目標を踏まえた教科横断的な視点で、その目標の達成に必要な教育の内容を組織的に配列」するために、生活科・総合的な学習の時間の目標・内容・活動と他の教科・領域のそれを積極的に関連させている。その考え方についても、4章でしっかり学んでいただきたい。また、その好事

例を、10章でつかんでいただきたい。さらに幼小連携のためのマネジメントについては、3章第2節を参照されたい。

(4) 生活科や総合的な学習の時間のカリキュラム・マネジメントに求められるリーダーシップ

　筆者は、カリキュラム・マネジメントの主柱を成すのは、リーダーシップであると考えている。[*9]校内研修や行政研修などでよく用いられている、田村のカリキュラムマネジメントモデルにおいても、モデル全体の中心に、それは位置付いている。[*10]

　当然のことながら、生活科や総合的な学習の時間のカリキュラム・マネジメントにおいても、リーダーシップは重要である。いや、いっそう強調されてしかるべきであろう。実際に、註7）の指導資料の「第6章総合的な学習の時間を支えるための体制づくり」の筆頭に「体制整備の視点と校長のリーダーシップ」という内容が定められている。そして、それは、校長、副校長・教頭、主幹・主任、コーディネータといった多様な人材が繰り広げるものとして描かれている。

　紙幅の都合上、ここでは、「実践的リーダー」のコーディネーション、「学校長が果たす多様な役割」について言及しておく。なお、体制づくり全般については、3章第3節でさらに学んでいただきたい。

①実践的リーダーのコーディネーション

　総合的な学習の時間が小学校の教育課程に創設された頃、筆者は、「総合専科」とでも呼べる教師たちに出会った。また、いくつかのケースではそうした教師たちとカリキュラム開発の営みをともにした。そうした教師は、複数の学年の総合的な学習の時間の授業づくりに関与し、その計画を提案したり、必要となる人的・物的資源を確保したり、その評価のためのツールを提案したりしていた。これらの教師たちは、子どもの探究的な学習に直接的に関与する。同時に、それを実践する同じ学校の他の教師にとっては、メンター、コーチ、アドバイザーといった「教師の教師」たる役割も果たしていた。コーディネータ的役割と言ってもよいであろう。さらに、校内研修の担当者として、学校が組織的に学ぶために様々な工夫を講じていた。[*11]

②学校長が果たす多様な役割

　カリキュラム・マネジメントとリーダーシップのもう１つの接点は、管理職、とりわけ学校長が果たす役割に関するものである。

　島田・木原は、学校を基盤とするカリキュラム開発を持続的に発展させている学校の学校長がどのようなアクションに従事しているかを聞き取り、複数の学校長に共通するものを抽出・整理して、図1-4-1のようなモデルを提案している。[12] これによると、学校長は、一部、前記実践的リーダーによるコーディネーション（モデル中の「カリキュラムの系統性・発展性の検討・助言」や「教師間の情報共有・理解を促す仕組みづくり」）にたずさわりながら、それを組織化するための役割（「実践的リーダーの戦略的指名」等）や持続的に発展させるための役割（「成果発表の促進」等）にも努めていた。

　さらに、木原・島田は、生活科や総合的な学習の時間を含む、学校を基盤としたカリキュラム開発のために、学校園長がどのような学びを繰り広げているかについて、ある地域の540名の学校園長を対象とする質問紙調査を実施している。回答結果を分析してみると、多様な学びを学校園長が繰り広げていることが確認された。[13、9]

　生活科や総合的な学習の時間の授業とカリキュラムに関して、学校長であっ

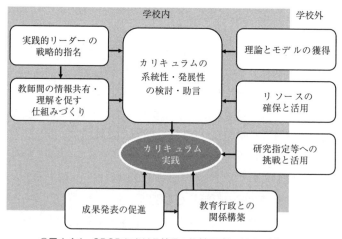

◎図 1-4-1　SBCD における校長の役割モデル（出典　[12], p.52）

ても、いや、学校長だからこそ、探究的な学習に従事する。そうした学びの同型性を、生活科や総合的な学習の時間の授業づくりでは、大切にしたいものである。子どもも、教師も、管理職も共に学ぶ――この学び合いを通じて、教育の本質を追究する舞台が生活科・総合的な学習の時間の授業づくりなのである。

（木原俊行）

【註】

1) 中央教育審議会の「幼稚園、小学校、中学校、高等学校及び特別支援学校の学習指導要領等の改善及び必要な方策等について（答申）」中の「持続可能な社会づくりに関連する記載（抜粋）」から。https://www.mext.go.jp/unesco/002/006/001/shiryo/attach/1407469.htm

2) ただし、資質・能力の育成に関してはさらに検討すべき課題もある。石井は、資質・能力やコンピテンシーをカリキュラムの構想へと具体化する際には、価値的な問いが不可欠であることをするく指摘している。すなわち、「知識経済を勝ち抜く『グローバル人材』をめざすのか、経済成長がもたらす社会問題や環境問題などに『自分ごと』として取り組む『地球市民』をめざすのかによって、資質・能力やコンピテンシーの中身が大きく異なってくる点には注意が必要」(*14、p.18) と、資質・能力等が異なる社会像・人間像を前提にしているにも関わらず、一括りにされて用いられることに関して警鐘を鳴らしている。

3) 国立教育政策研究所の平成25年度研究成果の公開ページから、「教育課程の編成に関する基礎的研究」の報告書5にアクセスされたい (https://www.nier.go.jp/05_kenkyu_seika/pdf_seika/h25/2_10_all.pdf)。

4) 幼稚園、小学校、中学校、高等学校及び特別支援学校の学習指導要領等の改善及び必要な方策等について（答申）補足資料 (https://www.mext.go.jp/component/b_menu/shingi/toushin/__icsFiles/afieldfile/2017/01/20/1380902_4_1_1.pdf) の p.12 より。

5) 文部科学省のホームページの「新しい学習指導要領の考え方−中央教育審議会における議論から改訂そして実施へ−」によると、例えば、主体的な学びの例として、「学ぶことに興味や関心を持ち、毎時間、見通しを持って粘り強く取り組むとともに、自らの学習をまとめ振り返り、次の学習につなげる」ことが示されている。この叙述、特に「学ぶことに興味や関心を持」つための授業のあり方のイメージは、人によって大きく異なろう。https://www.mext.go.jp/a_menu/shotou/newcs/__icsFiles/afieldfile/2017/09/28/1396716_1.pdf

6) 5) に同じ。

7) 文部科学省の「今、求められる力を高める総合的な学習の時間の展開」(https://www.mext.go.jp/a_menu/shotou/sougou/1300434.htm) より。

8) 7) に同じ。

9) ただし、「新学習指導要領等に応じた教育を実践している同一地域の学校に見学に行っている」「新学習指導要領等に応じた教育を実践している他地域の学校に見学に行っている」といった実地体験の遂行が学校園長の学びの課題であることも確認されている。

【文献】

＊1　佐藤学（1996）『教育方法学』岩波書店

＊2　Patrick Griffin、Barry McGaw and Esther Care（Eds.）（2012）Assessment and Teaching of 21st Century Skills. Springer、Netherlands.（邦訳：三宅なほみ（監訳）益川弘和・望月俊男（編訳）（2014）『21世紀型スキル−学びと評価の新たなかたち−』北大路書房

＊3　白井俊（2020）『OECD Education2030プロジェクトが描く教育の未来　エージェンシー、資質・能力とカ

リキュラム』ミネルヴァ書房

＊4　奈須正裕（2020）「資質・能力を基盤とした教育のカリキュラムと授業づくり」古川治・矢野裕俊（編）『人間教育を目指したカリキュラム創造』ミネルヴァ書房、pp.29-46

＊5　松尾知明（2016）『未来を拓く資質・能力と新しい教育課程　求められる学びのカリキュラム・マネジメント』学事出版

＊6　中野重人（1990）『生活科教育の理論と方法』東洋館出版

＊7　渡辺貴裕（2017）「学習の身体性－精神と身体の二元論を超えて－」田中耕治編『戦後日本教育方法論史　上』ミネルヴァ書房、pp.227-246

＊8　若林身歌・田中耕治（2017）「総合学習の変遷」田中耕治編『戦後日本教育方法論史　下』ミネルヴァ書房、pp. 161-180

＊9　木原俊行（2019）「カリキュラム・マネジメントの意義」高橋純（編）『教育方法とカリキュラム・マネジメント』学文社、pp.156-169

＊10　田村知子（2011）「カリキュラムマネジメントのエッセンス」田村知子（編）『実践・カリキュラムマネジメント』ぎょうせい、pp.2-11

＊11　木原俊行（2011）『活用型学力を育てる授業づくり』ミネルヴァ書房

＊12　島田希・木原俊行（2021）「学校を基盤としたカリキュラム開発における校長の役割のモデル化－カリキュラム・リーダーシップ論を分析の視点として－」日本カリキュラム学会（編）『カリキュラム研究』第30号、pp.43-55

＊13　木原俊行・島田希（2020）「学校を基盤としたカリキュラム開発に資する学校園長の役割と学びの実態－ある地域の幼稚園小中高等学校のリーダーに対する質問紙調査の結果から－」『大阪教育大学紀要　総合教育科学』第69巻、pp. 119-129

＊14　石井英真（2015）『今求められる学力と学びとは－コンピテンシーベースのカリキュラムの光と影－』日本標準

2章 生活科・総合的な 学習の時間の系譜

章のねらい

　　生活科は1989（平成元）年、総合的な学習の時間は1998（平成10）年の学習指導要領の改訂において新設されたが、日本の教育史上、類例はなかったのだろうか。また、新設されて以降、どのように変遷してきたのだろうか。さらに同様の教育活動は、海外でも行われているのだろうか。

　　本章では、生活科・総合的な学習の時間のルーツを探ってみたり、海外の動向を探ったりして、生活科・総合の現在位置を確認したい。

1. 大正自由教育や戦後新教育の取り組み

(1) 大正自由教育の取り組み

①社会的背景

　江戸時代の教育は、武士の子どもは各藩の藩校に通い、町人や百姓の子どもは、6〜7歳になると寺子屋で読み書きやそろばんの使い方を習っていた。明治時代に入ると、1872（明治6）年学制が公布され、全国でおよそ13,000の小学校が設立された。1873年頃の就学率は30％未満だったが、1903（明治36）年頃になると、100％近くまで上がってきた。1904（明治37）年からは国定教科書が使われ、「富国強兵、殖産興業」の国の方針のもと、国家主義的な教育が進められていった。

　明治時代の後半から大正時代にかけては、日清戦争（1894〜1895年）、日露戦争（1904〜1905年）、第一世界大戦（1914〜1918年）という戦争を踏み台にして、日本の産業は軽工業から重工業へと変化し、国家としては世界の先進国の仲間入りをはたそうという状況になってきた。

　教育の世界では、「知識中心、一斉画一授業」を中核とするヘルバルト派教育論を批判する新教育運動が世界的に広がり、日本においても大正自由教育へ

とつながっていくのである。

②及川平治の「分断式動的教育法」

　日本における自由教育運動は、大正デモクラシーの波にのって大正の中期に高揚したが、その先駆けとなったのが、及川平治の「分断式動的教育法」である。及川が明石師範附属小学校に着任したのは1907（明治40）年で、学業不振の子どもたちを救済するために教育のあり方を考えたことがきっかけになったようである。

　及川の「分断式動的教育法」は一貫して「児童を主体とする教育」をめざしており、デューイの説を根底とした進歩的教育の流れをくんだものと位置づけられる。

　及川は、「動的見地に立つ教育」として次の4点を主張している。

> イ　動観の哲学、動観の科学を基礎として構成すること
> ロ　教育の目的を生活中におき、人は現生活に満足せず、進んで価値あるものを獲取せんがために努力すること
> ハ　題材をもって働きの仕方となし、この働きの仕方は人類種族の生活の必要から発達したものであるから、学校教育は生活に必要な働きの仕方を発展せしむべきこと
> ニ　児童をしてつねに目的ある学習をなさしめ、児童の活動をすべて仕事となすべきこと

　そして、「動的見地に立つ教育は、生活中心、児童中心、労作中心、自学主義の教育となるのである」としている。現在の教育用語に置き換えると、「身の回りの自然や社会との関わり（生活）を学習対象とし、子ども中心の主体的・体験的な学習」と言い代えることができる。

　さらに子どもの実態に応じて、学級全体の指導と共に、個別教育（分断的個別的教育）も並行して行い、子どもたちの学力向上に資することを提唱していたのである。

③木下竹次の「生活教育」

　1919（大正8）年になると、手塚岸衛は千葉師範附属小学校において、「自由教育」の実践を始めた。手塚は、「教科における自学主義の徹底、科外的な

自由学習および自治集会と学級自治会の三つの領域にわたって、子どもの自主的な学習・生活」を展開していった。手塚の自由教育をさらにおしすすめ、生活教育的綜合学習にまで徹底したのは、奈良女子高等師範附属小学校の木下竹次の「奈良の学習」である。

「奈良の学習」は、自律的学習・生活学習・合科学習の三つの考え方から成り立っている。川合（1960）や亀崎・新福・加地（1984）の捉えを整理すると次のようになる。

◎表2-1-1 「奈良の学習」の三つの考え方

自律的学習	子ども一人一人のすすめる独自学習を分団でたしかめあい、さらに学級でたしかめあいすることをへて、独自学習をいっそう豊かなものにしていこうとする学習形態である
生活学習	「学校生活が学校に於ける学習生活である」として、音楽会・運動会・自治会・校舎修繕などを学習の対象として考えていた。
合科学習	教科のいくつかを組み合わせて学習するものであるが、単に教科を総合するという意味ではなく、学習者が自ら全一的生活を遂げて全人格の渾一的発展を図ることを要旨としている。

今日の「カリキュラムマネージメント」と同様の考え方を主張している。ここで、亀崎・新福・加地（1984）が捉えた木下の裁縫学習を、現在の生活科・総合的な学習の枠組みで捉え直し、改めて木下の授業観や学習方法を明らかにしてみたい。

1）児童（教室）観・教材観・指導観と裁縫学習

授業の観点	木下竹次の裁縫学習革新の事項
児童観	◇環境整理を十分に行い、生徒の能力が発揮できるようにすること。
教材観	◇裁縫の学習法を心得、裁縫を行っている間に裁縫の諸要点を身につけ、すべての衣類の製作を可能にすること。 ◇生活を基礎として裁縫を学習し、裁縫学習全体に実用的色彩を帯びるようにすること。 ◇学習内容は裁縫技術のほかに衣類の消費や服装改善の知識技能を修得すること。
指導観	◇他教科との関連を図り、学習者に学習態度をつけ、学校長や男子教員に関心をもたせることで普通教科として発展させること。 ◇時間の節約、無数の学習材の処理、学習法の改善等の学習の効率化を図ること。 ◇学習は易から難、部分から全体等というように順序だててするのではなく、裁縫学習全体の中で部分を学習すること。 ◇学習は教師の直接的、間接的指導の下に行うこと

2）授業改善と裁縫学習

	木下竹次の学習法の要点
主体的	◇学習者自身が学習材料を選択すること。 ◇環境から学習の資料と方法を得、これに思慮を加えて自ら裁縫を行うこと
対話的	◇他人と協同に学習すること
深い学び	◇学習者が自ら批評し、訂正すること ◇学習者は学習の行詰まりを解決することで自己発展を図ること

3）学習過程と裁縫学習

	裁縫学習の独自学習
課題の設定 （思いや願いをもつ）	◇学習者はいかなる場合も独立自主的に独自学習が行えるようにしなければならない。 ◇なるべく教師の説明なしに独自学習を実施する。 ◇整理された環境で学習動機が起こってから裁縫学習を初める。
情報の収集 （活動や体験をする）	◇学習に着手したら、そこから量的質的に裁縫学習の範囲を広げる。 ◇学習の必要に応じて学習を進め、行詰まりがおこったならば実物・標本・参考書・教科書・図表・教師・学友等から助力を受ける。
整理・分析 （感じる・考える）	◇学習問題に対して解決を急がず最初から完全を求めず、継続することに努力して、しだいに学習の程度を高めていく。
まとめ・表現 （表現する・行為する〔伝え合う・振り返る〕）	◇独自学習の進度は学習者自身が記述しておかなければならない。

　このように、木下の授業観や学習方法は、今日の生活科や総合的な学習の時間の学習形態や学習方法の原型になるような提案を行っていたのである。

（2）　戦後新教育の取り組み

①社会的背景

　1945（昭和20）年8月、日本はポツダム宣言を受諾し、4年にわたる太平洋戦争は終結した。アメリカを中心とする連合国軍に占領された日本は、民主化をめざした様々な改革を受け入れ、1946（昭和21）年11月に日本国憲法が公布され、翌年5月に施行された。

　学校教育では、小学校6年間、中学校3年間の義務教育が始まり、1947（昭和22）年3月、学習指導要領一般編（試案）が示された。特に注目されたの

は次の3点であろう。

 ⅰ 従来の修身・公民・地理・歴史がなくなって、新しく社会科が設けられた。

 ⅱ 家庭科が新しい名前とともに、内容を異にして加えられた。

 ⅲ 自由研究の時間が設けられた。

 （クラブ・委員会を中心とした特別活動につながっている）

　本節では、民主教育の代表のように言われた社会科を取り上げて、生活科・総合的な学習の時間との関連を考えてみたい。

②1947（昭和22）年版学習指導要領（試案）に見る新設「社会科」

　社会科は、1・2年生は週4時間、3・4年生は週5時間、5・6年生は週5〜6時間と、全学年を通じて設定され、時間数から見ても非常に重視されていたことがわかる。

1）新設社会科の目標

　この試案では、社会科の学習目標として15の項目をあげている。紙面の関係で全てを紹介することはできないが、今日的な観点「知識・技能」「思考力・判断力・表現力」「学びに向かう力、人間性」のフレームを使って、その内容に示されたキーワードを使って整理すると、表2-1-2のようになる。また、2年生の活動例として示された学習活動を、生活科の学習過程に当てはめたものが、表2-1-3である。

◎表 2-1-2　新設社会科教育の目標

知識・技能	思考力・判断力・表現力	学びに向かう力・人間性
各種社会の役割 相互依存関係 自然的・社会的条件 職業や社会生活種々の情報収集 観察する能力	合理的な判断 科学的総合的な考え 将来の方向を見渡す 自分で調査し、資料を集め、記録・地図・写真・統計等を利用し、またこれを作製する能力	社会人としての行動 秩序や法の尊重 自己の地位と責任の自覚 勤労を尊ぶ態度

2) 新設社会科の学習活動

◎表2-1-3　2年「植物の世話の仕方を知る」の学習過程

学習過程	主　な　活　動
思いや願いをもつ	1　花園や菜園を作ってその世話をし、日光、雨、肥料及び耕作の及ぼす影響を見たり話し合ったりする。 2　花園や菜園にとって有益な動物や有害な動物について観察したり、読んだり話し合ったりする。 3　家庭で採取した種子や球根や苗を学校に持って来て友だちと交換する。
活動や体験をする	4　種子や球根を水で育てて種子や球根の中にある養分の働きを観察する。 5　種子をまいてその発芽する有様を見る。 6　戸外観察を行って、いろいろな種子のいがや、からなどのおおいを見る。
感じる・考える	7　家で行われている草や木の霜除けや風除けのいろいろな方法を調べて報告する。 8　噴霧器による害虫駆除、病害予防の方法を見たり、それについて話し合ったりする。 9　採ってよい野花を採集し、採ってはいけない野花を実地について調べる。
表現する・行為する	10　公園、神社、寺院その他公共の場所の植物を世話する方法について話し合う。

　この学習活動を見ると、「社会科なのに栽培活動？」と思うかもしれない。この事例の意図として、「学校や家庭、各季節を通した草木の世話」「食物、衣服、住居、鑑賞及び装飾などの草木の利用」をあげていた。つまりこの学習のねらいは、「植物のしくみや生長」に気付くことではなく、生活者として、学校生活や家庭生活を楽しむことに重点をおいている。そして、教師が植物を指定するのではなく、生活の中から子どもが植物を取り上げ、体験活動を通して学び、さらに公共への関わり考えようとする生活科的な学習なのである。

（馬野範雄）

2．学習指導要領の変遷

　1947（昭和22）年の学習指導要領（試行）以来、日本の小学校教育は長く「国語・社会・算数・理科・音楽・図画工作・家庭・体育」という教科教育を中心に進められてきた。40年の時を経た1989（平成元）年、新教科「生活科」が誕生した。

(1) 1989（平成元）年の学習指導要領－生活科の誕生

　小学校理科・社会を廃止し、生活科が新設された。その背景には、「低学年

児童の心身の発達特性」「幼稚園教育との連続性」「児童を取り巻く生活環境の変化」といったことが指摘されていた。学習指導要領に示された教科目標は次の通りである。

> 　具体的な活動や体験を通して、自分と身近な社会や自然とのかかわりに関心をもち、自分自身や自分の生活について考えさせるとともに、その過程において生活上必要な習慣や技能を身に付けさせ、自立への基礎を養う。

　実験や観察を重視し、学習者を育てようとした理科・社会に替わって、身近な社会や自然との関わりを重視し、身近な社会の一員としての生活者を育てようとする意図が感じられる。

(2)　1998（平成10）年の学習指導要領－「総合的な学習の時間」の誕生

　「完全学校週5日制の下、各学校が『ゆとり』の中で『特色ある教育』を展開し、児童に豊かな人間性や自ら学び自ら考える力などの『生きる力』の育成を図ること」を基本的なねらいとして、学習指導要領の改訂が行われた。この時に示された生活科の教科目標は、次の通りである。

> 　具体的な活動や体験を通して、自分と身近な人々、社会及び自然とのかかわりに関心をもち、自分自身や自分の生活について考えさせるとともに、その過程において生活上必要な習慣や技能を身に付けさせ、自立への基礎を養う。

　この時の大きな特徴は、次の2点である。
1）「一部に画一的な教育活動が見られたり、単に活動するだけにとどまっていて、自分と身近な社会や自然、人にかかわる知的な気付きを深める事が十分でない状況も見られる」という中央教育審議会の答申（1997年11月）を受け、知的な気付きを大切にする指導が明示された。
2）　1989年版では「自分と身近な社会や自然とのかかわり」と表現された部分が、1998年版では、「自分と身近な人々、社会及び自然とのかかわり」と表現された。人々との関わりを重視された証である。またこの時、総合的な学習の時間が新設され、次のようにねらいが示された。

> (1) 自ら課題を見付け、自ら学び、自ら考え、主体的に判断し、よりよく問題を解決する資質や能力を育てること。
> (2) 学び方やものの考え方を身に付け、問題の解決や探究活動に主体的、創造的に取り組む態度を育て、自己の生き方を考えることができるようにすること。

　総合的な学習の時間については、授業時間数は決められていたが、学習内容については、「例えば、国際理解、情報、環境、福祉・健康などの横断的・総合的な課題、児童の興味・関心に基づく課題、地域や学校の特色に応じた課題などについて、学校の実態に応じた学習活動を行うものとする」という表現にとどまり、「各学校が創意工夫を生かし、特色ある教育、特色ある学校づくりを進めること」とされ、学校現場は「何をどのようにすればよいのか」わからない状況で、大いに戸惑ったところである。

(3) 2008（平成20）年の学習指導要領

　この時の生活科の改善の基本方針では、「自分自身についての理解を深める」「自然の不思議さや面白さ・生命の尊さを実感する学習活動」等を指摘しているが、教科目標の表現が変わることはなかった。
　総合的な学習の時間のねらいは、次のように示された。

> 　横断的・総合的な学習や探究的な学習を通して、自ら課題を見付け、自ら学び、自ら考え、主体的に判断し、よりよく問題を解決する資質や能力を育成するとともに、学び方やものの考え方を身に付け、問題の解決や探究活動に主体的、創造的、協同的に取り組む態度を育て、自己の生き方を考えることができるようにすること。

　この時の改訂の大きな特徴は、次の2点である。
1）主体的、創造的に加え、目標に「協同的」という言葉が追加された。改善の具体的事項にあげられている「互いに教え合い学び合う活動や地域の人との意見交換など、他者と協同して課題を解決しようとする学習活動を重視する」ということが反映されている。

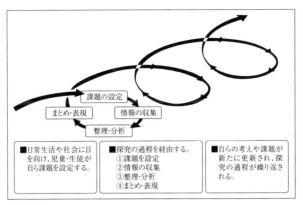

◎図 2-2-1　探究的な学習における学習の姿

2）「探究的な学習における児童の学習の姿」が図 2-2-1 のように明記された。
　　改善の具体的事項にあげられた「言語により分析し、まとめ・表現する問
　　題の解決や探究的な活動を重視する」ということが具現化されている。こ
　　のような改訂の背景には、キー・コンピテンシーの考え方が影響している。

①キー・コンピテンシーの定義

　平成 15 年（2003）の PISA の学力実態調査において学力低下が指摘されて
以来、学力問題がクローズアップされた。そして、立田（2006）は、「21 世の
国際社会で活躍する人材に必要な学力」を「キー・コンピテンシー」として、
次のように定義されたことを紹介した。

　　◇相互作用的に道具を用いる（活用力）
　　◇自律的に活動する（自律性）
　　◇異質な集団で交流する（協働性）

　学習指導要領の目標に示された「協同的に取り組む」は、このコンピテン
シーの「異質な集団で交流する（協働性）」が影響している。

◎表2-2-1　2017（平成29）年版における教科目標【生きる力の具体化】

	知識・技能	思考力・判断力・表現力等	学びに向かう力・人間性等
	何を理解しているか、何ができるか	理解していること、できることをどう使うか	どのように社会・世界と関わり、よりよい人生を送るか
生活科	自分自身、身近な人々、社会及び自然の特徴やよさ、それらの関わりに気付くとともに、生活上必要な習慣や技能を身に付ける。	身近な人々、社会及び自然を自分との関わりで捉え、自分自身や自分の生活について考え、表現することができる。	身近な人々、社会及び自然に自ら働きかけ、意欲や自信をもって学んだり生活を豊かにしたりする。
総合的な学習	探究的な学習の過程において、課題の解決に必要な知識及び技能を身に付け、課題に関わる概念を形成し、探究的な学習のよさを理解する。	実社会や実生活の中から問いを見いだし、自分で課題を立てて、情報を集め、整理・分析して、まとめ・表現することができる。	探究的な学習に主体的・協働的に取り組むとともに、互いのよさを生かしながら、積極的に社会に参画しようとする。

(4) 2017（平成29）年の学習指導要領

　2017（平成28）年の中央教育審議会の答申をふまえて改訂された。特に注目すべき点は、「『生きる力』をより具体化し、教育課程全体を通して育成を目指す資質・能力を次の3点に整理した」ことである。

　生きて働く「知識・技能」の習得…何を理解しているか、何ができるか
　未知の状況にも対応できる「思考力・判断力・表現力等」の育成
　　　　　　　…理解していること・できることをどう使うか
　学びを人生や社会に生かそうとする「学びに向かう力・人間性等」の涵養
　　　　　　　…どのように社会・世界と関わり、よりよい人生を送るか

　生活科・総合における目標は、表2-2-1のように整理できる。「理解目標の知識と、能力目標の技能が同じ項目に並ぶのはいかがなものか」「人間性を評価の対象にするのか」というように、観点の立て方には疑問や反論が多々あったことと思う。しかし、小学校から高等学校まで、また全ての教科において、同じ観点で語ろうとするのは少々強引であるが、各校種・各教科において、一貫して系統的に教育を進めていこうとする文部科学省の強い意志が表れている。
　生活科においては、「自分自身、身近な人々、社会及び自然の特徴やよさ、それらの関わり」というように、学習の対象や内容を大まかに示している。しかし、総合的な学習の時間においては、具体的な学習の対象や内容に関する記

述は一切ない。まさに、カリキュラム・マネジメントの場であるといえる。かわりに、「問いを見いだし、自分で課題を立てて、情報を集め、整理・分析して、まとめ・表現する」といった能力面や、「主体的・協働的に取り組むとともに、互いのよさを生かしながら、積極的に社会に参画しようとする」という態度（資質）面は明記している。この「学び方を学ぶ」という方法的な学力については、次に示すアクティブ・ラーニングの考え方も影響している。

(5) アクティブ・ラーニング

　溝上慎一（2014）は、大学の授業改革を意図して、中教審（2012年）からの提言を、次のように紹介している。

　始めは大学の授業改善に向けた提言であったが、広く各校種に求められるようになった。しかし、「アクティブ・ラーニング」については特別な指導法があるかのごとく誤解を受けるということで、今回の学習指導要領総則では、「『主体的・対話的で深い学び』の実現に向けた授業改善（アクティブ・ラーニングの視点に立った授業）」という言葉で表現された。

(6) 教科の目標・内容とコンピテンシーの整理

　筆者は、教科の目標・内容をコンテンツととらえ、コンピテンシーとともに次のように整理している。

> 1）コンテンツ…教科目標に基づく学習内容。教えるべき事柄。「知識・技能」「思考力・判断力・表現力等」「学びに向かう力、人間性」
> 2）コンピテンシー…学習の基盤となり、全教科・領域を通して培いたい資質・能力、学ぶ力。（主体性、協働性、言語能力、情報活用能力、問題発見・解決能力等）

　新しい学習指導要領は、これまでのコンテンツのみを重視するのではなく、コンピテンシーとの両立を図っていくことが求めている。
　ここまで多少の私見を交えながら、生活科・総合的な学習の時間における学習指導要領の変遷を見てきた。改めてこれからの展望（課題）を考えると、次の2点にまとめられる。

　1）コンテンツの獲得とともに、21世紀の国際社会で活躍する人材に必要な資質・能力と言われているコンピテンシーを育成すること。すなわち、探究的・体験的・協働的な学習活動を構成し、「主体的・対話的で深い学び」を具現化すること。

　2）結果としてのコンテンツの評価とともに、学習過程で発揮され、成長しているコンピテンシー（資質・能力）を適切に評価すること。
　　今後の実践的研究に期待したい。

（馬野範雄）

【文献】

教師養成研究会「近代教育史」学芸図書株式会社、1999年、pp.149-150

河合章「帝国主義の内部矛盾と初期新教育」『日本教育運動史第一巻 明治・大正期の教育運動』三一書房、1960年、pp.83-109

西口槌太郎「及川平治のカリキュラム改造論」黎明書房、1976年、pp.52-61

亀崎多佳子・新福祐子・加地芳子「木下竹次の学習方法について」『大阪教育大学紀要第Ⅴ部門第33巻第1号』1984年、pp.55-71

馬野範雄（2018）「小学校教育の動向と展望－生活科・総合的な学習の時間を視点として－」社会系教科教育学会『社会系教科教育学研究』第30号 本稿は、この内容を元に加筆・修正している。

宮本光雄（1990）「生活科新設の論拠」宮本光雄編著『生活科の理論と実践』東洋館出版

文部省（1989）小学校指導書生活編

文部省（1999）小学校学習指導要領解説総則編・生活編

文部科学省（2008）小学校学習指導要領解説生活編・総合的な学習の時間編

ドミニク・S・ライチェン、ローラ・H・サルガニク編著、立田慶裕監訳（2006）「OECD DeSeC0によるコンピテンシーの定義と選択」『キー・コンピテンシー 国際標準の学力をめざして』明石書店

文部科学省（2017）「小学校学習指導要領（平成29年告示）解説総則編」

溝上慎一（2014）「アクティブラーニングと教授学習パラダイム転換」東信堂

3．諸外国における総合的な学習の展開

　2018年6月に経済産業省が示した「諸外国の教育の現状に関する参考資料」では、世界が求める人材像を「科学技術をはじめとした『幅広い知見／知識』を持ち、それを『適切に活用』し、『自ら変革／革新を起こせる』人材」[1]であることが指摘された。そこでは米国、中国、オランダ、シンガポールが求める人材像も示され、諸外国の教育内容が紹介された。こうした取り組みを踏まえ、諸外国の教育界における総合的な学習の時間（各国により

「総合学習」「総合的学習」等の翻訳や呼称は異なる）の展開はどのように
なっているかを調査し、今後の日本の総合的な学習の時間への知見を得たいと
考える。

(1) アメリカ合衆国

　アメリカ合衆国（以下、アメリカ）では、高度な IT スキルやソフトスキル
（いわゆる非認知能力や GRIT 等）を持った高度人材を育成するために、政府
主導で STEM 教育（Science, Technology, Engineering and Mathematics：科
学・技術・工学・数学の教育分野の総称）の促進や EdTech（エドテック：e ラー
ニング×テクノロジーの造語）の普及に取り組んでいる。これはロボットや
AI による自動化が進行し、中間所得層が危機的な状況に直面し、これまでの
教育を変えようとする中で生じてきた。しかしながら、アメリカでは、教育の
権限は各州に与えられており、教育の目的や内容、難易度が州の裁量に任され
ているため、総合的な学習の統一された内容を提示することは困難である。
　アメリカにおいて総合的な学習の時間との共通性が指摘されている教育では
「サービス・ラーニング」が挙げられる。日本では、総合的な学習の時間は学
習指導要領に含まれる正規のカリキュラムであり、すべての学校で行われてい
るが、アメリカではサービス・ラーニングを実施するかどうかは各学校の判断
に任されていること、日本の総合的な学習の時間は個人の自己実現に重点が置
かれているのに対して、アメリカのサービス・ラーニングは市民性の育成やコ
ミュニティの発展にあること等のちがいはあるものの、中留（2002）は「カリ
キュラムや方法上の実践における共通性には並置比較できる面を豊かにもって
いる」[2] と述べている。中留（2002）はその共通点について「教科ではない
が、教科を現実の世界と統合させる手段である」「単発（stand alone）のコ
ミュニティ・サービスのプロジェクト（イベント）ではない」「学校と地域社
会とがそれぞれ別個の形で行うものではない」という３点を指摘している[3]。
また、倉本（2008）によれば、教科と体験の統合を図るカリキュラム上の共通
性があることが分かっている[4]。
　ここでは、サービス・ラーニングの事例として、ウィスコンシン州の事例を
取り上げる。鈴木（2001）の研究では、ウィスコンシン州には Project2061 と

呼ばれるプログラムがあり、マックファーランドにある小学校で独自に行われている国際理解の実践が取り上げられていた[5]。そこでは、通常は時間割に沿った授業が行われているが、国際理解プログラムを実践する際に、2ヶ月に渡って総合的な学習のみに集中した授業を行っていた。英語と算数は個別での学習時間を確保していたが、クラスと担任のつながりを解体し、子どもの興味・関心と教師一人一人の得意分野を組み合わせた学習を進めていった。学習内容は、さまざまな国の風習や食事、住居、地理、歴史等、多岐に渡っていた。そして、教師の工夫によって、授業では英語の読み取りや文章構成、数学的なデータの収集と分析、模型を製作する図工等、教科横断的な学習の機会が準備されていたのである。学びの集大成として、保護者や地域の人々を招いた発表会が実施されていたことも、総合的な学習の事例として捉えるにふさわしいものであると考えられる。

(2)　EU諸国

ヨーロッパ連合（EU）に属する各国は、それぞれの国が独自の教育制度を取っている。ドイツやフランスでは小学校の年数が短く、早い段階で中等教育を開始する制度を確立しており、オランダやベルギーでは義務教育の期間が他の国より長く設定されている。制度の異なる国が集まってはいるものの、どのEU諸国にも総合的な学習の時間に類する科目や学びが設定されており、教科横断的な学びや学際的な学びといった名称で授業が展開されている。ここでは、その中でもドイツやフランスの事例を取り上げてみたい。

①ドイツの事例

ドイツの教育制度もアメリカと同様に州ごとに若干異なっているが、基本的に6歳で日本の小学校にあたる基礎学校に入学し、4年で卒業する。中等教育には、卒業後に就職するための職業訓練を受ける生徒が進む5年制の基幹学校、卒業後に専門学校への進学を目指す生徒が進む実科学校、大学進学を希望する者が進む8年制のギムナジウム、それら3つの学校形態を包括した総合制学校もある。ギムナジウムに進むことを選んだ生徒たちは、将来的にアビトゥアと呼ばれる全国統一模試を受験し、そのスコアによって入学できる大学や学部を決定することになる。こうした教育制度をもつドイツには、総合的な学習の時

間に代わる科目として、「教科横断的授業」が設定されている。教科横断的授業は学習内容の横の連携をつける工夫が行われており、原田・寺林（2001）によれば次の 14 のテーマが設定されている[6]。

①空間と時間について調べる、②自分の発見、他者との生活、③健康的な生活、快適感を得る、④生活空間と時間を構成する、⑤地水火風を探求する、⑥願いと夢、⑦自然と環境を探求する、⑧様々な国の人と文化を知り、理解する、⑨州が海にはさまれた土地であることを経験的に知る、⑩学校を創る、ともに祝う、⑪過去と現在を探求する、⑫発見・構成・製作、⑬メディアを使って情報をえて、それを作り変える、⑭効率的に計画し、決定する。

これらの 14 のテーマが各教科のそれぞれの特性に沿って展開され、関係づけられていく。「①空間と時間について調べる」に関する授業では、1 学年・2 学年では、時計で時間を計る、時間を区切って頭の中で時間配分を練って計画を立てる、学校やその周辺の地域を教材に日頃の生活の中心となる空間を知覚する、第 3 学年ではカレンダーを用いて一年を見通す、私たちの地域の過去と現在の様子を比較して違いを学ぶ等、空間と時間をテーマにした総合的な学習が学年別に配列されているのである。私たちに身近な時間を教材とするこのテーマは、あらゆる次元で私たちの生活と深く関わっていると言えるだろう。

②フランスの事例

フランスは日本と同じく 6 歳前後で小学 1 年生となるが、5 年生で小学校を修了する。しかしながら、フランスでは 9 月に学期が始まり、翌年の 7 月に終わる。中学が 4 年間、高校が 3 年間で、義務教育は 16 歳までである。飛び級や留年の制度もあるため、高等教育を受ける期間に差があり、大学入学試験であるバカロレアと呼ばれる試験には年齢制限を設けていない。こうした制度をもつフランスでは学際的な学習を強く推進する「横断的な学習」と呼ばれる授業が行われている。岩崎（2001）によれば、フランスでは 2000 年からこの授業が導入されており、コレージュ（中学）第 4 学年で実施されており、コレージュ - ユージェンヌ - ノエル校において次のような実践が行われている[7]。

そこでは、フランスにあるケリー渓谷に並行して、英国のセバーン渓谷についても学ぶ。ノエル校はケリー渓谷に位置しており、織物産業という地域産業を題材に、すべての生徒とその家族に共通した過去を参照しながら複数の教科

を勉強した。2つの地域の歴史や地理を比較分析する勉強や産業革命に関する勉強、焼き物美術館の見学を取り入れた英語や美術の学び、英国の測定法や通貨をフランスのものに変換するために必要な計算を取り入れた数学の学び等、複数の教科にまたがる内容を実践している。こうした実践は、生徒全員に授業のつながりを知覚させ、知識やノウハウの構築の促進に役立っている。開始から21年が経過したフランスの横断的な学習が、どのように変化しているのか、今後も検証していくことが必要だろう。

(3) シンガポールの事例

　シンガポールは、国のかじ取りを担うエリートを育成することを重要視し、人材育成に注力してきた。2000年を境に教育課程を改訂し、従来までの知識詰め込み型の教育を見直し、生徒の自律的学びや知識の活用を重視した新しい教育内容の遂行を行っている。最近ではIoTやAIといった重要産業を担う人材に期待がかかっている。そのためには国の成長産業をリードできるだけでなく、非認知能力を兼ね備えた「新しいエリート人材」の育成を目指している。初等学校は6年間、中等学校は4年または5年間であるが、生徒は初等教育終了試験の成績によってエクスプレスコース、通常／アカデミックコース、通常／テクニカルコースというコースに分けられ、それぞれのカリキュラムは生徒の能力や興味に応じて異なっている。卒業後は、日本でいう高等学校にあたるジュニアカレッジ、職業教育を中心とした高等教育機関であるポリテクニック、技術教育研修所等へ進むことになる。ここでは人材育成に力を入れるシンガポールの総合的な学習としてジュニアカレッジで実践されている「プロジェクトワーク」を取り上げる。

　小川・石森（2008）の研究によれば、シンガポールのプロジェクトワークは、日本の総合的な学習の時間に極めて近い科目である[10]。プロジェクトワークは、問題解決や探究活動に主体的、創造的、協同的に取り組む態度の育成を目標にしており、さまざまな領域の知識を組み合わせ、批判的かつ創造的にそれを現実生活に応用することを目指している。プロジェクトワークは基本的に第1学年で毎週実施されており、配当時間は学校ごとに異なっているが、週に50分〜135分である。毎年、2種類のプロジェクトタスクというテーマが設定され、

すべてのジュニアカレッジに周知される。これまでのテーマは、2002年が「見た目以上のもの（More than Meets the Eye）」「あるべきかあらざるべきか（To Be Or Not To Be）」、2007年が「運動量・勢い（Momentum）」「開拓者・革新者（Groundbreaker）」等、抽象的なものになっており、生徒は2つの選択肢からいずれかを選択することになる。生徒たちは、テーマを解釈し、研究企画書を作成し、担当教員に研究のアウトラインを提出する。また、個人で提出するアウトライン以外に、4～5人のグループでグループプロジェクトの企画書を提出する。この両方で合格して初めて研究がスタートするのである。

　小川・石森（2008）の調査によれば、2007年の「開拓者・革新者（Groundbreaker）」というテーマでは、あるグループが「チョコレート」に注目し、それをグループの研究テーマとして設定した。チョコレートの創始者や製作開始への道筋等、その歴史や変遷を調べた。その後、現代に視線を移し、商業的な視点も加えて世界のチョコレート消費量等を比較した。そして、次の段階として「中国の人にチョコレートを売る」というプロジェクトを考案し、実際に自分たちでチョコレートの試作と消費者への調査を実施した。こうした取り組みから新しいものを創造し、発信する段階まで実践を高めているのである。

　シンガポールの教育は、福田（2004）によれば「問題解決学習と生産への基礎学習と捉えられる」とされている[9]。シンガポールの総合的な学習は、現在でも継続されており、参考になる内容であろう。

（4）　フィンランドの事例

　フィンランドは2017年に独立100周年を迎えた。フィンランドでは、義務教育学校の教育や学校のあり方について、2014年に新カリキュラムが制定された。2017年に施行されたこの新カリキュラムは「FNBE（Finnish National core curriculum for Basic Education）」と呼ばれ、6年間の初等教育と3年間の前期中等教育を統合した9年間の義務教育について具体的に示されている[10]。高等学校は日本の高校と同様に大学や専門大学への進学を目指した教育を行っている。生徒は通常3年で高等学校を卒業し、大学へ進学を希望する者は全国共通の大学入学資格試験を受験しなければならない。進学先は、資格

取得に力を入れた職業学校、試験の合格者だけが入ることのできる総合大学、総合大学以外の高等教育を行う専門大学 AMK（ポリテクニク）である。

　フィンランドの新カリキュラムでは、生徒が人または市民として成長する上で不可欠な能力として、次の7つのコンピテンスが提示された。それらは①思考力と学習力、②文化的コンピテンス・相互関係力・表現力、③生活自立力・日常活動の管理・安全性、④多元的読解力、⑤ICT コンピテンス、⑥職業に必要な能力や起業家精神、⑦社会への参加と影響力・持続可能な社会の構築である。これらのコンピテンスは、すべての教科や科目で横断的に身に付ける能力として構造化された。

　このようなフィンランドの総合的な学習の事例として、ここでは NPO 法人フィンランド式人材育成研究所（2017）が、独立 100 周年の際に行った高等学校の現地視察を取り上げる [11]。フィンランドのカウニアネン町にあるカウニアネン高等学校は、約半数の生徒が大学へ進学するという中高一貫の優秀な学校である。高等学校の授業はほとんどが選択科目で、自由度が高く、生徒の主体性が重視されている。そこで実践されている授業の一つに、ヌークシオ国立公園で自然体験学修を行うアクティブ・ラーニングがある。テーマは「自然体験学修～アクティブ・ラーニング／簡易測定法を学ぶ」であり、白樺の木の高さを計るという内容になっている。木の高さを調べるためには、まずは1メートルくらいのまっすぐに伸びた小枝を探し、自分の目の高さのところにその小枝をセットすることが必要である。そして、木のてっぺんが小枝の先端にくるところでまっすぐに小枝を立てる。このとき小枝をもっている腕が測定する木に向かって目の高さに持つことが重要である。最後に仰角が 45 度になるところまで行き、そこから目標物までの水平距離を測ることで、高さをその距離と同じにすることができるのである。さらに、自分の歩幅を約1メートルと仮定し、測定対象の木の根まで何歩あるか実際に歩いて測定を行うことで測定対象の木がおよそ何メートルかを判断することができるのである。こうした方法を生徒たちは体験を通して学ぶだけでなく、自ら方法を調べ、教科等で得た知識を活用しながら学びを深めていくことになる。

　こうした取り組み以外にフィンランドは成人教育や生涯学習にも力を入れており、どの年齢層でも学ぶことができる支援体制を国が整備している [12]。柔

軟な制度を整えることで、国民全体の学習意欲が高まっていると言えるだろう。

　ここまで、4つの異なる場所の事例を取り上げ、それぞれの国や地域で実践されている総合的な学習の時間に関連した内容を紹介してきた。諸外国と日本の教育制度には異なる点があるものの、本節では総合的な学習の時間の今後の参考になりうる諸外国の事例を取り上げてきた。今回の事例をきっかけに世界にあるさまざまな実践を調べ、総合的な学習の時間に関する知見を広げてもらえることを期待したい。

（藤原靖浩）

【文献】

1)　経済産業省（2018）『諸外国の教育の現状に関する参考資料』「未来の教室」と EdTech 研究会資料
2)　中留武昭（2002）『学校と地域とを結ぶ総合的な学習－カリキュラムマネジメントのストラテジー－』教育開発研究所
3)　中留武昭（2002）、上掲書
4)　倉本哲男（2008）『アメリカにおけるカリキュラムマネジメントの研究　サービス・ラーニング（Service-Learning）の視点から』ふくろう出版。
5)　鈴木正敏（2001）「ウィスコンシン州における総合的学習の展開」『諸外国の「総合的学習」に関する研究』国立教育政策研究所。
6)　原田信之・寺林民子（2001）「総合的な学習における「時間」学習のエレメンタリアードイツの基礎学校カリキュラムの内容分析と実践への適用―」『諸外国の「総合的学習」に関する研究』国立教育政策研究所。
7)　岩崎香代（2001）「フランスにおける"総合的な学習"に関する動向」『諸外国の「総合的学習」に関する研究』国立教育政策研究所。
8)　小川桂万・石森広美（2008）「シンガポールのジュニアカレッジにおけるプロジェクトワーク―指導と評価に焦点をあてて―」『東北大学大学院教育学研究科研究年報』第 57 集第 1 号、東北大学。
9)　福田隆眞（2004）「シンガポール中等教育のデザイン学習の位置づけについて」『教育実践総合センター紀要』山口大学。
10)　Irmeli Halinen（2018）『THE NEW EDUCATIONAL CURRICULUM IN FINLAND』
https://www.allianceforchildhood.eu/files/Improving_the_quality_of_Childhood_Vol_7/QOC%20V7%20CH06%20DEF%20WEB.pdf
11)　NPO 法人フィンランド式人材育成研究所（2017）「2017 年独立 100 周年 フィンランド教育機関視察の旅」
https://www.npo-finlandshiki.com/100
12)　松下慶太（2007）「高い質を保証するフィンランドの教育システム」『若手研究者現地調査レポート』ベネッセ教育総合研究所

3章 生活科・総合的な学習の時間の課題

章のねらい

　生活科・総合的な学習の時間の学習活動は、各学校や地域の実態に応じた実践を、校内はもとより地域の人びとや施設との連携を図りながら実践することに特色がある。そのため教育活動を充実していくための課題も多い。

　本章では、「学習評価」「幼保小連携」「校内体制」という三つの観点から、その現状や解決の方策を考えてみたい。

1. 学習評価の充実

　生活科・総合的な学習の時間は、地域や学校の実態に応じて実践するため、他教科のように全国共通する学習内容が示しにくい。また、知識中心の教科ではなく、態度・能力を重視するという特色をもっている。そのため、これまでから評価のあり方が問われてきている。

　学習指導要領では、これからの評価をどう考えているのか、検討してみたい。

(1) 学習指導要領に示された学習評価

①総則に示された学習評価

　学習指導要領総則編「指導の評価と改善」（第1章第3の野3の(1)）には、次のように示されている。

> （前略）各教科等の目標の実現に向けた学習状況を把握する観点から、単元や題材など内容や時間のまとまりを見通しながら評価の場面や方法を工夫して、学習過程や成果を評価し、指導の改善や学習意欲の向上を図り、資質・能力の育成に生かすようにすること。

　このように学習評価は、「指導の改善や学習意欲の向上を図るために行う」

ことを目的とし、学習結果だけではなく、「学習過程や成果を評価する」ことを内容としている。「評価のための評価」を行うのではなく、「指導に生かすための評価」であることを確認しておきたい。

②生活科に示された評価

　学習指導要領生活編においては、学習評価について明確に記述されていない。しかし、解説では次のような事柄を要旨として、評価についての考え方を紹介している。

◇評価は、結果よりも活動や体験そのもの、すなわち結果に至るまでの過程を重視して行われる。

◇目標の達成に向けた学習過程における指導と評価の一体化

　・知識及び技能の基礎

　・思考力・判断力・表現力等の基礎

　・学びに向かう力、人間性等

◇単元の目標を明確にするとともに、評価計画を立て、評価規準を具体的な児童の姿として表しておく。

◇「量的な面」だけではなく、「質的な面」から捉えるようにする。

◇自分や対象の過去と現在、自分と他者の気付きが関連づけられ、新たな気付きが生まれている。

◇様々な立場からの評価資料の収集

　・教師による行動観察や作品・発言分析等

　・児童自身による自己評価や児童相互の評価

　・ゲストティーチャーや学習をサポートする人、家庭や地域の人々からの情報など

　総則に示された「資質・能力の育成」を重視した評価と言えよう。

③総合的な学習の時間に示された学習評価

　総合的な学習の時間の評価は、「これまで教科のような数値的に評価することはせず、活動や学習の過程、報告書や作品、発表や討論になどに見られる学習の状況や成果などについて、児童の良い点、学習に対する意欲や態度、進歩の状況などを踏まえて適切に評価すること」としてきた。しかし、他の教科同

様、「知識及び技能」「思考力・判断力・表現力等」「学びに向かう力、人間性等」という目標の観点が示され、この目標を踏まえ、「各学校の総合的な学習の時間の目標を定める」と明示している。さらに解説では、次の3点を重視している。

1) 信頼される評価であること

　教師による適切な判断であり、教師間において著しい違いがないようにするため、あらかじめ評価の観点や規準、評価方法を確認しておく必要がある。

2) 児童の成長を多面的に捉える

　多様な評価方法や評価者による評価を適切に組み合わせ、成果物の出来映えをそのまま評価とするのではなく、児童の探究過程を見取るようにすることが大事であるとし、次のような例を挙げている。

◇発表やプレゼンテーションなどの表現による評価
◇話合い、学習活動の状況などの観察による評価
◇レポート、ワークシート、ノート、絵などの制作物による評価
◇学習活動の過程や成果などの記録や作品を計画的に集積したポートフォリオを活用した評価
◇評価カードや学習記録などによる児童の自己評価や相互評価
◇教師や地域の人々等による他者評価　など

3) 学習状況の過程を評価する

　各学習過程に適切に評価を位置づけるとし、次のように示している。

◇学習活動前の児童の実態の把握
◇学習活動中の児童の学習状況の把握と改善
◇学習活動終末の児童の学習状況の把握と改善

　評価についての基本的な考え方や評価方法の概要は理解できるだろう。しかし、多忙な教育活動に追われている教師が、学習・評価の計画から、準備・実践・評価資料の収集、そして教師間の共通理解を図りながら一人ひとりの「よさや成長の姿」の評価を記述によって表現しなければいけない。さらに小学校教員は複数の教科を担当し、それぞれの指導と評価も行わなければならない。

本当にできるだろうか。もっとシンプルに評価し、指導に生かしていく方法はないだろうか。

　2020（令和２）年、文部科学省から「『指導と評価の一体化』のための学習評価に関する参考資料」が発刊された。上記の現場の教師にとっての悩みを解消するための方策を探ってみたい。

(2)　「指導と評価の一体化」のための新たな視点

①学習評価の実践事例の紹介

　前述の「学習評価の参考資料（生活）」に掲載されている２年「いきもの大すき」の事例をもとに、具体的な評価方法を検討してみる。

1)　学習指導要領に示された「飼育・栽培」の観点別評価

　内容（7）を観点別で表現すると次のようになる。

◇動物を飼ったり植物を育てたりする活動を通して、

観点	知識・技能の基礎	思考力・判断力・表現力等の基礎	学びに向かう力、人間性
内容	それらは生命をもっていることや成長に気付く。	それらの育つ場所、変化や成長の様子に関心をもって働きかけることができる。	生き物への親しみをもち、大切にしようとする。

2)　単元の目標

　実践事例では、単元目標及び、評価規準は次のようになる。

◇モルモットを飼育する活動を通して、

観点	知識・技能	思考・判断・表現	主体的に学習に取り組む態度
内容	モルモットにあった世話の仕方があることや成長していることに気付く。	モルモットの変化や成長の様子に関心をもって働きかけている。	モルモットへの親しみをもち、生き物を大切にしようとしている。

3)　単元の学習・評価計画

　実践事例の学習計画は全16時間で、第１次に示された（4）は４時間扱いを表している。また、各観点のフレーム内は評価方法である。

次	知識・技能	思考・判断・表現	主体的に学習に取り組む態度
1 (4)	◇観察カードの分析		◇行動観察や発言分析、観察カードの分析
2 (7)	◇発言分析、調べ活動のメモの分析 ◇行動観察やモルモットの世話の記録の分析、発言分析 ◇観察カード及び短冊カードの分析、発言分析	◇行動観察、発言分析、モルモット日誌の分析	◇行動観察や観察カードの分析、発言分析
3 (5)	◇作品（モルモットの本）や発言分析	◇作品（モルモットの本）や行動観察	◇作品（モルモットの本）や発言分析

②実践事例に示された学習評価の検討

この学習・評価計画を見ると、次のような疑問を感じる。

◇クラスの人数がわからないが、行動観察・発言観察をどのように行い、記録に残しているのだろうか。
◇評価資料（観察カード、調べ活動のメモ、モルモット日誌、短冊カード、作品）が多いが、どのように分析し記録に残しているのだろうか。
◇同じ資料を、どの観点にも活用しているが、どのように観点別に書き分けているのだろうか。
◇生活科の評価のためにこれだけの時間と労力をかけて、他の教科の評価はどうしているのだろうか。

参考資料「総合的な学習の時間」の実践事例においても、生活科と同様、各時間に3観点の評価のどれかを位置づけ、発言内容、行動観察や、作文シートを活用して評価を行っている。基本的には、このような形で評価を進めていく必要があるが、評価の効率化を考えてみたい。

③学習評価の効率化−パフォーマンス評価の活用

小学校教員は、一般的に30名前後の子どもたちを担任し、国語・算数など、複数の教科を指導している。そのために、教科ごとに多様な評価資料を残して観点別評価をすることは難しいが、多様な教科を指導する学級担任の立場を活用し、次のような手立てを図ることによって、評価の効率化を図り、指導に活かしていけるのではないだろうか。

1）授業中の行動観察による評価と指導の一体化

　授業中の全体指導や机間指導における行動観察によって、子どもの学習状況を把握し、どの子どもも目標が達成できるように、頑張っている子どもには励ましや認める言葉がけを、学習が停滞している子どもにはつまずきに応じた指導を行う。

　評価資料とするために、「つまずいている」と座席表等に記録（評価のための評価）するのではなく、子どものつまずきを見つけると同時に指導を行い、評価と指導の一体化を図っていく。

2）授業中のノート指導による評価と指導の一体化

　1年生の始めは、板書を丁寧に視写させ、「振り返り」として授業の感想を（^_^）（−_−）（>_<）などの顔文字を活用して自分の気持ちを表現させる。2学期頃から、絵と言葉で授業の感想を書くようにする。特に（>_<）を記している子どもには、その理由を確認し、休み時間等に補説したり、次時の始めに学級全体に向け補説したりする。

　学年が進めば、その発達段階に応じて、自分で考えたことと友だちの意見で付け足したことを色分けさせたり、次のような観点で、授業の「振り返り」を書いたりするように指導する。

◇授業でわかったこと、気付いたこと
◇わかったことや気付いたことから、自分で考えたことやこれから活かしていきたいこと

　学習状況を教師が評価資料として残すのではなく、子ども自身が自分の学びをノートやワークシートに残し、それを教師が学習中の評価（形成的評価）として活用し、評価と指導の一体化を図るのである。

3）単元終了後に、ワークシートやノートを評価資料として活用し、総括的評価（ポートフォリオ評価）を行う。

　前述の参考資料のように、教師が毎時間の子どもたちの学習状況を評価するのではなく、単元終了時に次のような観点で、子どもたちの学習状況を総括的に評価するのである。

> ◇知識・技能…毎時間の学習内容について表現できているか。
> ◇思考力・判断力・表現力等…自分の考えが表現できているか。
> ◇主体的に学習に取り組む態度…主体的に学習に取り組んでいるか。

　観点別評価の趣旨を学級間で共有しておくことが前提となるが、子どもたちの記録物や作品などの具体物を出し合うことで、教師間の評価規準の共有を図ると、評価の信頼性を高めることができる。

（馬野範雄）

【参考文献】

・文部科学省「小学校学習指導要領（平成29年告示）解説総則編・生活編・総合的な学習の時間編」東洋館出版社、2017年
・国立教育政策研究所・教育課程センター「『指導と評価の一体化』のための学習評価に関する参考資料　小学校生活・総合的な学習の時間」東洋館出版社、2020年

2．幼児期の教育との接続

(1)　幼児期の教育との接続の必要性

　幼稚園・保育所・幼保連携型認定こども園での保育・教育と、小学校での教育との間には違いがある。幼稚園・保育所・こども園では、主に遊びを中心とした多様な活動を経験して創造的な思考や主体的な生活態度などの基礎を培う5領域により内容を編成する教育課程である。それに対して小学校での教育は、教科書等の教材を用いた教科学習が基本となり、学習指導要領によって学習すべき内容が決まっている。また小学校では、幼稚園・保育所・こども園にはない時間割という概念があり、それに沿って授業という形態で展開される為、幼児が小学校に進学すると、通う場所が変わるといった環境の変化（時間割、チャイム、固定された机や椅子、教科書、教師の指示的な言葉など）だけでなく、保育・教育方法や指導方法の違いへの適応が求められる。これらは段差やギャップとして取り上げられ問題視されることもあるが、その隔たりを乗り越える理解こそが接続の大きなカギとなる。

(2) 小学校学習指導要領からみる接続の考え方

　小学校学習指導要領では、「幼児期の終わりまでに育ってほしい姿を踏まえた指導を工夫することにより、幼稚園教育要領等に基づく幼児期の教育を通して育まれた資質・能力を踏まえて教育活動を実施し、児童が主体的に自己を発揮しながら学びに向かうことが可能となるようにすること」とあり、幼児期の教育と小学校の教育の接続を図ることが求められている。また、「特に、小学校入学当初においては、幼児期において自発的な活動としての遊びを通して育まれてきたことが、各教科等における学習に円滑に接続されるよう、生活科を中心に、合科的・関連的な指導や弾力的な時間割の設定など、指導の工夫や指導計画の作成を行うこと」と示されている。円滑な接続を進める為には、小学校において、「幼児期における自発的な活動としての遊び」を理解することが求められるという点も示されている（資料1参照）。

資料1　小学校学習指導要領（平成29年告示）

第1章　総則

第2　教育課程の編成

4　学校段階等間の接続

　教育課程の編成に当たっては，次の事項に配慮しながら，学校段階等間の接続を図るものとする。

⑴　幼児期の終わりまでに育ってほしい姿を踏まえた指導を工夫することにより，幼稚園教育要領等に基づく幼児期の教育を通して育まれた資質・能力を踏まえて教育活動を実施し，児童が主体的に自己を発揮しながら学びに向かうことが可能となるようにすること。

　また，低学年における教育全体において，例えば生活科において育成する自立し生活を豊かにしていくための資質・能力が，他教科等の学習においても生かされるようにするなど，教科等間の関連を積極的に図り，幼児期の教育及び中学年以降の教育との円滑な接続が図られるよう工夫すること。特に，小学校入学当初においては，幼児期において自発的な活動としての遊びを通して育まれてきたことが，各教科等における学習に円滑に接続されるよう，生活科を中心に，合科的・関連的な指導や弾力的な時間割の設定など，指導の工夫や指導計画の作成を行うこと。

　幼児期に遊びを通して育まれてきたことを各教科等での学習へとつなげていくことが重要となり、その為には、幼児期の子どもの姿や幼稚園等で行う教育の様子やその進め方を知り、「遊び」の中でどのような姿が育っているのかを、幼稚園・保育所・こども園の教職員と共有する等が重要となる。幼稚園・保育所・こども園の教職員との意見交換の場や合同の研修の機会などを通して共有することが求められていると言えよう。

(3)　幼稚園教育要領からみる接続の考え方

　2017年に幼稚園教育要領、幼保連携型認定こども園教育・保育要領、保育所保育指針が改訂された。小学校学習指導要領に先駆け、2018年度から施行されている。幼児教育のねらい及び内容に基づく全体活動を通して資質・能力が育まれている子どもの具体的な姿として「幼児期の終わりまでに育ってほしい姿」が示されたことが大きな特徴といえる。幼児期の教育は環境を通して行うものであり、子どもの自発的な活動としての遊びを通して育っていくものであることは、従来の幼児教育の考え方と変わっていない。また要領・指針に共通して、「幼児期の終わりまでに育ってほしい姿」は5歳児だけではなく、3歳児、4歳児の時期から、発達していく方向を意識してそれぞれの時期にふさわしい指導を積み重ねていくことが大切であることが示されている。小学校への入学が近づく時期には、皆と一緒に教職員の話を聞いたり、行動したり、決まりを守ったりすることができるように指導を重ねることが大切であり、協同して遊ぶ姿から協力して目標を目指す姿へとつなげるアプローチカリキュラムと位置付けられるものが重要になるということも意識しておきたい点である。また、幼児期の教育を通じて身に付けたことを生かしながら小学校教育へ円滑に移行することも重要であり、その為小学校においてスタートカリキュラムを作成するなどの工夫が必要であることについても幼稚園教育要領の中で示されている。

(4)　幼児期の終わりまでに育ってほしい姿

　これまでは、子どもが幼児期に育つ力について、幼稚園・保育所・幼保連携型認定こども園の教職員と小学校教員の間で共有されていなかった。そうした

背景もあり、その育ちについて可視化する必要があり誕生したのが、幼児期の終わりまでに育ってほしい姿、いわゆる「10の姿」（＜1＞健康な心と体＜2＞自立心＜3＞協同性＜4＞道徳性・規範意識の芽生え＜5＞社会生活との関わり＜6＞思考力の芽生え＜7＞自然との関わり・生命尊重＜8＞数量や図形、標識や文字などへの関心・感覚＜9＞言葉による伝え合い＜10＞豊かな感性と表現）である（資料2参照）。この姿は、「ここまで育っていなければならない」というような明確な到達点としてではなく、大きな意味での方向性が示されていると理解しておきたい。おおよそ5歳児後半頃に見られる具体的な姿として示されており、その子が育とうとしているな、と捉えることができる、いわば子どもの育ちを見る「保育者の視点」でもある。

　この10の姿については、小学校学習指導要領でも触れられている。例えば、生活科においては、以下のことが示されている（資料3参照）。

資料2　幼稚園教育要領（平成29年告示）

第1章　総則

第2　幼稚園教育において育みたい資質・能力及び「幼児期の終わりまでに育ってほしい姿」

（1）健康な心と体

　幼稚園生活の中で，充実感をもって自分のやりたいことに向かって心と体を十分に働かせ，見通しをもって行動し，自ら健康で安全な生活をつくり出すようになる。

（2）自立心

　身近な環境に主体的に関わり様々な活動を楽しむ中で，しなければならないことを自覚し，自分の力で行うために考えたり，工夫したりしながら，諦めずにやり遂げることで達成感を味わい，自信をもって行動するようになる。

（3）協同性

　友達と関わる中で，互いの思いや考えなどを共有し，共通の目的の実現に向けて，考えたり，工夫したり，協力したりし，充実感をもってやり遂げるようになる。

（4）道徳性・規範意識の芽生え

　友達と様々な体験を重ねる中で，してよいことや悪いことが分かり，自分の行動を振り返ったり，友達の気持ちに共感したりし，相手の立場に立って行動するようになる。また，きまりを守る必要性が分かり，自分の気持ちを調整し，友達と折り合いを付けながら，きまりをつくったり，守ったりするようになる。

（5）社会生活との関わり

　家族を大切にしようとする気持ちをもつとともに，地域の身近な人と触れ合う中で，人との様々な関わり方に気付き，相手の気持ちを考えて関わり，自分が役に立つ喜びを感じ，地域に親しみをもつようになる。また，幼稚園内外の様々な環境に関わる中で，遊びや生活に必要な情報を取り入れ，情報に基づき判断したり，情報を伝え合ったり，活用したりするなど，情報を役立てながら活動するようになるとともに，公共の施設を大切に利用するなどして，社会とのつながりなどを意識するようになる。

（6）思考力の芽生え

　身近な事象に積極的に関わる中で，物の性質や仕組みなどを感じ取ったり，気付いたりし，考えたり，予想したり，工夫したりするなど，多様な関わりを楽しむようになる。また，友達の様々な考えに触れる中で，自分と異なる考えがあることに気付き，自ら判断したり，考え直したりするなど，新しい考えを生み出す喜びを味わいながら，自分の考えをよりよいものにするようになる。

（7）自然との関わり・生命尊重

　自然に触れて感動する体験を通して，自然の変化などを感じ取り，好奇心や探究心をもって考え言葉などで表現しながら，身近な事象への関心が高まるとともに，自然への愛情や畏敬の念をもつようになる。また，身近な動植物に心を動かされる中で，生命の不思議さや尊さに気付き，身近な動植物への接し方を考え，命あるものとしていたわり，大切にする気持ちをもって関わるようになる。

（8）数量や図形，標識や文字などへの関心・感覚

　遊びや生活の中で，数量や図形，標識や文字などに親しむ体験を重ねた

り，標識や文字の役割に気付いたりし，自らの必要感に基づきこれらを活用し，興味や関心，感覚をもつようになる。

(9) 言葉による伝え合い

　先生や友達と心を通わせる中で，絵本や物語などに親しみながら，豊かな言葉や表現を身に付け，経験したことや考えたことなどを言葉で伝えたり，相手の話を注意して聞いたりし，言葉による伝え合いを楽しむようになる。

(10) 豊かな感性と表現

　心を動かす出来事などに触れ感性を働かせる中で，様々な素材の特徴や表現の仕方などに気付き，感じたことや考えたことを自分で表現したり，友達同士で表現する過程を楽しんだりし，表現する喜びを味わい，意欲をもつようになる。

　　資料3　小学校学習指導要領（平成29年告示）解説「生活編」

第4章　指導計画の作成と内容の取扱い

1　指導計画作成上の配慮事項－幼児期の終わりまでに育ってほしい姿との関連

　今回の改訂では，幼稚園教育要領等に示す「幼児期の終わりまでに育ってほしい姿」との関連を考慮することが求められている。幼児期の教育においては，幼児の自発的な活動としての遊びを中心とした生活を通して，一人一人に応じた総合的な指導を行っている。幼児期の遊びは学びそのものであり，遊びを通して達成感や満足感を味わったり，葛藤やつまずきなどの体験をしたりすることを通して様々なことを学んでいる。こうした日々の遊びや生活の中で資質・能力が育まれている幼児の具体的な姿をまとめたものが，「幼児期の終わりまでに育ってほしい姿」である。小学校においては，こうした具体的な育ちの姿を踏まえて，教育課程をつないでいくことが重要である。

　子どもの行動を結果や成果のみで評価するのではなく、この方向に向かって「どれだけ子ども自身が自分にとって意味のある体験を積み重ねたか」が重要なのである。効率よくこの姿に至る、もしくは至らせるのではなく、子ども自身がこの姿に自ら向かっていく姿勢こそが必要という点を理解しておきたい。

　そしてこの姿を幼稚園・保育所・幼保連携型認定こども園の教職員と小学校の教員が共有化することにより幼児期の教育と小学校教育の接続が期待できる。さらには、「10の姿」を学校の各教科にグラデーションのように生かすことで、「資質・能力」の三つの柱（知識・技能、思考力・判断力・表現力等、学びに向かう力・人間性等）を育成することを目指している考え方により近づいていくであろう。そこで大きな役割を担うのが、スタートカリキュラムの存在である。（資料4参照）。

　また、この10の姿は、幼小だけにとどまらず、その後の小中、中高、高大と学校間の接続へと活かし、「縦のつながり」で資質・能力を育成しようとしている大きな育ちの土台であるという意識も、もっておきたいものである。

　　　資料4　小学校学習指導要領（平成29年告示）解説「生活編」
第4章　指導計画の作成と内容の取扱い
1　指導計画作成上の配慮事項－スタートカリキュラムの編成
　遊びや生活を通して総合的に学んでいく幼児期の教育課程と，各教科等の学習内容を系統的に学ぶ等の児童期の教育課程は，内容や進め方が大きく異なる。そこで，入学当初は，幼児期の生活に近い活動と児童期の学び方を織り交ぜながら，幼児期の豊かな学びと育ちを踏まえて，児童が主体的に自己を発揮できるようにする場面を意図的につくることが求められる。それがスタートカリキュラムであり，幼児期の教育と小学校教育を円滑に接続する重要な役割を担っている。

---

(5)　スタートカリキュラムという考え方

　前節で述べた通り、幼稚園や保育所、幼保連携型認定こども園といった「幼児期の教育」と、小学校以降の教育では、過ごし方も授業の形態や勉強の仕方も全く違う文化が存在する。幼児期の教育が遊びや生活を通して総合的に学ん

でいくものであるのに対して、小学校以降では、教科などの学習内容を系統的に学んでいくものだからである。その為、小学校に入学したとたん、環境の変化に少なからず戸惑い、小学校に適応できない子どもの姿が見られ、それを「小1プロブレム」と取り上げられることもあった。そうした背景の中、2008年告示の小学校学習指導要領の生活科の解説書では「スタートカリキュラム」の実施が推奨され、国立教育政策研究所もスタートカリキュラムを詳しく説明した手引書を発行している。当時の小学校学習指導要領には、スタートカリキュラムの実施に関しては各小学校の判断に任されていた。しかしながら今日では実施義務となっている。幼小接続の有効な手法であるスタートカリキュラムの規定が「合科的・関連的な指導や弾力的な時間割の設定」という言い方から、時を経て、学習指導要領にしっかり記載されるほどに格上げされたと、という解釈もできよう。そもそも生活科が1989年告示小学校指導要領で創設されたのも、幼稚園教育との円滑な接続を図るためだった背景がある（2章第2節参照）。当時は低学年の社会科・理科を削ったことへの批判もあったようだが、遊びや生活を通して学んだことを、国語や算数などの他教科や、中学年以降の社会科・理科につなげ、より深い学びにするという重要な役割を果たしている教科であることを今一度確認しておきたい。

(6) 幼児期の教育との接続を考える

　小学校入学当初はスタートカリキュラムが有効に活用されなくてはならない。幼児期の生活に近い活動と児童期の学び方を織り交ぜながら幼児期の豊かな学びと育ちを踏まえ、児童が主体的に自己を発揮できるようにする場面を意図的につくることが求められる。重要なポイントは、「弾力的な時間割の設定を行うなどの工夫」「幼児期に大切にしてきた生活リズムや一日の過ごし方に配慮すること」「児童が安心して学べる学習環境を整えること」ということが挙げられる。児童が自らの思いや願いの実現に向けた活動をゆったりとした時間の中で進めていけるような活動時間の設定、「明日も学校に来たい」という意欲がかき立てられるような環境など、地域のそれぞれの実情に合わせること、様々な創意工夫などが期待されている。

　また小学校におけるスタートカリキュラムだけを考えていくのではなく、幼

児期のカリキュラムも一緒に、そして一体になって作成していくことが理想的である。「幼児期のアプローチカリキュラムから、小学校のスタートカリキュラムへ」という連続性を大切にしたい。小学校教員だけでなく、また幼稚園・保育所・こども園の教職員だけでなく、共同で接続期のカリキュラムを考えていくことこそが、子どもの育ちを、そして学びを支えることにつながっていく。特にアプローチカリキュラムは、幼児期に見られる学びや育ちの姿が小学校教員にも分かりやすい形で提示されていることが重要となる。一方でスタートカリキュラムは、幼児期の遊びや環境が活かされていることはもちろん、生活科を中心としながらもすべての教科で合科的に編成されていることや幼児期の遊びが教科の内容につながっていくことが分かるような工夫が必要である。カリキュラムがつながることもそうだが、小学校教員と幼稚園・保育所・こども園の教職員が互いに学びあえる互恵的な関係となることが、幼児期の教育との接続の欠かせない要素と言えるだろう。

なお、カリキュラムの作成や具体的な実践事例は9章を参照。

（東城大輔）

【参考文献】

文部科学省（2017）「幼稚園教育要領（平成29年告示）」フレーベル館
文部科学省（2017）「小学校学習指導要領（平成29年告示）解説総則編」東洋館出版社
神長美津子・津金美智子・河合優子・塩谷香（2018）「教育課程論（乳幼児教育・保育シリーズ）」光生館
公益財団法人幼少年教育研究所編著（2019）「遊びや生活のなかで"10の姿"を育む保育」チャイルド本社
木下光二（2019）「遊びと学びをつなぐこれからの保幼小接続カリキュラム」チャイルド本社
津金美智子編著（2017）「平成29年版新幼稚園教育要領ポイント総整理　幼稚園」東洋館出版社

3. 体制づくり

(1) 生活総合　何が課題か　〜学校運営の体制から見た課題〜

生活・総合の実践を進めようとするとき、何が課題になっているのだろうか。ここでは、学校組織と教職員の意識、教科指導への向き合い方等について述べてみたい。

①学校組織と教員の意識

小学校では、多くの学校が学級担任制を敷いている。学級担任では、教科指

導も、生活指導も、日常生活の指導も、全てを担任が責任をもって行う。高学年で一部教科担任制を敷いている学校もあるが、低中学年では、学級担任が学習指導を進めるため、教科横断的な取り組みが進めやすい。反面、毎年、学級編成が行われることが増え、児童への関わりも、1年ごとにリセットされることが多くなった。残念ながら、小学校6か年の教育課程を通して「求められる資質能力を育成する」という意識が低く、組織的に指導の成果を積みあげていくという面に弱さがある。学年運営は、学年主任を中心同じ内容・同じ進度で進められるため学級独自の取り組みは難しい（学級カリキュラムに、長年取り組んでおられる地域もあるが、全国的に見て非常にまれである）。さらに、生活科や総合と深く関連する「地域諸団体との連携」は、学年の意向を受けて管理職が窓口になって行われることが多いのも現状で、毎年同じ時期に同じ取り組みを行うため、児童の思いや願いに沿った活動や、児童の探究的な学びが十分に保障されないことも課題である。

　一方、中学校では、高校進学という目標に向かって、学習指導が行われる。多くの学校では、学年ごとにチームが組まれ、このチームで3年間の教科指導が進められている。教員は、教科の専門意識が強く、知識・技能を効率よく獲得できるような授業に重きが置かれているように感じる。そのため、現代社会に存在する身近な課題に向き合い、探究的に学ぶ「総合の学習の時間」を誰が担当するのか、「総合的な学習の時間」でどのような課題や内容を扱うのか、どのように活動を組み立てるのかといったことが十分に議論されないまま、教科の位置づけが非常にあいまいなまま現在に至っているのではないか。

②「総合」の指導にどう向き合っているか　〜時間割表〜

　「総合的な学習の時間」に対して、どのように向き合っているのかは、時間割表からも推測できる。月曜日の1時間目や金曜日の6時間目に「総合」が配当されていたり、全ての学級が同じ時間に「総合」を予定していたりすると、児童生徒がどのような活動に取り組んでいるのだろうと思う。学級の枠を超えて学年単位で取り組む場合は、活動をリードする教員が必要であり、児童生徒の課題意識や探究的な学びについて十分に情報共有し、打ち合わせておく必要がある。

③教員のマネジメント力

教員の「マネジメント力」にも課題がある。

教員は、各教科の内容を系統的に指導することに慣れており、教科書を使って学習を進める。一方で、教科横断的に学習内容を組み合わせたり、実態に応じて指導内容に軽重をつけたりすることに不慣れで慎重である。

さらには、「教員の働き方改革」という視点、「取り組まなければならない新しい教育課題」が導入されてきたことにより、地域の学習材を発掘したり、外部人材と打ち合わせをしたりする十分な時間の確保も課題である。

(2) 生活総合をデザインする ～カリキュラム・マネジメント～

「組織編制から生まれる課題」や「総合的な学習の時間に対する意識」「教員のマネジメント力」といった課題への解決策のひとつとして、「カリキュラム・マネジメント」が大きな鍵を握っているのではないかと考える。以下、かつての勤務校の取組をもとに述べてみる。

現行の学習指導要領では、「子ども達が未来を切り開くための資質能力をはぐくむ」ことが重視されており、「主体的対話的で深い学び」を実現するために教科横断的な学習を充実することが求められている。

各校では、校長がリーダーシップを発揮し、学校運営の方針や方向性を示し、これに基づいて全教職員で教育過程全体をデザインするカリキュラム・マネジメントが求められている。教職員の実践意欲を高め、互いの経験値や実践上の課題、悩み、意見や不明な点等も自由に述べ合える雰囲気作りも含めて、校内組織を整えることが重要である。同僚性の高い、風通しの良い学校組織の整備が、教育実践の基盤である。

このような学校組織で、「資質能力を育むためのカリキュラム・マネジメント」を進めるには、生活・総合を中心に据えて他の教育活動をつなぐとよい。小学校6年間を見通した探求的な学習がイメージしやすく、その過程で「求められる資質能力」の育成が図られる。

S小学校では、年に4回、全教員が集まって教育課程全体を俯瞰しつつ、担当学年のカリキュラムを編成するためのグループワークを行っていた（図3-3-1）。校長が示した短期の運営方針を踏まえ、育成すべき資質能力を意識し

ながら、重点を置く教科学習や指導方針・指導方法を確認したうえで、全体で共有していた。S小学校では、カリキュラムは固定されたものではなく、柔軟に見直し修正をかけていくものとしてとらえており、具体的に

◎図 3-3-1　カリマネ・グループワーク

は、4月・1学期末・2学期末・3学期末に同様のグループワークを進めていたのである。

　このような作業を進めることのメリットは次の3点である。

　①　グループワークを活用した目標・内容の共有

　グループワークを通して定期的に教科等の目標や内容を見渡し、修正・実践されるため、学校全体として、学習の基盤となる資質・能力（言語能力、情報活用能力、問題発見・解決能力等）や現代的な諸課題に対応して求められる資質・能力の育成にむけた質の高い教育実践が進む。

　②　授業改善や指導の効率化

　生活科や総合的な学習の時間を軸として、教科横断的な指導を行うことができ、単元などのまとまりの中で、習得・活用・探究のバランスを工夫することができ、「主体的・対話的で深い学び」を実現する授業改善や指導の効率化も図られる。

　③　必要な人材や支援体制等の調整

　学校全体でカリキュラムを共有するため、指導内容や活動のフィールドの重なり等が細かくチェックでき、必要な人材や支援体制等も調整できる。教育実践を進める教員が、直接、カリキュラム編成に関わることの意義も非常に大きい。教員の声を紹介する。

新採用教員（3月卒・4月採用教員）
・新採用教員として4月に着任した当初のカリマネのグループワークの時

は、これから指導する教科ごとの展開も見えませんでした。ワーキングを通して、先輩の先生方から教科書をもとに「何をつなぐのか」「どうつなぐのか」「なぜつなぐのか」を教わりました。4月には何も言えませんでしたが、7月のワーキングでは、自分のクラスの実態をもとに考えることができました。

新採用教員（講師2年・4月採用教員）

・4月にグループワークをした時には、ほかの先生方の話を聞いているだけだったけれど、練り直しの時に改めて、教科横断的な指導の意味がわかりました。ただ、難しかったのは、「資質能力」が大くくりになっていて、実際の子どもの姿でいうとどのような姿になるのかが、まだ、はっきりわかりません。

30代・経験年数7年目

・資質能力を育成するためにカリマネを進めようとしてきました。それぞれの教科内容でなく、身につけさせたい資質能力で指導計画をつないでみようとしましたが、資質能力をどのレベルでとらえればいいかによってつなぎ方が違ってくるので難しかったです。けれど、育てたい子ども像を学年で何度も確認しあうことでイメージが持てました。

30代・経験年数13年目

・カリマネに取り組んできて、指示や発問の仕方が変わってきました。資質能力を育成するには、丁寧に学習の道筋を示すのではなく、ゴールを明確に示して子どもに任せる指導を心掛けるようになりました。

グループワークを通して、経験の浅い教員がベテラン教員から指導法を学んだり、日常の指導についての心構えや心理的なサポートを受けたりする場面も多くみられ、「指導技術の伝承の場」としても大いに役立ったことが確認できた。

(3) 外部組織とつながる　〜顔の見える関係づくり〜

学校、特に小学校教育では、外部人材の活用は不可欠である。カリキュラムをデザインする際には、「いつ、どこで、だれと、どのような目的で」つなげ

◎図 3-3-2　外部組織とのつながり

るかもイメージしておく。

　外部組織とのつながりにおいて、大切なことは、「顔の見える関係づくり」である。Ｓ小学校では、管理職だけが窓口になるのではなく、教職員それぞれがつながりをもち、固有名詞でつながる関係づくりを進めてきた（図3-3-2）。

　教職員が外部人材と日常的に関われるような場づくりを進めるとともに、人材活用に当たっては担当者間の打合せの時間と場を確保し、実践後は必ずその成果を地域に返すよう配慮した。外部組織・人材にとっても、学校教育に関われることを「生きがい」や「喜び」と感じていただけることが、教育実践の基盤を強く厚くする。

(4)　実践を価値づける　〜フィードバック〜

　かつて校長として勤務したＳ小学校は、研究活動に熱心に取り組む風土があり、豊かな感性をもった同僚性の高い教員が多く勤務する下町の小学校である。当該校を初任校とする教員や、子育て真っ只中の教員も多く、互いの時間を大切にして気持ちよく勤務できる職場であるよう心を配った。

　皆が効率よく仕事を進めるために、学校運営にも軽重を付け行事の重なりをなくし、毎週水曜日は「研究日」として時間を確保するよう教務主任に指示した。こういった学校運営の「可視化」は、校長が何を大切にしているかを明確

にし、教員の意識改革を促すことにつながった。児童と教員の学びや個性が重なり、その時、その学校・その環境でしか実現しなかった教育実践も多くある。「S町が好き！」というテーマで取り組んだ、一つ一つの授業実践の価値を、教員や保護者、地域に発信することが、教員の「やる気」と「本気」を生み出した。

「学ぶことが楽しいと思える学校」「人と関わることを面白いと感じる子どもたち」「もっと力を伸ばしたいと思える教職員」であってほしいという校長としてのメッセージを発信し続けた。丁寧に子どもと向き合う教職員の姿を、保護者や地域も受け止め、大きな信頼を得ることができたのではないかと思う。

校種によって校内組織が異なり、学習指導への向き合い方や大切にしている文化が違う。地域に学習材を求め、人と丁寧に関わらなければ成立しない「生活科」や「総合的な学習の時間」の探求的な学びは、そのような硬い土壌には根を下ろさない。柔らかな発想で、自由な風土で教職員と児童生徒、多くの外部の人材が交わるところに、学びが生まれる。それには、手間がかかる。時間もかかる。失敗もたくさんある。

「校長先生と一緒に勤務した時は、しんどかったけど面白かったです」

そう言ってくれた教員の声が、生活科や総合的な学習の時間の活動を生み出す「体制づくり」の答えではないだろうか。

（松井奈津子）

4章　生活科・総合的な学習の時間のカリキュラム

章のねらい

　本章では生活科・総合的な学習の時間のカリキュラムについて、第1節では子どもの発達段階に応じた「系統的なカリキュラム」を視点として、第2節では、学校や地域の特色を活かした「横断的なカリキュラム」を視点として実践的に検討する。そして、第3節において、改めてカリキュラム作成のポイントをまとめていきたい。

1．生活科・総合的な学習の時間の系統的なカリキュラム

(1)　学校全体計画とは

　生活科・総合的な学習の時間の系統的なカリキュラムとは、子どもの学びをつなぐカリキュラムであり、生活科や総合的な学習の時間の学校全体計画と言うことができる。

　総合的な学習の時間の全体計画は、学校としての、総合的な学習の時間の教育活動の基本的な在り方を示すものである。具体的には、総合的な学習の時間の目標や各学年が取り組む課題（探究課題）、育成したい資質・能力等を記したものである。

　総合的な学習の時間の全体計画作成においては、各学校の教育目標や育成を目指す資質・能力を踏まえることが大前提となる。なぜなら、教育課程全体を通して育成する資質・能力は、各教科等での学びを活用・発揮しやすい総合的な学習の時間を核とし、教科等横断的にカリキュラム・マネジメントをすることで効果的に培えるからである。このことは、小学校学習指導要領解説総則編に、教育課程の編成に当たっては、目指す資質・能力を踏まえつつ教育目標を明確にすること、その際総合的な学習の時間との関連を図ること等が明示されていることからも明らかである。

　生活科においては、総合的な学習の時間のような学校全体計画ではなく、通常各学年の年間指導計画として作成しているところである。しかし、生活科は、低学年のカリキュラム・マネジメントの中核となるものであり、小学校低学年、中学年、高学年という学びの連続性から、総合的な学習の時間とともに、学校全体計画に位置付けておくことが望ましいと考える。

(2)　生活科・総合的な学習の時間の系統性

　ここでは、堺市立野田小学校の生活科・総合的な学習の時間の全体計画をもとに、系統的なカリキュラム作成の実際について述べる。

①各学校における総合的な学習の時間の目標

　学習指導要領に示された総合的な学習の時間の目標と、学校教育目標及び育成を目指す資質・能力をもとに、学校としての総合的な学習の時間の目標を設定する。

　学習指導要領に示された総合的な学習の時間の目標とは、次のとおりである。

　探究的な見方・考え方を働かせ、横断的・総合的な学習を行うことを通して、よりよく課題を解決し、自己の生き方を考えていくための資質・能力を次のとおり育成することを目指す。

（1）　探究的な学習の過程において、課題の解決に必要な知識及び技能を身に付け、課題に関わる概念を形成し、探究的な学習のよさを理解するようにする。

（2）　実社会や実生活の中から問いを見いだし、自分で課題を立て、情報を集め、整理・分析して、まとめ・表現することができるようにする。

（3）　探究的な学習に主体的・協働的に取り組むとともに、互いのよさを生かしながら、積極的に社会に参画しようとする態度を養う。

　本校の学校教育目標は、「自ら考え、心豊かに、たくましく、生きぬく力を育てる」である。

　また学校として、特に子どもたちに育成したい資質・能力は「思考力・判断力・表現力」である。「学習は大切だと思うがあまり楽しいと感じない」という全国学力・学習状況調査の結果や子どもたちの日常の様子から、「思考力・

判断力・表現力」を重点的に培い「考えることが好きな子ども」を育成したいと考えたからである。

　地域には熱心な方が多く、地域の学習材が豊富なこともあり、総合的な学習の時間の目標を、以下のように設定している。

> 　身近な地域の自然や社会との関わりを通して、自ら課題を見付け、主体的・創造的・協働的に思考・判断・表現することで課題を解決し、地域や身の回りの人々に対する親しみと愛着を深め、自分の生き方を考えようとする。

②各学校において定める「総合的な学習の時間」の内容

　次に、探究課題と探究課題の解決を通して育成を目指す具体的な資質・能力の設定である。総合的な学習の時間の目標を実現すべく考えていく。

1）探究課題

　探究課題は、例えば国際理解、情報、福祉・健康などの現代的な諸課題に対応する横断的・総合的な課題、地域の人々の暮らし、伝統と文化など地域や学校の特色に応じた課題、児童の興味・関心に基づく課題など、横断的・総合的で、探究的な見方・考え方を働かせて学習することがふさわしく自己の生き方を考えていくことに結びつくような、価値ある諸課題であることが求められる。

　本校においては、3年生から6年生までの探究課題は、「まちづくり」「福祉・防災」「食」「キャリア」をテーマとしている。地域への愛着を育みたいという願いのもと、生活科を含め、1年生から6年生の学習内容に関連性をもたせているところである。（表 4-1-1 参照）

　このように、様々な視点から地域を素材として取り組み、地域への理解を深めることや地域の人の温かさや素晴らしさに触れることが、地域への愛着を育むと考え、それぞれの探究課題を設定している。

2）探究課題の解決を通して育成を目指す具体的な資質・能力

　育成を目指す資質・能力については、学習指導要領に示される三つの柱「知識及び技能」「思考力、判断力、表現力等」「学びに向かう力、人間性等」のそれぞれに基づき設定する。

　【知識及び技能】「知識」には、課題により異なる個別の「事実的な知識」と、

◎表 4-1-1　学年間における学習内容の関連

学年	主な内容
【低学年】 （生活科）	1年生での学校探検、2年生でのまち探検と、学習対象を学校から自分の身近な地域へと広げる中で、人やものとの関わりを通して学校やまちに興味・関心を持ち、安全で楽しく生活できるようにする。
【3年生】	まちの昔や今を調べ、人の思いに触れることでまちのよさに気付き、自分なりの「まち自慢」を見付ける。
【4年生】	福祉や防災の視点からよりよいまちづくりを考え、自分にできることを実践する。
【5年生】	地域でも取り組まれている米づくりを実際に体験することを通して、食の大切さを知るとともに自分の食生活を見直す。
【6年生】	学校や地域、社会で出会う働く人々の思いや願いを知ることから自分の生き方を考えていく。

　探究の過程の中で既に持っている知識や体験と結びつけながら獲得した生きて働く知識「概念」がある。「技能」は課題の解決に必要な技能であり、例えばインタビューをするときには、場合分けしながら計画する技能、資料を読み取るときには、大事なことを読み取ってまとめる技能等がある。

　【思考力、判断力、表現力等】実社会や実生活の中から問いを見いだし、自分で課題を立て、情報を集め、整理・分析して、まとめ・表現するという、探究的な学習の過程において発揮される「考え、判断し、表現する力」である。

　【学びに向かう力、人間性等】探究的な学習に主体的・協働的に取り組もうとする力や、互いのよさを生かしながら、積極的に社会に参画しようとする態

◎表 4-1-2　探究課題の解決を通して育成を目指す具体的な資質・能力（6年生）

	探究課題	探究課題の解決を通して育成を目指す具体的な資質・能力		
		知識及び技能	思考力・判断力・表現力等	学びに向かう力・人間性等
6年	実社会で働く人々の姿と自己の将来（キャリア）	・働く人の様子、思いや願いを知ることで、働く大変さや喜び、意義について理解する。 ・課題解決に向け、思考ツールを効果的に活用する。 ・地域や社会の人と適切に関わる。	・自ら課題を見付け取り組む中で、見たことや聞いたこと、体験したこと、文献やインターネット等で調べたことをもとに、わかったことや考えたことを目的に応じてまとめ、効果的に発信する。 ・分かったことや考えたことを友だちと伝え合い、整理・分析し、課題解決に向けた次の活動を生み出す。	・身近な環境や、社会のこと、自分のことに関心を持ち、主体的、協働的に課題を解決しようとする。 ・探究的な活動を通して、実社会や実生活の問題の解決に取り組み、自分の生き方を考えようとする。

度である。例えば、本校の 6 年生においては、次のとおり設定している（表4-1-2）。

　「思考力、判断力、表現力等」は 1 つの探究課題で育まれるものではなく、複数の単元を通したり、学年をまたいだりして探究の過程を繰り返すことで育成されものである。また、「学びに向かう力、人間性等」は「思考力、判断力、表現力等」にも増して、様々な学習活動を通して、時間をかけながらじっくりと養い育んでいくものである（表4-1-3）。

　そこで、育成を目指す「知識及び技能」は各学年、「思考力、判断力、表現力等」は 2 学年のまとまり、「学びに向かう力、人間性等」は 3 ～ 6 年生のひとまとまりで定めている（表4-1-4 参照）。

　なお「思考力、判断力、表現力等」については、本校が子どもたちの実態から特に育みたいと考えている力であり、低学年からの育ちの系統性を大切にしているところである。

◎表4-1-3　思考力・判断力・表現力等の育ち

思考力・判断力・表現力等		
低学年（生活科）	中学年	高学年
・活動や体験を通して見付けたことや気付いたこと、考えたこと等を自分なりにまとめ、伝える。	・身近な環境について課題を見付けて取り組む中で、見たことや聞いたこと、体験したこと、本や図鑑等で調べたことをもとに、分かったことや考えたことを自分なりにまとめ、発信する。	・自ら課題を見付け取り組む中で、見たことや聞いたこと、体験したこと、文献やインターネット等で調べたことをもとに、分かったことや考えたことを目的に応じてまとめ、効果的に発信する。
・見付けたことや気付いたこと、考えたこと等を友だちと伝え合い、似ているところや違うところを見付け、気付きを関連付けたり、次の活動への意欲を高めたりする。	・分かったことや考えたことを、友だちと伝え合い、共通点や相違点を見出し、次の活動に生かす。	・分かったことや考えたことを友だちと伝え合い、整理・分析し、課題解決に向けた次の活動を生み出す。

(3)　異校種間連携を視野に入れたカリキュラム

　平成 29 年告示の新学習指導要領では幼児期の教育から小学校、中学校、高等学校までを含めた全体を見通し、育成を目指す資質・能力をすべて「知識及び技能」「思考力、判断力、表現力等」「学びに向かう力、人間性等」で整理し

◎表4-1-4　堺市立野田小学校　生活科・総合的な学習の時間　全体計画

学習指導要領　第1の目標
探究的な見方・考え方を働かせ，横断的・総合的な学習を行うことを通して，よりよく課題を解決し，自己の生きかたを考えていくための資質・能力を育成することを目指す。

各学校の教育目標
自ら考え，心豊かに，たくましく，生きぬく力を育てる

総合的な学習の時間の目標
身近な地域の自然や社会との関わりを通して，自ら課題を見付け，主体的・創造的・協働的に思考・判断・表現することで課題を解決し，地域や身の回りの人々に対する親しみと愛着を深め，自分の生き方を考えようとする。

各学校において定める生活科・総合的な学習の時間の内容

	探究課題	探究課題の解決を通して育成をめざす具体的な資質・能力		
		知識及び技能	思考力，判断力，表現力等	学びに向かう力，人間性等
6年	実社会で働く人々の姿と自己の将来（キャリア） 単元「自分の生き方について考えよう」	・働く人の様子，思いや願いを知ることで，働く大変さや喜び，意義について理解する。 ・課題解決に向け，思考ツールを効果的に活用する。 ・地域及び社会の人々と適切に関わる。	・自ら課題を見付け取り組む中で，見たことや聞いたこと，体験したこと，文献やインターネット等で調べたことをもとに，分かったことや考えたことを目的に応じてまとめ，効果的に発信する。	・身近な環境や，社会のこと，自分のことに関心を持ち主体的，協働的に課題を解決しようとする。
5年	食をめぐる問題（食） 単元「お米のよさを伝えよう」	・お米ができるまでの仕組みや工夫，苦労を知り，食の大切さを理解する。 ・課題解決に向け，思考ツールを効果的に活用する。 ・地域の人々と適切に関わる。	・分かったことや考えたことを友だちと伝え合い，整理・分析し，課題解決に向けた次の活動を生み出す。	
4年	障害のある人や支援する仕組（福祉） 単元「障がいのある人たちとの出会いを通して」 防災のための安全な町づくりとその取組（防災） 単元「これからのわたしたちにできること」	・自分たちの生活が環境と関わっていることを知り，障がいのある人をはじめ，すべての人にとって住みよいまちづくりが大切であることに気付く。 ・防災の必要性や自分たちの家庭や地域の取組の大切さに気付く。 ・課題解決に向け，思考ツールを活用する。 ・地域の人々と適切に関わる。	・身近な環境について課題を見付けて取り組む中で，見たことや聞いたこと，体験したこと，本や図鑑等で調べたことをもとに，分かったことや考えたことを自分なりにまとめ，発信する。	・探究的な活動を通して，実社会や実生活の問題の解決に取り組み，自分の生き方を考えようとする。
3年	町づくりや地域活性化のために取り組んでいる人々や組織（町づくり） 単元「野田っ子たんけんたい！」	・自分たちの住む地域の特徴やよさを知り，人のつながりの大切さや人々の思いに気付く。 ・課題解決に向け，思考ツールを活用する。 ・地域の人々と適切に関わる。	・分かったことや考えたことを，友だちと伝え合い，共通点や相違点を見出し，次の活動に生かす。	
2年	「レッツゴー！町たんけん」 「もっと行きたいな　町たんけん」 「伝え合おう　町のすてき」	・町の自然や人々・社会と自分たちの生活との関わり及び町のよさに気付くとともに，公共の場所や物の使い方を身に付けている。 ・地域の人々と適切に関わる。	・活動や体験を通して見付けたことや考えたこと等を自分なりにまとめ，伝える。	・身近な人々，社会及び自然に自ら働きかけ，意欲や自信をもって学んだり生活を豊かにしたりしようとする。
1年	「わくわく　どきどき　しょうがっこう」	・学校での生活は様々な人や施設と関わっていることが分かる。 ・学校生活を支えている人々や友だちと適切に関わる。	・見付けたことや気付いたこと等を友だちと伝え合い，似ているところや違うところを見付け，気付きを関連付けたり，次の活動への意欲を高めたりする。	

ている。

　これは、幼児、児童、生徒の学びをつなぐ重要性からであり、生活科や総合的な学習の時間の系統性を考える上からも、小学校においては、幼児期の教育や中学校での教育を視野に入れることが大切になる。

①幼児期の教育との接続

1）幼児期の終了までに育ってほしい 10 の姿

　小学校教育をゼロからスタートさせるのではなく、就学前の教育の上に積み上げていくことで、子どもたちは幼児期に培った力をさらに小学校で伸ばすことができる。砂場あそびであっても、お店屋さんごっこであっても、5歳児が友だちとともに工夫してあそびをつくり出す力には、驚かされるものがある。入学当初の子どもたちは、何もできないのではなく既にそれぞれの育ちがあることを、「幼児期の終了までに育ってほしい 10 の姿」を通して、小学校の教員は知っておくべきである。

> （幼児期の終わりまでに育ってほしい幼児の具体的な姿）〜 10 の姿〜
> 健康な心と体 自立心 協同性 道徳性・規範意識の芽生え 社会との関わり 思考力の芽生え 自然との関わり・生命尊重 数量や図形、標識や文字などへの関心・感覚 言葉による伝え合い 豊かな感性と表現

2）スタートカリキュラム

　幼児期の終わりまでに育ってほしい 10 の姿は、小学校以降の学びの基礎となるものである。入学当初子どもたちが学校生活に慣れ、10 の姿の育ちを自分なりに発揮しながら学びに向かうためにスタートカリキュラムは有効である。

　本校においては、スタートカリキュラムの一つとして、生活科の「学校探検」を中心とした、他教科との合科的・関連的な学習に取り組んでいる。例えば、「学校のことをよく知りたい」「友だちとなかよくなりたい」という子どもの思いのもと学校探検を行い、見付けたものを表現したり交流したりする場面で国語科や図画工作科の学習との関連を図る等である。興味・関心のある活動に主体的に取り組むことで、10 の姿がそれぞれの子どもなりに発揮され、生活科学習としての育ちも期待できる。これは、学校全体計画に示す目指す資質・能力の育成につながるものである。

②中学校教育との接続

　本市では、各中学校区で目指す子ども像を設定し、学びを小学校で完結させず、中学校につなぐための取組を記した「小中一貫グランドデザイン」を作成している。

　本中学校区においては、目指す子ども像を「自ら考えあきらめず問題解決する子」とし、育てる方向性を共有している。現在、中学校でも小学校と同様に、総合的な学習の時間を中心に実践を進めようとしているところである。

　学習指導要領に示された総合的な学習の時間における「育成を目指す資質・能力」は小中学校で共通であることからも、中学校区での目指す子ども像の共有は大切であり、総合的な学習の時間の学校目標を設定する際には念頭に置いておきたいことである。本中学校区におけるグランドデザインの取組はまだ始まったばかりである。今後、小中学校の教員が相互に授業参観や合同研修をし、実際の子どもたちの育ちを見つめることで、中学校区の総合的な学習の時間の全体計画がより系統的なものになると考える。

　地域や学校、子どもの実態に応じて学習内容を設定できる生活科や総合的な学習の時間の全体計画を、主体的、創造的に立案することで、子どもたちに豊かな学びと育ちを保障したいものである。

（仲野みさ子）

【参考文献】

田村学　著　「深い学び」を実現するカリキュラム・マネジメント
小学校学習指導要領（平成 29 年告示）解説　総則編 生活編 総合的な学習の時間編

2．生活科・総合的な学習の時間の横断的なカリキュラム

　生活科は、教科としてスタートした当初から合科的な扱いを推奨されてきた。それは、低学年児童は活動と思考が一体的であり、その活動は総合的であるという特質を踏まえてのことである。さらに季節との関連や地域、人との関連は教科の特質上欠かせないものである。

　総合的な学習の時間は、「第1　目標」に「横断的・総合的学習を行うことを通して」とある。つまり、横断的・総合的でなければならないということである。

　横断的なカリキュラムを作成するには、子どもの思い、願いを大事にしつつ、次の三つの視点で考えていくと取り組みやすいと考える。

　　①　地域の季節・行事と関連したカリキュラム

　　②　他教科との関連を図ったカリキュラム

　　③　地域の人・ものとの関連を図ったカリキュラム

(1)　地域の季節・行事と関連したカリキュラム

　生活科や総合的な学習の時間のカリキュラムを考えるとき、最優先せざるを得ないのは、季節や地域の行事である。なぜなら、地域の伝統行事や季節の変化、動植物との関わりなど、その時期でなければ学習の効果が発揮できないことがあるからである。

①自然との関わり

　自然との関わり、例えばミニトマトを栽培するのであれば、どうしても連休前に苗を植えたい。5月の連休明けに植えていると、実ができる頃に夏季休業が始まってしまうのである。連休前に苗植えをしておくと、ミニトマトは6月くらいから花を咲かせ、実ができ、7月前後から収穫できるようになる。子どもたちに収穫の喜びや、自分で摘んだ新鮮なミニトマトを味わってほしいものである。そうすると、2年生活科の「野菜を育てよう」の学習は、1学期早々の単元に位置付くことになるのである。

　生活科では、栽培活動はもとより、「秋みつけ」やどんぐり・落ち葉を活用した遊びやおもちゃづくり等、季節を考慮しておかなければ実施できない。また、季節そのものの移り変わりを実感させるために、「わたしの木」を選び、継続して観察することも考えられる。

②社会との関わり

　例えば、大阪市には住吉大社という神社があり、境内に「御田」と呼ばれる田んぼがある。6月14日には御田植祭という神事が開催される。毎年4月に近隣の小学校や幼稚園に「御田通信」が配付され、米作りの体験とかかし作り

の体験の募集がある。この体験をどの学年で取り組むのか、どの時期に取り組むのか、どの教科と関連させるのかは、年間を見通した横断的なカリキュラムを作成しておかなければ実現できない。

　3年生の総合的な学習の時間や社会科の「地域」の学習と関連させるのか、5年生の社会科の「農業」と関連させるのか、または、それらの学習が終わった学年で取り組むのか、教科等での学習の前に取り組んだ方が効果的なのか見極める必要がある。

　米作りには、春から秋の収穫にかけての活動が考えられ、米の生育に伴い理科の植物の栽培の学習と関連させることができる。収穫した米を使ってご飯を炊くならば、家庭科の「ごはんとみそ汁」の学習をその時期に合わせた方が効果的である。

　夏から秋にかけてはかかし作りができるので図画工作科との関連を図ることができる。さらに、収穫した後の藁を使って工作し、作ったものをプレゼント

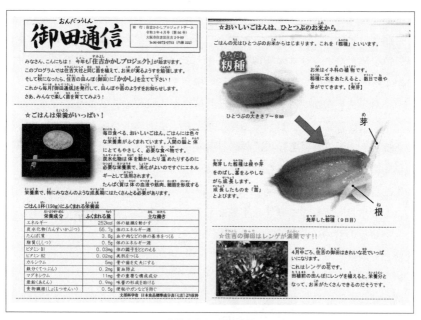

◎図 4-2-1　御田通信

するならば、手紙を書くこともでき、国語の学習とも関連させられる。また、社会科の「農業」と関連させるならば、農業人口の減少や海外からの農産物の輸入の問題にも取り組むことができる。

　地域の季節・行事を考慮して核となる活動を決めることで、他教科や地域の人・ものと関連を図ったカリキュラムに発展させることができる。

　伝統行事だけでなく、地域で行われる行事を把握し、横断的・総合的に扱うためには、その時期を考慮し、その行事を通じて取り組む探究課題を明らかにするとともに、その探究課題の解決を通して育む資質・能力を明らかにしておく必要がある。地域の行事にどの視点からスポットを当てるのかをあらかじめ想定しておくことが、子どもの思いを生かした活動につながると考えるからである。

(2)　他教科との関連を図ったカリキュラム

　他教科との関連を図るためには、これまでは、教科の内容と関連を図ることが多く行われてきた。新小学校学習指導要領では、資質・能力で各教科の目標が整理されたこともあり、「資質・能力」で関連を図ることができる。

①教科の内容と関連を図る

　前項で紹介したように総合的な学習の時間で「米作り」を扱うならば、国語、社会、理科、図画工作等の内容や「見方・考え方」で関連させることができる。

　3年生の理科で春先の単元にアゲハチョウの飼育・観察がある。6月頃から総合的な学習の時間でカイコの飼育の実践を行うならば、理科で学んだアゲハチョウの飼育・観察に関する資質・能力が生かされるとともに、カイコの飼育・観察で身に付いた資質・能力によって、理科で学習したアゲハチョウに関する知識が強化されるのである。

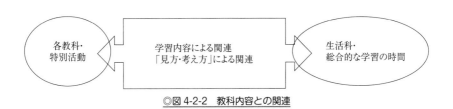

◎図 4-2-2　教科内容との関連

◎表 4-2-1　教科の学習を生活科・総合的な学習の時間に関連づける例

教科等	生活科・総合的な学習の時間
国語	・教材文に書かれた内容との関連を図る。 ・読解力を資料の読み取りに生かす。 ・文章を書く技能をレポート作成や依頼状・お礼状の作成に生かす。 ・ディベート等話し合いの技法を生かす。 ・発表の工夫など、話す技法を生かす。等
社会	・地理的環境の特色、地域の安全を守るための諸活動、伝統と文化を生かす。 ・我が国の農業や水産業における食糧生産に関連付けて指導する。 ・資料活用の方法を生かして総合的な学習の時間で必要な情報を収集する。
算数	・グラフの書き方を総合的な学習の時間で調査した内容に活かす。
理科	・動植物の飼育栽培やその条件の学習を地域の動植物の成育環境に生かしたり、環境問題を考えたりする際に生かす。
生活	・町たんけんでの気付きを発展させる。 ・人とのつながりを生かす。
音楽	・お世話になった人へのお礼や交流に合奏や合唱をする。 ・地域振興に役立つ曲を作り、演奏する。
図画工作	・絵を描いて、発表の資料に使う。 ・工作の技法を活用し、プレゼントを作る。
家庭	・調理の技法を総合的な学習の時間での調理に生かす。 ・栄養に関する知識を総合的な学習の時間の活動に生かす。
道徳	・生活科や総合的な学習の時間で育んだ人との関わりを道徳で扱う。
学級活動	・話し合いの技法を生かす。

　３年生の総合的な学習の時間に「地域」を取り上げることがある。自分たちの住む区の「○○区民音頭」の意味を教えていただいたことから、自分たちの音頭を作ろうということに発展した。そのために、自分の住む町のよさを見つけるために「町たんけん」を行う。町のよさを歌詞にし「△△町音頭」を作り、地域の人と踊る。このような活動は、総合的な学習の時間を核とし、国語、音楽、体育を横断的に扱った単元と言える。

②「資質・能力」で教科と生活科・総合的な学習の時間を関連づける

　育成を目指す「資質・能力」は、「小学校学習指導要領解説　総則編」に次の３点が示されている。

　　①　知識及び技能が習得されるようにすること
　　②　思考力、判断力、表現力等を育成すること
　　③　学びに向かう力、人間性等を涵養すること

　この３点で各教科の目標も整理されたので、「資質・能力」で関連付けることがしやすくなった。しかし、教科にはその目標に教科特有の「見方・考え方」があり、関連させにくいこともあると思われる。そこで、次の２点で「資質・能力」をとらえると教科と生活科・総合的な学習の時間を関連付けやすいのではないだろうか（図4-2-2）。「小学校学習指導要領解説　総則編」に次のように示されている。

　　①　学習の基盤となる資質・能力
　　　　「言語能力」「情報活用能力」「問題発見・解決能力」等
　　②　現代的な諸課題に対応して求められる資質・能力
　　　　「健康・安全・食に関する力」「主権者として求められる力」
　　　　「新たな価値を生み出す豊かな創造性」
　　　　「多様な他者と協働しながら目標に向かって挑戦する力」
　　　　「地域創生等に生かす力」「持続可能な社会をつくる力」等

　学習の基盤となる資質・能力は、探究的な学習における児童の学習の姿の「課題の設定」「情報の収集」「整理・分析」「まとめ・表現」のサイクルに必要な力であると言える。

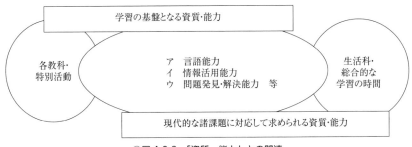

◎図4-2-2　「資質・能力」との関連

(3)　地域の人・ものとの関連を図ったカリキュラム

　地域の人・もの等様々な教育資源を活用することが生活科や総合的な学習の時間を効果的に実践するには大切である。

　【地域の人】

> 　身近な保護者や近隣の人の他、町会長、子ども会会長、民生委員、主任児童委員等公的な役職を持っておられる方、第2次世界大戦を経験し戦争について語ることができる方、老人クラブの方、女性会の方、さらに公園愛護会等で校園の美化活動をされている方、近隣の商店や商店街の人、田んぼや畑で働く人、駅や消防署、警察署、区役所で働く人等、老人介護施設で働く人や入所している人。特別な技能を持っておられる方等

【もの】

> 　地域の名物のお菓子、パン、コロッケ等の食品やその商店、学校の近くにある石碑、道路、旧跡、川や渡し船、その他子どもが興味・関心を持ったもの。

　これらの地域の「人・もの」の資源をどのように教材化しカリキュラムにしていけばよいのだろうか。「人」や「もの」をきっかけにして学習を展開させることもあれば、単元の活動をしていく中で「人」にかかわってもらうことも方法の一つである。

①生活科2年「まちたんけん」の実践

　子どもたちは、自分たちの住む町のことを知っているようで知らないことが多い。そこで、2年生の生活科では「まちたんけん」に出かける学習がある。

　「まちたんけん」で見つけたことを発表し合うことで、さらにもっと調べてみたいという思いを持つようになる。町のものや人をきっかけにしている。そこで、自分たちの調べたい「人・もの・こと」を自分たちの力で調べる活動を行う。調べてきたことを学級で発表すると、多くの質問があり、また調べに行くことになる。調べる活動の中で、インタビューをしたり、地域の人から情報を集めたり触れ合い交流していくことになる。このような繰り返し繰り返し調べる活動を通し、子どもたちは町の「人・もの・こと」に愛着をもち、自分の町のよさに気付いていく。このような活動の中に教科で学習した「見方・考え方」が発揮されることになる。

②生活科1年「つくろう　あそぼう」の実践

　1年生の秋に「秋さがし」をすることがある。集めたどんぐりや落ち葉で遊

ぶものをつくり、おもちゃランドに発展していく。十分遊ぶことを楽しんだ子どもたちは、おもちゃランドに誰かを招待し一緒に遊ぼうと考えることがある。招待する相手が幼稚園の子どもたちであるならば、相手を意識した説明の仕方や、看板を作る等の工夫が始まる。その中で音声言語の表現や絵での表現の力が発揮されるようになる。幼稚園の子どもたちを招待して遊び、人との触れあうことを通してコミュニケーションを図ることができたならば、大きな達成感を得ることができるであろう。

③総合的な学習の時間6年「○○町再発見！」の実践

6年生に、自分の住む町や区のイメージを思考ツールの活用を通して考えさせたところ、ゴミが多い、空気が悪い、治安が悪い等マイナスなイメージが多く出された。そこで、区役所、環境局、警察へ直接電話させ調べさせることにする。その結果、そんなに自分の町は悪くないことに気付いていく。さらに知りたいことを、自分の住む町会の町会長さんに直接インタビューしてみる。すると、自分の街には、町のために頑張ってくれている人がいることに気付き、さらにイメージが良い方へと変わってくる。次に、実際に町に出かけゴミの量を調べたり、区役所へ行って

◎図4-2-3 Yチャートの活用

◎図4-2-4 インタビュー

直接話を聞いたりすることで、自分の住む町に自信を持つようになる。

この実践の体験があったので、卒業式での決意表明で、地域に感謝し、自分がどのように地域で生きるかを発表した子が数名いた。イメージから、電話、人から直接話を聞く、フィールドワークに出るというように繰り返し地域へかかわる活動を取り入れることで、子どもの意識は確実に変わってくる。

(4)　横断的なカリキュラム作成のポイント

　以上のような実践に基づき、横断的な視点からカリキュラム作成のポイント
をまとめおきたい。

　（1）地域の季節・行事と関連したカリキュラム

　　　◇季節の特色や飼育・栽培の時期を把握し、単元を位置づける。

　　　◇地域の行事の時期や内容を把握し、単元を位置づける。

　（2）他教科との関連を図ったカリキュラム

　　　◇他教科の学習について時期や内容を把握し、他教科の学習内容を生活科
　　　　で活かしたり、生活科の学習内容や体験を他教科に活かしたりする。

　（3）地域の人・ものとの関連を図ったカリキュラム

　　　◇地域にはどのような公園や施設があり、また、どのような人が教育の支
　　　　援をお願いできるのか把握し、相手の都合に配慮しながら単元を位置づ
　　　　ける。

　カリキュラムマネージメントは、このような配慮のもとに作成した横断的カ
リキュラムがベースとなって行われていくものと考えられる。

（上田幸司）

3．生活科・総合的な学習の時間のカリキュラム作成のポイント

(1)　カリキュラム・マネジメントの中核としての役割

　総合的な学習の時間の目標は学習指導要領に示されているが、学校ごとの総
合的な学習の時間の目標については、この目標を踏まえて各学校において定め
ることとなっている。すなわち、各学校が創意工夫を生かした探究的な学習や
横断的・総合的な学習を実施するために、地域や学校、子どもの実態や特性を
考慮した目標を、各学校が主体的に判断して定めることとなっているのである。
これは、各学校が自校の教育目標を踏まえて育成を目指す資質・能力を明確に
示すことや、教育課程全体の中での総合的な学習の時間の位置付けや他教科等
の目標及び内容との違いに留意しつつ、この時間で取り組むにふさわしい内容
を定めることを可能にするためでもある。このことからも明らかなように、総
合的な学習の時間は、各学校のカリキュラム・マネジメントの中核となるもの

である。

　カリキュラム・マネジメントとは、「児童生徒や学校、地域の実態を適切に把握し、教育の目的や目標の実現に必要な教育の内容等を教科等横断的な視点で組み立てていくこと、教育課程の実施状況を評価してその改善を図っていくこと、教育課程の実施に必要な人的又は物的な体制を確保するとともにその改善を図っていくことなどを通して、教育課程に基づき組織的かつ計画的に各学校の教育活動の質の向上を図っていくこと」と定義されている。

　また、生活科にあっては、他教科等との関連を積極的に図り、合科的・関連的な指導を行うことで指導の効果を高めることによって、低学年における教育全体の充実を図ることが求められる。さらに、小学校学習指導要領では、幼児期の教育との連携や接続を意識したスタート・カリキュラムについて、これを生活科固有の課題として捉えるのではなく、教育課程全体を視野に入れた取組

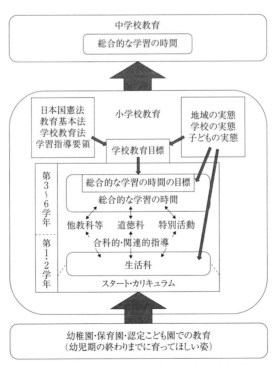

◎図 4-3-1　カリキュラム・マネジメントのイメージ

とするために、子どもや学校、地域の実情を踏まえて編成するよう、総則にお
いて求めている。すなわち、生活科を中核としながら、入学期における教育課
程全体でスタート・カリキュラムに取り組むよう求めているのである。このよ
うに、生活科においても、カリキュラム・マネジメントの視点が大変重要とな
るのである。(図 4-3-1)

(2) 教育の目的や目標の実現に必要な教育の内容等のデザイン
①地域・学校の実態を考慮する

　各学校における教育目標は、学校や地域の実態等に即したものであり、そこ
には学校として育成を目指す資質・能力が明確に示されていなければならない。
また、学校ごとに定めることとなっている総合的な学習の時間の目標において
は、この教育目標を踏まえ、総合的な学習の時間を通して育成を目指す資質・
能力、すなわち育てたい子どもの姿を明確に示す必要がある。そのためには、
子どもや学校、家庭、地域の実態を踏まえた上で、子ども自身が持つ夢や希望、
並びに教師や保護者、地域住民がそれぞれに持つ子どもの成長に寄せる願い等
を考慮することが必要である。また、育てたい子どもの姿に迫るためには、他
教科等においてはどのような資質・能力を育成するのか、それを踏まえて総合
的な学習の時間ではどのような資質・能力を育成するのかということを明らか
にしなければならない。これは、生活科においても同様である。その上で、こ
のような目標の実現に必要な教育の内容について検討することが必要なのであ
る。

　子どもが暮らす地域は、それぞれに社会環境や自然環境が異なる。また、地
域ごとに産業や経済、歴史や文化等に特色があり、そこには多様な人々が暮ら
している。近隣にあってよく似た地域性をもっていたとしても、すべてが全く
同じであるということはない。したがって、地域の実態を考慮するとは、これ
らのことを踏まえた上で、教育目標や指導内容を選択したり、地域にある社会
教育施設や学校教育に協力することのできる人材等、地域の教育資源や学習環
境を生かした教育活動を計画したりするということである。

　同じことは、学校の実態を考慮するということについても言える。すなわち、
学校ごとにその規模や施設・設備等は異なるとともに、それぞれの学校にはそ

れぞれの歴史や伝統、校風がある。そして、さまざまな家庭文化の下で生活する多様な子どもたちがそこに集い、学んでいるのである。また、教職員についても、経験や力量、教育観等はそれぞれに異なるので、たとえ同じ教育目標に向かって尽力するにしても、教育活動全てにおいて全く同じように考え行動するということはないのである。すなわち、学校で営まれる毎日の生活それ自体がヒドゥン・カリキュラム（潜在的カリキュラム）[1] となっているのである。したがって、顕在的カリキュラムである教育課程を作成するにあたっては、このヒドゥン・カリキュラムについて考慮しなければならないということは当然であろう。

　総合的な学習の時間においては、これらのことについて考慮した上で各学校において目標を定めるとともに、内容についても各学校で定めることになる。この内容を設定するに際しては、「目標を実現するにふさわしい探究課題」と「探究課題の解決を通して育成を目指す具体的な資質・能力」を定めることとなっている。学習指導要領では、目標を実現するにふさわしい探究課題の例として、国際理解や情報、環境、福祉・健康などの現代的な諸課題に対応する横断的・総合的な課題、地域の人々の暮らし、伝統と文化など地域や学校の特色に応じた課題、児童生徒の興味・関心に基づく課題、職業や自己の将来に関する課題などが挙げられている。したがって、この探究課題の設定にあたっても、地域や学校の特色や実態を考慮する必要がある。それは、地域の人々の暮らしや自然、風土など地域の特色に応じた課題に限ったことではなく、例えば環境問題という地域の実態に応じた現代的課題に対応する横断的・総合的な課題であったり、地場産業を持つ地域における職業や自己の将来に関する課題であったりする。

　一方、生活科における見方・考え方は、「身近な生活に関わる見方・考え方」である。各教科等の「見方・考え方」とは、「どのような視点で物事を捉え、どのような考え方で思考していくのか」という、その教科等ならではの物事を捉える視点や考え方であり、深い学びの実現に向けた授業改善を進めるに当たっては、各教科等の「見方・考え方」を働かせることが重要である。したがって、生活科においてはこの見方・考え方を生かして、身近な人々、社会及び自然を自分との関わりで捉え、よりよい生活に向けて思いや願いを実現しよ

うとすることから、その内容には、身近な人々、社会及び自然と関わる活動に関する内容や、地域や学校の生活に関する内容が示されている。このように、生活科においても、地域や学校の特色や実態を考慮することが重要なのである。

②子どもの実態を考慮する

　ところで、子どもは、それぞれの発達段階に応じた特性を持つ。小学校低学年の子どもには、未分化な発達状況が幼児期から継続して見られ、具体的な活動を通して思考するという特性がある。そのため、幼児期の教育から小学校教育へとスムーズな接続ができるようスタート・カリキュラムを構成することが必要であり、生活科においては、活動や体験を通して思考や認識を育成することに留意するとともに、具体的な活動や体験でどのような思考力等が発揮されるのかということについて検討した上で取り組まなければならないのである。一方、子どもは9歳ごろになると、物事をある程度対象化して認識することができるようになるため、客観的な分析や、より分化した知的活動が可能となってくる。そのため、小学校の教育課程において、生活科は第1・2学年に設けられ、探究的な学習の過程を本質とする総合的な学習の時間は第3学年から始まるのである。

　また、中学生という時期になると、抽象的、論理的思考がさらに発達するとともに、子どもはさまざまな葛藤の中で自らの生き方を模索し始めるようになっていく。したがって、総合的な学習の時間においては、このような発達段階に応じた特性を踏まえた目標と内容を設定する必要がある。

　さらに、このような子どもの発達の特性に留意した上で、発達には個人差があり、一様ではないということについても押さえておく必要がある。子どもはそれぞれ、生育環境も異なれば、経験してきたことも違う。能力や適性、興味・関心や性格等も、子どもそれぞれである。したがって、子どもの実態を考慮するといった場合には、個々人にも着目することが必要なのである。

③学年間・学校園間の系統性を図る

　一方、子どもたちは、幼児期の教育における経験や、これまでの学年のカリキュラムに基づいて学習経験を積んできている。したがって、このような学習経験とそれらの習得状況、さらには計画する学習が今後の学習にどのようにつながっていくのかということについても考慮しなければならない。そのため、

前後の学校園や学年のカリキュラムについて把握しておく必要がある。

　小学校第1学年においては、幼稚園教育要領等に示された「幼児期の終わりまでに育ってほしい姿」を手がかりに、幼児期の教育における遊びを通じた総合的な学びから小学校教育へと円滑な接続が図れるよう、生活科を中核としてスタート・カリキュラムを工夫しなければならない。また、小学校学習指導要領において生活科における学年の目標は、第1学年・第2学年の2年間で実現すべき目標として、内容のまとまりごとに示されている。したがって、この2年間における子どもの発達に留意して、2年間を見通したカリキュラムを作成する必要がある。また、生活科の学習内容や方法が、第3学年以上の教科等にも密接に関連していることにも留意する必要がある。

　一方、内容について各学校で定めることとなっている総合的な学習の時間においては、学年ごとに目標を設定し、その目標を実現するにふさわしい探究課題を設定するとともに、その探究課題の解決を通して育成を目指す具体的な資質・能力を設定しなければならない。したがって、学年間における系統性について十分に考慮する必要がある。特に、小中学校間における連続性や系統性については注意が必要で、お互いが総合的な学習の時間においてどのような資質・能力の育成を目指してどんな取組をしているのかということについて知っておく必要があり、小中学校間の接続を意識したカリキュラムが求められる。

　さらには前節で述べられているように、子どもの学習活動や学びの文脈が分断されぬよう、また生活科や総合的な学習の時間がカリキュラム・マネジメントの中核となるように、各教科等間における相互の関連を図る教科等横断的な視点を持つことが重要である。

(3)　カリキュラムの評価と改善

　このようにして作成された生活科や総合的な学習の時間のカリキュラムは、不変のものではない。なぜならば、カリキュラムは評価によって絶えず改善を図っていくものでなければならないからである。そのため、カリキュラムの改善を図るためにPDCAサイクルを確立することが重要となる。このPDCAサイクルは、教育課程経営の観点から、文部科学省の『学校評価ガイドライン』において、学校評価における改善サイクルとしても示されている。また、

学習指導要領においても、学校評価はカリキュラム・マネジメントと関連付けながら実施することが求められているのである。

PDCA サイクルとは、Plan（計画）− Do（実行）− Check（評価）− Action（改善）によって、政策や業務を継続的に改善していく手法である。したがって、カリキュラムを作成し実践した後に、その状況を評価し改善を図ることがその目的である。

それでは、この PDCA サイクルの流れに沿ってカリキュラム改善の手順について見ていこう。

まず P（計画）の段階である。先述したように、子どもや学校、地域の実態を適切に把握し、系統性について留意するとともに、教育の目的や目標の実現に必要な教育の内容等を教科等横断的な視点でデザインすることが重要である。

次に、D（実行）の段階である。ここでは、生活科あるいは総合的な学習の時間の目標の達成に向け、授業が展開される。その在り方については、5 章に譲る。

続いて、C（評価）の段階である。カリキュラムを評価する際に、評価の基準となるのは教育目標の達成度合である。ここで確認しておきたいのは、誰がカリキュラムを評価するのかということである。言うまでもなく、学校運営の中核となるのは教育活動であり、それをデザインしたものがカリキュラムである。学習指導要領において教育課程の編成主体は各学校であるということが示されているため、カリキュラムを評価するのは、一義的には学校であると言える。しかし、『学校評価ガイドライン』では、学校評価において学校自身による「自己評価」と「学校関係者評価」を行うことが示されている。すなわち、ここにはステイクホルダー（利害関係者）という概念が見られる。教育評価においてステイクホルダーとは、積極的に評価活動に参加する権利を持つ、評価結果に利害のある人たちのことを意味する。学習指導要領が「社会に開かれた教育課程」の実現を目指すものであることから、これは重要な概念である。したがって、評価結果に利害のある子どもや保護者、地域住民、ゲストティーチャー等はすべてステイクホルダーであり、カリキュラム評価に参加するべきなのである。特に、生活科や総合的な学習の時間においては、地域住民等と関わることが多い。それらの人々から評価されることは、深い学びの実現にとっ

て重要であるだけではなく、カリキュラム改善にとっても非常に重要なことなのである。

　一方で、各学校には自校のカリキュラムに対する自己評価が求められる。その際には、カリキュラムに基づいた教育活動によって、子どもたちがどれだけ教育目標に近づいたのかということについて評価する必要がある。ここで言う評価は、総括的評価のみを意味するものではない。すなわち、指導が終了した時点でその成果を評価する総括的評価だけではなく、学習目標を達成させるために学習活動の中で行われる形成的評価をも意味しているということである。つまり、「D（実行）」の段階においても評価は行われているのである。このように、指導と評価の一体化を進めていくと、「D（実行）」と「C（評価）」の段階はその境界が曖昧になる。したがって、「実行」段階においてもカリキュラムの適切性について、適宜「評価」し続けなければならないのである。

　そして、最終的に得られた評価結果を基にカリキュラムの改善を図るということになるので、評価は妥当性と客観性があるものでなければならない。そのためには、正確な評価情報を得るための評価方法と、それによって得た評価情報を解釈するための枠組みが必要となる。すなわち、学習状況を目標に照らすことにより、学習者がどの程度その目標に近づいているのかを見取る、目標に準拠した評価を推進することが重要となるのである。

　そして、A（改善）の段階である。ここでは、上述したような取組によって得たさまざまな視点からの評価によって、カリキュラムの適切性について判断することになる。すなわち、成果と課題についてその要因や背景を明らかにし、それを判断材料として、カリキュラムを改善することになるのである。

　このようにして、ＰＤＣＡサイクルを繰り返すことによりカリキュラムを評価し改善することとなるが、カリキュラム・マネジメントの目的が教育活動の質の向上であるならば、子どもの学習経験の現状をより深く観察するところから開始するという視点が必要である。すなわち、計画ありきで始めるのではなく、学習を効果的に進めるために事前に行う診断的評価から始めなければならない。そのためには、サイクルを PDCA から CAPD へと転換するという視点を持つことが必要なのである。

（竹原章雄）

【註】

(1) 意図的で計画的なカリキュラムである「顕在的カリキュラム」に対して、学校文化やルール、人間関係等、非計画的で無意図的に伝達され子どもが暗黙裡に学び取っているカリキュラムを「ヒドゥン・カリキュラム（潜在的カリキュラム）」と言う。

【文献】

竹原章雄（2006）「学校の自己評価の方法開発に関する一考察－近年の教育評価論を手がかりとして－」『学校教育研究』21 号、pp.231-236、日本学校教育学会
田中統治、根津朋実編著（2009）『カリキュラム評価入門』勁草書房
文部科学省（2017）小学校学習指導要領（平成 29 年告示）解説生活編
文部科学省（2017）小学校学習指導要領（平成 29 年告示）解説総合的な学習の時間編
文部科学省（2017）小学校学習指導要領（平成 29 年告示）解説総則編

5章 生活科・総合的な学習の時間の学習指導

章のねらい

　本章では、生活科・総合的な学習の時間の学習指導のうち、総合的な学習の時間の「探究的な学習」の過程を構成し、実践する留意点を整理する。探究的な学習の4つの場面に共通する留意点、それぞれの場面に固有の留意点が事例を交えながら紹介されるので、それを読者の実践の点検や再構築の羅針盤にしていただきたい。

1. 探究的な学習の構成

(1) 探究的に学習をすすめる子どもとは

　探究的な学習はどのように構成すればよいのであろうか。図 5-1-1 のように平成 20 年に告示された学習指導要領[i]からすでに、探究的な学習とするためには、学習過程が【①課題の設定】【②情報の収集】【③整理・分析】【④まとめ・表現】になることが重要であり、①〜④が順序よく繰り返されるわけでは

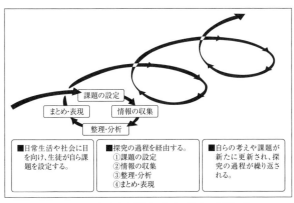

◎図 5-1-1　探究的な学習における児童の学習の姿

なく、順番が前後することもあるし、1つの活動の中に複数のプロセスが一体化して同時に行われる場合もあると述べられている。しかし、この流れをたどれば探究的な学習になっているといえるのだろうか。すぐにわかる方法がある。それは、本当に探究的な学習になっているかどうかは子どもに尋ねてみることである。もし、探究的な学習の流れになっている、言い換えれば、課題設定が子どもにとって本物になっているとすれば、【①課題の設定】であれば、「この学習で何をするの？」と尋ねたなら例えば「私たちは、地域のお年寄りがさみしい思いをしていることが分かっているので、楽しむ企画を考えて実際にする予定です！」というように単元のゴールイメージを答えることができるだろう。【②情報の収集】であれば、「明日何するの？」とたずねれば、子どもは、「明日は、お年寄りは何がうれしいかを調べる予定です。インタビューをするとうまくいくのではないかと考えています」などと答えることができるだろう。つまり、課題が本物であるならば、【①〜④】のフェーズごと答えに違いはあるが、次の活動の見通し、活動意義について子ども自身が理解していて、行動に落とし込めている状態となっているであろう。このような場合はじめて子どもの学習は、探究的であるといえるのではないかと考える。

　子どもの思考の中に探究する課題が問題意識として認識されている状態をめざして学習計画を立てるようにしたい。そのために、学習過程を探究的にする準備や構成を述べる。また、探究的な学習は、一人で成り立つものではない。どうすれば他者と協働し主体的に取り組む学習活動にできるのかについて考えていく。

(2) 学習過程を探究的にするための準備

　《探究的》という言葉は、総合的な学習の時間の最も大切にされるべき点である。子どもがどのような時、《探究的》になるかを考える必要があろう。この問いには、探究する課題が子どもの興味・関心に根差している活動となっており、活動して新たに生まれた関心や疑問をよりどころに発展的な活動が展開される可能性のある学習であるときと考えている。一方で、子どもの興味・関心を重視すればするほど、教師が意図する学習効果を生み出したり、子どもにつけたい資質・能力を育成したりすることは難しくなる。この両者のねらいを

達成するために必要なことは、指導者が、子どもの興味・関心がどこにあるかを十分知っていることである。そして、その興味・関心からどのように新たな関心や疑問が生まれ出る可能性があるかその先の発展的な展開までを多面的・網羅的に予測し、準備することである。

　まずは、単元構成をする前に、是非してほしいことは次の2つである。

> 子どもの情報（興味・関心、学習履歴等）をつかむこと
> テーマにかかる人・もの・ことのリソース探しを教職員間で行うこと

　子どもはどのような情報の中にいるだろうか。子どもたちは、さまざまな情報に毎日であい、その内容は常に更新されている。朝起きてであうテレビや保護者との会話、また登下校にであう自然や社会、日々の教室等における学びがそうであり、友達との会話もすべて含まれる。子どもの立場に立ち、何に取り組んでいるのか、つぶやきや振り返り、普段の何気ない会話など、ありとあらゆるものからその興味・疑問をつかんでおくことが大切である。もう1つは、それまでの学習の履歴である。前学年でどのようなテーマで誰にであいどのような活動を行ってきたか、また、活動した内容は誰にどのように伝えたのか、どのような成果や課題があったのかなど、知っておきたいことは無限である。自分が知っていることやできることがあると、次への活動の見通しを見出しやすく、また次もできるかもしれないと意欲的になりやすい。このように、活動内容、情報収集の方法や考えるための技法等の学び方、他教科の学習で獲得している資質・能力などの学びの履歴を知っていることにより、指導者は、子どもの意欲を引き出すことが可能となる。発達段階に応じた経験の有無は、類似活動の繰り返しにおける学習の質的高まりが期待できるかどうかにも関わってくるだろう。

　もう1つは、リソース探しと教職員間の情報共有である。学校の立地はどのようなところとなるだろう。駅周辺であったり、緑が多い場所であったり、それぞれの地域の自然やものを生かした活動を創出することができる。また、活動を支援してくれる専門家や関係機関を把握しておけば、活動を発展させたり、振り返ったりでき子どものさらなる成長も期待できる。このような基本的な情報はさほど大きく変わらないかもしれない。

　しかし、その年々のテーマに沿って今年度担当する教職員でリソースを出し合う機会をぜひもっておきたい。その年たまたま子どもを担当することになった担当教職員も、それぞれ強み弱みがあろう。学校ごとにカリキュラムが組まれていると思われるので、大きな活動は変わらないかもしれないが、それぞれの教職員ができることもリソースの1つとなる。また、地域には核となる人がいる場合もあるだろう。年度が変われば新たな地域人材とのであいもある。教職員は転勤となればその土地を離れてしまうが、地域住民や保護者にとっては、子どもは宝であり、その土地を守り続ける大切な存在として成長に期待している。であう人をきっかけに、地域の人々の子どもたちへの思いを知ることもできる。複数の指導者で予測を行うことにより得られる情報を整理し、一人ひとり違った興味・関心をもつ子どもを想定した具体的な活動を考えておきたい。また、どのような資質・能力の育成をめざすのかを一致させ、期待する学習の方向性や望ましい子どもたちの変容を関わる指導者が共通してイメージできるよう準備しておきたい。

　例えば、「安心で安全な町・学校」というテーマで活動を考えたとしよう。毎日の学校の行き帰りで、見守り隊の人たちに挨拶をしていることだろう。もし、不審者情報があったときには、見守り隊の方々に、大きな感謝を感じるかもしれない。何気なく生活しているが、安心・安全な町は多くの人々の協力で成り立っているのことについて子どもたちはそれについてあまりよく知らない。もしかすると、教職員自身も校区の防犯組織がどのようなものとなっているかは、知っているようで理解できていないかもしれない。今回の学習を通して、安心・安全な町は、人々のやさしさにより成り立っていることを知り、感謝の気持ちを表すことのできる子どもに育ってほしいという育てたい子ども像を共通理解しておく。

　そこで、だれにどのように守られているかについて学校のリソースをできるだけ具体的に書き出す。誰が中心となりどのような組織で町が守られているのか、誰に会えばその話を聞くことができるのか、子どもの意識と町の仕組みをウェビングの手法を使って表してみる。防犯組織は地域によってさまざまであるので、校区の特徴に合わせ構成できる活動を考えていく。例えば、地域の人と自分の住む町を歩き、子ども110番や自治会の存在を知る機会を持つ。普段

に「あいさつ」を交わす町の人々の思いに触れ、人と人とのつながりややさしさを知る。この活動の後、算数科「整理の仕方」の学習におけるけがの種類の学習をきっかけにして、学校の安全・安心について考えるようにする。けがを少しでもなくし、安全・安心な学校づくりに子どもが主体性を持って参加する流れをつくる。自分たちで安全を守る活動でその大変さを知ることによって、地域を守っている人々の思いをより一層尊いものとして捉えることが可能になるであろう。

　このように1つのテーマに対し、知っていることや、保護者や地域の人々の思い、子どもの実態や願いを書き出し、この活動に携わる教職員で幅広く、具体的な活動の可能性を拡散的に出し合い、子どもの発展的な活動までイメージし、育てたい資質・能力をはっきり持っておくことができれば、子どもの探究的な学習を適切に支援できるだろう。

(3)　探究的な学習にするための留意点
　(1) でもふれたが，学習指導要領[ii]には、探究的な学習とするためには、学習過程が以下のようになることが重要であると述べられている。
【①課題の設定】体験活動などを通して、課題を設定し課題意識をもつ
【②情報の収集】必要な情報を取り出したり収集したりする
【③整理・分析】収集した情報を、整理したり分析したりして思考する
【④まとめ・表現】気づきや発見、自分の考えなどをまとめ、判断し表現する
　ここで子どもの学習をより「探究的」にするために重要な3つのポイントがある。

> ➤ 【①課題設定】場面において、問題とゴールをはっきりと設定し、子どもが活動に見通しを十分に持っていること
> ➤ ①～④のフェーズの中で、各教科等で身につけた「知識及び技能」「思考力、判断力、表現力等」が充分いかされ、使う機会を設定すること
> ➤ これまでの体験や分かったこと感じたこと等言語化して振り返ることで、自分たちの活動の意味や価値を振り返り、自身の成長を見いだす機会を設定することである。

◎図 5-1-2　活動の見通しを立てる

◎図 5-1-3　データから取組を思考

　およそ、4つの大きな探究の活動の流れが示されているが、探究的な活動になるか否かは【①課題の設定】にかかっている。このフェーズで最も大切なことは、子どもが見通しを持っているということである。【①課題の設定】で具体的な体験活動等を行ったり、発展的な内容の広がりや深まりを期待できる内容に接したりして、問題意識がはっきりすると、子どもは、その問題が解決されたときのゴールイメージを持つことができるようになる。その際、図5-1-2のようにゴールに至るまでの道筋を鮮明に描くことができるよう、子どもに、自分たちでゴールに向かって何月何日に何をするかまで、考えさせることができるとよい。この過程を丁寧に行うことによって、子どもは、本当にその方法であればゴールにたどり着くことができるか、そのタイムマネジメントでゴールに至ることができるか考えることができ、自分が想定した計画について、間に合わないようであれば、合間を使って活動することもでき、主体的に計画を見直し修正することも期待できる。例えば、図5-1-3のように、けがの原因がどこにあるのか調査したのち、それを解決するにはどのような取組ができるかグループでアイデアを出し合い考える。出したアイデアから、何に取り組むか、どの順序で取り組むか、同じグループのメンバーで考え見通しをもつ。指導者がいつ何をどうするかを決めるのではなく、子どもたちがそれを自分たちで決めていく過程こそが大切であり、子どもが段取りを組むことに時間を確保することが探究をスムーズに行うために大切なこととなる。

　２つめは、①〜④のフェーズの中で、各教科等で身につけた知識及び技能、思考力、判断力、表現力等が十分いかされ、使う機会を設定することである。教科等の学習では、子どもたちは、習熟の度合いに違いはあれど、さまざまな支援を得ながら、身につけるべき資質・能力を育成してきている。子どもは、自分に身に付いた力であれば、何

◎図 5-1-4　話し合いの学習を活かす

をどうすればよいか見通しが立つため、自分で使ってみようとする。意図的・計画的に設定しなければ、身につけた資質・能力を生かせる機会を効果的に作ることができないので、計画段階から考えておく必要がある。図 5-1-4 のように国語科で話し合いの方法を身につけ、総合的な学習でそれを活用できるようにする。グラフの読み方、書き方を学ぶ機会を作り、それを活用した表現ができるように設定することもできる。考える技法も常に子どもたちが使えるものとできるよう意識して使っておく。このように、この時間の学習に必要な資質・能力とは何かを見極め、他教科やそれまでの総合的な学習の時間において、意図的・計画的に育成すると同時に、総合的な学習の時間における探究的な学習の中でその資質・能力が高まるようにしておく。そうして、子どもが主体的に自分に合った方法を選択し、思考したり表現したりすることで探究的な学習が推進される。

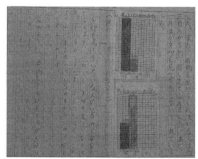

◎図 5-1-5　活動のまとめ

◎図 5-1-6　個人の成長

　3つめは、これまでの体験や分かったこと感じたこと等、図5-1-5のように言語化してまとめ振り返ることで、自分たちの活動の意味や価値、自身の成長を見いだす機会を設定することである。さらに、図5-1-6のように自分たちはどのような活動をしてきたのか、そこで分かったことや思ったことを学んだことは何か、活動により自分や社会がどう変わり、どのような貢献ができたか、じっくり自分を振り返る。表現したものは、同じように活動したグループのメンバーや保護者、お世話になった方々に読んでもらうようにする。このような活動を行うことによって、改めて自分たちの活動に意義を感じたり、価値を見いだしたりすることができる。また、友達からも一緒に活動してお互いにどのような成長があったか、感謝と共に伝え合うことで、人と一緒に問題を解決したりするよさを感じることができる。同時に、「もっとこうすればよかったな、次はこんなことがしたい！」と新たな探究課題が見つかる機会となる。次なる探究のサイクルの始まりである。

　さて、次に、それぞれのフェーズにおける指導のポイントを確認する。

【①課題の設定】

　子どもが自ら課題意識をもち、その意識を連続発展できることが望ましい。そのためには、子どもの興味・関心に任せるのではなく、意図的な働きかけを行い学習対象との関わりや出合わせ方を工夫することが大切である。子どもの発達や興味・関心を適切に把握し、これまでの子どもの考えとの「ずれ」や「隔たり」を感じさせたり「憧れ」や「可能性」を感じさせたりして、問題意識が揺さぶられる。うまく意識がつながるよう場の設定や準備物、教科等との関連を図っておく必要がある。

　事例①体験活動を行い、課題を生み出す（図5-1-7）

　車いす体験を位置づけることにより、段差による怖さを感じたり、町につい

て考えたりして課題へと高めることができる。

<u>*事例②資料を比較して課題を設定する*</u>
<u>*（図5-1-8）*</u>

複数の資料を提示し、比較することで子どもから疑問が生まれやすくなる。

<u>*事例③グラフの推移を予測して課題を*</u>
<u>*設定する（図5-1-9）*</u>

◎図 5-1-7　車いす体験

◎図 5-1-8　町の昔と今の比較

グラフなどの統計資料の推移や他との比較を行うことで、子どもは調査対象の今後を予想したり、その原因を見いだしたりすることができる。統計資料の読み取りを根拠に課題を明らかにできる。

子どもの予想と実際のデータとの間に「ずれ」や「隔たり」が生じるようなものが望ましい。

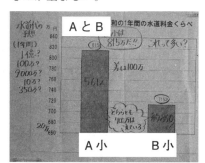

◎図 5-1-9　町の昔と今の比較

なぜ、子ども数はB小より少ないのにこんなに水道代が高いのかな…

実践例④対象へのあこがれから課題を設定する（図5-1-10）

ゲストティーチャーとして、地域の商店会の会長より地域への思いなどの話を聞く。町を守るための活動や思いを聞き生き方についての課題意識を高める。

◎図5-1-10　ゲストティーチャーの招致

実践例⑤問題を洗い出したり序列化したりして課題を設定する（図5-1-11）

体験活動や調査活動を通して明らかになったデータから問題を洗い出してみることで、問題点が焦点化され、追究したい課題を見出すことができる。

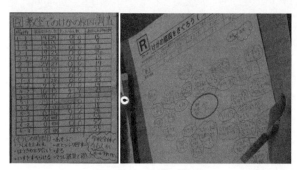

◎図5-1-11　問題の洗い出し

教室のけがはどんなことが多いかな…。なぜ起こるのだろう…。

実践例⑥ウェビングでイメージを広げて課題を設定する（図5-1-12）

ウェビング図を活用しイメージを広げることで、テーマを多面的に捉えたり細分化したりして具体的に捉えたりしながら課題を見出すことができる。

子どもにとっての本物の課題となるために、小さな【①課題の設定】から【④まとめ・表現】の過程までをいわゆる予備調査ととらえ、何回か繰り返し、やっと大きな【②情報収集】に入ることもある。子どもが探究的に動き出すた

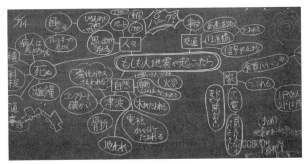

◎図 5-1-12　ウェビングの活用

めには、収集した情報の交流を繰り返し、子どもが課題を本当の課題として認識するところまで落とし込めるよう単元構成を工夫することにある。

【②情報収集】

　設定した課題に対し、子どもは観察、実験、見学、調査、探索、追体験などにより情報収集を行う。これらは、課題設定の際、見通しとして目的を明確にして子どもが計画したものであることが望ましい。情報収集の方法はさまざまに考えられるが、感覚的な情報も得ることができる体験活動は特に大事にし、言語化することを大切にしたい。同時に、収集した情報をどのように蓄積するかもあらかじめ指導者側で計画し、収集した場所や相手、日時を記録し、ポートフォリオやファイル、PC 等に蓄積しておくようにする。

　情報収集の際は、各教科等で身につけた資質・能力を発揮できる場である。教科等で身につけたことがすぐに使えるよう、教科等の指導の際はそれを見越して使えるよう準備する。子どもが誰からどのような情報を得たいのかあらかじめ指導者が把握し、その意図を相手に伝えておくと、ほしい情報をタイミングよく得ることもできる。どうしても子どもだけでは情報収集が難しい場合は、必要に応じて教師が意図的に資料を提示することも考えられる。

【③整理・分析】

　多様な方法で収集した情報を、整理したり分析したりして思考する活動へと高めていくようにする。そのために、収集した情報を種類ごとに分類したり、細分化して因果関係を導き出したりする学習活動を行う。普段の学校生活の中で「考えるための技法」を用いた思考を可視化する思考ツールを活用しておく

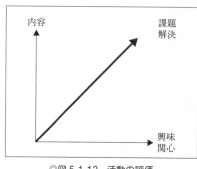

◎図 5-1-13　活動の評価

と、学習活動の質も高まり、子どもは課題解決に必要な情報を得ることができるだろう。

　活動の途中、時々子どもたちの行っている学習を内容とか興味・関心の2点で評価することが大切である。興味・関心に偏っていると、意欲的に活動を進めていくと思われるが、意図した内容が伴わず、活動あって学び無しに陥ってしまう。逆に、内容が重視されすぎると興味・関心が薄れ、意欲的に活動が行われない心配がある。このように2側面の活動の様子を評価しながら、適切に指導を重ねることが大切である（図5-1-13）。

【④まとめ・表現】

　情報の整理・分析を行った後、それを他者に伝えたり、自分自身の考えとしてまとめたりする学習活動を行う。それにより、それぞれの子どものこれまでの知識や経験と、学習活動により整理・分析された情報がつながり、自分の考えが明らかになったり、課題がより一層鮮明になったり新たな課題が見えてくる。子どもはすぐに調べたことや活動したことをそのまま書き表してしまいがちだが、最も大切なことは、誰に何のために何を表現するのか、目的意識と相手意識をはっきりとさせておくことである。また、伝える方法としてすぐに思い浮かぶのは、国語科、音楽科、図工科だろうか。しかしながら、算数科、社会科、体育科や家庭科など様々な教科等の学びを生かした表現も考えられる。

◎図 5-1-14　さまざまな表現方法で伝える

◎図 5-1-15　朝礼でプレゼン

さらにいうならば、全員が同じ方法で表現するという単元構成も考えられるが、これまでの学びを生かし、図 5-1-14 のように子どもが目的に照らして表現方法を選んだり組み合わせたりできるとなおよい。また、保護者向けの発表や図 5-1-15 のように朝礼で発表するなど、目的に合わせた場の設定を十分考えたい。また本番前に他のグループや異学年に見てもらったりして評価をもらい、伝え

◎図 5-1-16　内容と方法を評価

たい内容が伝えたい方法で十分伝わっているか、図 5-1-16 のように内容と方法について評価をもらう。表現についての評価は、よりよい表現につながり、内容による評価は、次なる探究のサイクルにつながるだろう。

(4)　探究的な学習の多様なパターン

　学習指導要領[iii]には、改訂の基本的な考え方に「探究的な学習の過程を一層重視し、各教科等で育成する資質・能力を相互に関連付け、実社会・実生活において活用できるものとするとともに、各教科等を超えた学習の基盤となる資質・能力を育成する」と明示されている。これは、子どもたちが予測困難な時代を生き抜くために必要な力を教科の枠組みを超えて育成することが、総合的な学習の時間だからこそできる役割として期待されているともいえる。総合的な学習の時間は、様々な問題解決のための活動を自ら主体的に企画立案して、必要な情報収集のために調査研究を実施し、その成果を豊かに表現したり、あるいはそれを実社会に還元することによって地域社会を豊かにしたりすることが実現できる時間である。しかしながら、現実に実施していく段階では、探究的な学習の 4 つの学習過程に当てはめ、何をどのように考え構成すればよいか迷うところである。そこで、表 5-1-1 に 5 つのパターンに分け、内容とともにまとめた。扱うテーマ、実施したい活動、身につけさせたい表現活動等、総合的な学習を行う際、大切にしたい内容は、学校や指導者、子どもや地域の実態

に応じてさまざまであろう。特に、調査研究型については、大きな単元を構成する際、【①課題の設定】のフェーズに丸ごと当てはめ、子どもにとって課題が本物になるために実施することが考えられる。あるパターンを選んで実施することもできるし、前述のように複数のパターンを組み合わせて単元構成することもできる。さまざまなニーズに合わせ、パターンを参考に実施してほしい。

　また、より探究的な活動にするために、プロジェクト的に展開する方法がある。一般的に、プロジェクトとは、決められた期間内に限られた予算を用いて、ある共通の目標の達成のために、異なる多様な能力を持つ人々がチームを構成して取り組む協働作業のことである。このような特徴をもつことから、プロジェクトは柔軟な集団編成によって、多様な能力を総合的に発揮しながら現代社会の問題を短期的に解決できるものである。問題が複雑であるため、異なる能力を持った集団が力を合わせて問題に取り組む意味が大きい。AIが進化し答えのない時代であるからこそ、自分自身で答えや問題の解決方法を他人と力を合わせて創り出すことが求められている点で、予算、異なる能力をもった集団という点において学校では制約があるが、プロジェクト的な展開を考えることは有効ではないかと考える。プロジェクト的展開にするために、単元構成は、表5-1の生活改善パターンを採用することができる。

　例えば、4年生の安全プロジェクトの例である。この大単元は、図5-1-17のように2つのプロジェクトで構成されている。1つ目「地域の防犯プロジェクト」は、町を「防犯」の視点で見つめ、地域のよさや課題を考え、図5-1-18にある2つ目「けが0プロジェクト」は、「学校で起こるけが」実態から学校の安全について考えるプロジェクトである。不審者はどのようなところで出るのか防犯についての基礎的な知識を学び、地域の見守り隊の方々と探検に出かける（調査研究パターン）。見守り隊の方々とのふれあいを通して、地域に愛着を持つ。また、見つけた地域のウイークポイントを解決するための案を自治会に提案する。さらに、地域の安全だけでなく、「学校安全」についてもけがの種類の調査活動を行い、その原因と対策まで考える。すりきずが運動場で多いと分かれば、せまい運動場の遊び方に問題があると考え、ルールを考え直す。ろうかを走る人が多いことがわかれば、歩いてもらえるよう呼びかけるなど、調査に基づいた活動を行う（社会参加パターン）。一定期間行った後、図

◎表 5-1-1　実践パターンの例

	自分探し	生活改善	調査研究	総合表現	企画提案	社会参加
概要	自己の生活や考え方等を見直し、自分の過ごし方や自らの生き方をよりよくしようとする取組	生活や社会の中の問題点を見い出し、解決しようとする取組	教科等や生活の中で疑問に思うこと、明らかにしたいことについて調査研究する取組	劇や音楽、音読劇、番組作り、など、上演を目標とする取組	困難感を解決するためのものづくり等の提案	ボランティア活動、職場体験学習、環境問題や人権問題に対する啓発活動等の取組
テーマ例	・睡眠を改善しよう・体力を向上させよう・働く意味を考え将来の夢をもとう・健康的な生活を過ごそう	・ゴミを減らそう・エネルギーを大切にしよう・安全な町をつくろう・残食を減らそう	・環境問題を調べよう・福祉問題について考えよう・世界はどのような平和への取組をしているのだろう	・英語を使って寸劇づくりをしよう・「やまなし」の幻灯を表現しよう・世界の文化を表現しよう	・高齢者への便利グッズを提案・障害者への便利グッズを提案・震災に強い町づくりを提案	・ボランティア活動体験・お年寄りとの交流イベント・エコ活動・キッズマートを開こう
課題設定	自己の生活や考え方を見つめ、問題点を考えたり憧れをもったりする。	生活や社会の中の問題点を調査したり、考えたりする。	教科等や生活の中で疑問に思うことや問題点の課題をもつ。	テーマを深め、表現方法や表現内容を考える。・全体構想を練る。	対象者の困り感を聞いたり、体験活動をしたりする。	対象者の困り感を聞いたり、体験活動をしたりする。
情報収集	・自分の生活実態調査をする。・インタビュー、インターネット、アンケート等による改善のための調査をする。	・生活や社会の問題点について、文献、インターネット、アンケートで実態調査をする。・調査に基づいて、解決活動を行う。	・文献、インターネット、アンケート等による調査をする。・実験・観察による情報収集をする。	・マルチメディアを学ぶ。・生き方インタビューをする。・絵や造形等で表現する。・音楽や衣装を作る。	・対象者の困り感調査と体験活動をさらに行う。	・調査活動や体験をもとに、・ボランティア、職場体験、エコ活動等を行う。
整理・分析	・集まった情報の整理・分析する・生活改善の効果検証をする。	・解決活動を交流し、内容を検討し、さらなる改善活動に取り組む。	・集まった情報の整理・分析をする。	・分担内容を合わせ、練習、構想に照らし修正する。	・対象者の困り感を解決又は軽減するものを構想する。	・対象者の困り感を解決又は軽減できたか考える。
まとめ・表現	・自叙伝を書いたり、2分の1成人式をしたり、自己改善を表現する	・ポスター発表や討論会、ワークショップで活動内容を表現する。	・ポスター発表や討論会、ワークショップ等で調査内容等を表現する。	・劇や音読劇、テレビ番組、コンサートなど上演を行う。	・作ったものを相手や企業に提案する。	・ポスター発表や討論会等で活動内容を表現する。

総合的学習のカリキュラムを創る　2002　田中博之

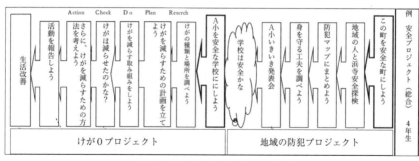

◎図 5-1-17　2つのプロジェクト概要

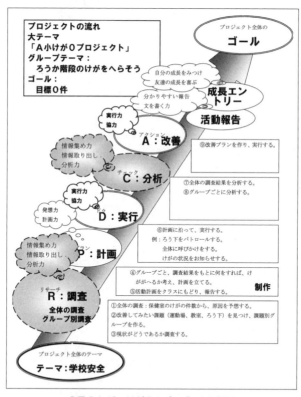

◎図 5-1-18　けが0のプロジェクト概要

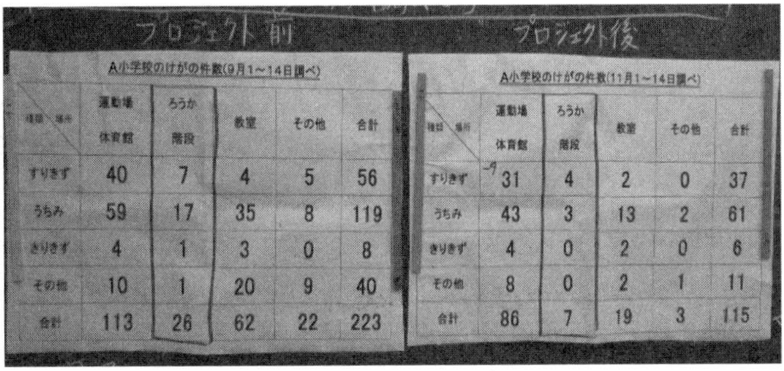

A小学校のけがの件数(9月1～14日調べ)

種類＼場所	運動場 体育館	ろうか 階段	教室	その他	合計
すりきず	40	7	4	5	56
うちみ	59	17	35	8	119
きりきず	4	1	3	0	8
その他	10	1	20	9	40
合計	113	26	62	22	223

A小学校のけがの件数(11月1～14日調べ)

種類＼場所	運動場 体育館	ろうか 階段	教室	その他	合計
すりきず	31	4	2	0	37
うちみ	43	3	13	2	61
きりきず	4	0	2	0	6
その他	8	0	2	1	11
合計	86	7	19	3	115

◎図 5-1-19　けが0プロジェクトの前後の比較

5-1-19のようにどのような変化が見られたか調査し、活動内容の改善を行うという流れである。個性さまざまな子どもたちが協働し、ブレンストーミングを活発に行い新しいアイデアを創出することによって問題解決を行っていく。いろいろなパターンをうまく組み合わせ子どもたちの探究をすすめるように構成できるとよいだろう。

2．協働的な学びの創発

総合的な学習の時間の目標[iv]には、「探究的な学習に主体的・協働的に取り組むとともに…」とある。では、協働する相手は誰が考えられるだろうか。学習指導要領には「複雑な現代社会において、いかなる問題についても、ひとりだけの力で何かを成し遂げることは困難である」「他者と協働的に取り組むみ、異なる意見を生かして新たな知を創造する態度が欠かせない」と述べられている。そして、同要領の112ページには、「対話的な学び」の視点の中で、「探究的な学習の過程を質的に高めていくためには、異なる多様な他者と力を合わせて課題の解決に向かうことが欠かせない」とも述べられ、対話の相手として、「自己の中で対話」「先人の考えなど文献で対話」「離れた場所をICT機器などでつないで対話」と対話の相手が示されている。つまり、協働する相手は、時間、空間を超えて、新たな知を創造するなど、協働して課題を解決できる異なる多様な他者を示しているといえる。表5-2-1は主な協働相手とそのメリットをまとめたものである。今やGIGAスクール構想も進み、1人1台の端末が配

◎図 5-2-1　自己の振り返り

◎図 5-2-2　活動への評価

付されたり、ネットワークが整備されたりして、オンライン交流も容易となった。日本における居住地域外の学校や公的機関はもちろん、海外の学校との交

◎表 5-2-1　探究のサイクルごとに考えられる子どもの協働のメリット

探究のサイクル	主な協働の相手（心理的距離の近い人⇔遠い人）					
	自分	文献等にある先人	学校内の自分以外の友達	保護者や地域の人々	専門家又は公的機関	他地域の学校や公的機関
①課題設定	これまでの既習や体験における自分の考えのずれ・隔たりを感じる		ともに課題解決する仲間との対話による既習や経験からの考えのずれや隔たりの獲得	保護者や地域の人々の考えや思いを聞く		他地域の人との対話による既習や経験からの考えのずれや隔たりの獲得
②情報収集	自分に必要な情報の選択	課題に対する情報の獲得	ともに課題解決する仲間	課題に対する情報の獲得	課題に対する専門的な情報の獲得	課題に対する他地域の情報の獲得
③整理・分析	自分独自の課題解決の視点を構築	課題についての新たな視点獲得	ともに課題解決する仲間との対話による新たな視点獲得	課題についての新たな視点獲得	課題についての専門的視点の獲得	課題についての他地域の視点を獲得
④まとめ・表現	活動内容や表現方法の精査や、振り返りによる自己成長		活動内容や表現方法の評価や、ともに課題解決してきた仲間からの成長や感謝の気持ちの交流	活動内容や表現方法の評価や保護者として又は地域に居住者としての成長や感謝の気持ちの交流	活動内容についての専門的視点からの評価	活動内容についての他地域の視点からの評価

流でさえ実現可能である。

　知の創造以外にも、お互いの頑張りを認め合う協働も大切にしたい点である。探究的な学習の中での自分の成長への振り返り（図5-2-1）、友達の頑張りへの称賛やともに歩んでくれた感謝を伝える評価活動（図5-2-2）の設定により子どもが感じる手応えは、一人ひとりの意欲や自信となり課題解決を推進するエネルギーとなることだろう。

3．学習環境の構成

　探究的な学習に子どもが意欲的に取り組み、そこでの学習を深めていくには、学習環境が適切に整えられていなければならない。まずは、各学校で総合的な学習の時間のねらいを実現するために必要な学習環境を明らかにし、それに向けた環境整備を行っていくことが求められる。

(1)　情報環境の整備

　情報環境の整備である。GIGAスクール構想で一人１台のタブレット整備が進み、高速および校内LANの状況も整いつつある。ICTの特性は、デジタルでコピーしても劣化しないことや、瞬時に伝えることができることにあり、これらはコンテンツのデータベース確立にとって有利な点である。また、個人個人の管理をリアルタイムで行うことができるため、子どもの理解度を瞬時に把握し、把握した結果をもって個人個人に最適な指導をしていくことが可能になる。一方、子どもたちどうしのコラボレーションのサポート、正しい情報と間違った情報の見分け方サポート、情報リテラシー獲得のサポート、ICTを使う学び以外の学びとのバランスのサポート等、さまざまな教員のサポートも必要となる。探究的な学習に必要な知識・技能を習得できるようハード面とソフト面での準備をすることが求められる。

(2)　学習空間の整備

　必要な情報を閲覧できる学校図書館、仲間と共に考えられるオープンスペース、ビオトープや学習園などの実験・観察スペース、ペットボトルや牛乳パッ

ク等の資材置き場など多様な学習活動に応じたスペースを確保しておくことは、多様で探究的な学習を支える大きな支援となる。学校図書館だけでなく、公立図書館を利用した団体貸し出しにより、情報収集の幅を広げることもできる。オープンスペースには、ホワイトボードや付箋など、話し合うためのツールを整えておきたい。また、お知らせ掲示板で必要な情報を子どもたちが発信したり受け取ったりできるようにする工夫も考えられる。他の学年が作成した成果物等も閲覧できるようにし、優れた実践を学校のよき伝統や校風の1つにしていくこともできるだろう。

(3)　学習の道しるべとなる手引きの作成

　子どもが自分から学びを進めていくための道しるべがあれば、子どもは自分で探究の学びを進めていくことができるだろう。そのために、どのように学びを進めればよいか分かる「手引き」を作成しておくことができる。例えば、探究的な学習の4つのサイクルとそれぞれのフェーズにおける留意点などが考えられる。考えるための技法、調べ学習の進め方、プレゼンなどの表現の方法、ICT の操作方法、依頼状やお礼状の書き方、情報を収集できる公的機関、電話のかけ方やFAXやメールの方法など、教科等の学びやそれ以外の情報等を載せておくとよい。また、いつでも使えるワークシートとして作成しておくと、子どもは能動的に活動できる。計画書や調査ワーク用、整理・分析のための思考ツールシート、電話のかけ方の雛型等が考えられる。それらは、掲示物としての活用もできるだろう。また、綴っていけばポートフォリオとしても活用できる。指導者が変わっても学校の財産として子どもの中で使えるものとして引き継がれていくだろう。

(4)　外部との連携

　外部との連携のための人材バンク構築も大切である。地域にどのような組織があるか、どの話なら誰に聞けばよいか、学校外の教育資源を活用するために協力可能な人材や施設リストを作成しておき、可能な範囲で手引き書にも書いておくこともできる。連携できたことについては学校HPや校報等で発信し、連携や協力の成果による満足感につなげること、子どもの成長だけでなく、協

力してくれた相手にとっても大きな成果を生む場合がある。

（森嵜章代）

【文献】

i　　文部科学省（平成 29 年告示）解説小学校学習指導要領総合的な学習の時間　東洋館出版社 9 ページ

ii　　文部科学省（平成 29 年告示）解説小学校学習指導要領総合的な学習の時間　東洋館出版社 114 ページ

iii　　文部科学省（平成 29 年告示）解説小学校学習指導要領総合的な学習の時間　東洋館出版社 6 ページ

iv　　文部科学省（平成 29 年告示）解説小学校学習指導要領総合的な学習の時間　東洋館出版社 112 ページ

【参考文献】

文部科学省．（平成 22 年 11 月）．今、求められる力を高める総合的な学習の時間の展開．教育出版．

田中博之　2002　総合的学習のカリキュラムを創る　24 ページ

6章 生活科・総合的な学習の時間の充実をはかる評価

章のねらい

　今次学習指導要領の改訂では、「カリキュラム・マネジメントの一環としての指導と評価」において学習評価の充実が示された。生活科・総合的な学習の時間においても、「資質・能力の三つの柱」からなる目標及び内容を踏まえ、観点別学習状況の評価の３観点に基づいて評価規準を作成し、評価方法を工夫改善して児童の学習状況を見取り評価することが重要である。

1. 今次学習指導要領改訂における学習評価

(1) カリキュラム・マネジメントでの学習評価の充実

　2006（平成18）年12月の教育基本法の改正により、「幅広い知識と教養」を身に付け、「真理を求める態度」を養い、「豊かな情操と道徳心」を培うとともに、「健やかな身体」を養う（教育基本法・第2条第1号）という、知・徳・体を調和的に育むことが示された。また、2007（平成19）年6月の学校教育法の改正により、生涯にわたり学習する基盤が培われるように、「基礎的・基本的な知識及び技能」を習得すること、これらを活用して課題を解決するために必要な「思考力、判断力、表現力等」を育成すること、「主体的に学習に取り組む態度」を養うこと（学校教育法・第30条第2項）に特に意を用いなければならないという、いわゆる「学力の3要素」が法律上規定された。

　そして、2016（平成28）年12月21日の中央教育審議会『幼稚園、小学校、中学校、高等学校及び特別支援学校の学習指導要領等の改善及び方策等について（答申）』が出され、学習指導要領改訂の考え方として「何ができるようになるか」として「新しい時代に必要となる資質・能力の育成と、学習評価の充実」が示された。ここでは、生きて働く「知識・技能」の習得、未知の状況にも対応できる「思考力・判断力・表現力等」の育成、学びを人生や社会に生か

そうとする「学びに向かう力・人間性等」の涵養、という「育成を目指す資質・能力の三つの柱」が示された。

　さらに、本答申では以下の6点にわたって教育課程の枠組みを改善するとともに、各学校において教育課程を軸に学校教育の改善・充実の好循環を生み出す「カリキュラム・マネジメント」の実現を目指すことが求められた。すなわち、1「何ができるようになるか」（育成を目指す資質・能力）、2「何を学ぶか」（教科等を学ぶ意義と教科等間・学校段階間のつながりを踏まえた教育課程の編成）、3「どのように学ぶか」（各教科等の指導計画の作成と実施，学習・指導の改善・充実）、4「子供一人一人の発達をどのように支援するか」（子供の発達を踏まえた指導）、5「何が身に付いたか」（学習評価の充実）、6「実施するために何が必要か」（学習指導要領等の理念を実現するために必要な方策）、である。ここでは、教育課程の枠組みとして、「何が身に付いたか」という「学習評価の充実」までが示されたのである。

　このように、今次学習指導要領改訂では「社会に開かれた教育課程」の実現に資するために、各学校における「カリキュラム・マネジメント」の実質化が求められた。この「カリキュラム・マネジメント」においては、「何を学ぶか」という新しい時代に必要となる資質・能力を踏まえた内容の見直しと「どのように学ぶか」という主体的・対話的で深い学び（アクティブ・ラーニング）の視点からの学習過程の改善は、「何ができるようになるか」という資質・能力の育成から「学習評価の充実」までというPDCAのマネジメント・サイクルを描き、「学習評価の充実」までの一環性が示されたのである。

　したがって、生活科・総合的な学習の時間においても、「学習評価の充実」のためには、生活科・総合的な学習の時間における資質・能力とは何かを確実に理解した上で、目標準拠評価として資質・能力によって児童の学習状況を的確に把握することが重要なのである。

(2)　生活科における学習評価の基本

　2017（平成29）年3月31日に学校教育法施行規則が改正され、幼稚園教育要領、小学校学習指導要領及び中学校学習指導要領は公示された（小学校学習指導要領は、2018（平成30）年4月1日から第3学年及び第4学年において

外国語活動を実施する等の円滑に移行するための措置（移行措置）を実施し、2020（令和2）年4月1日から全面実施である）。

　ここでは、教育課程全体を通して「育成を目指す資質・能力」を、ア「何を理解しているか、何ができるか（生きて働く「知識・技能」の習得）」、イ「理解していること・できることをどう使うか（未知の状況にも対応できる「思考力・判断力・表現力等」の育成）」、ウ「どのように社会・世界と関わり、よりよい人生を送るか（学びを人生や社会に生かそうとする「学びに向かう力・人間性等」の涵養）」の三つの柱に整理するとともに、各教科等の目標や内容についても、この三つの柱に基づく再整理を図られた。このように、今次の改訂では全ての教科等の目標及び内容を「知識及び技能」「思考力、判断力、表現力等」「学びに向かう力、人間性等」の三つの柱で再整理したことから、生活科においても、この「資質・能力の三つの柱」によって以下のように目標及び内容が設定されたのである。

　すなわち、教科である生活科の目標は、「具体的な活動や体験を通して、身近な生活に関わる見方・考え方を生かし、自立し生活を豊かにしていくための資質・能力を次のとおり育成することを目指す、とされたのである。すなわち、(1) 活動や体験の過程において、自分自身、身近な人々、社会及び自然の特徴やよさ、それらの関わり等に気付くとともに、生活上必要な習慣や技能を身に付けるようにする。(2) 身近な人々、社会及び自然を自分との関わりで捉え、自分自身や自分の生活について考え、表現することができるようにする。(3) 身近な人々、社会及び自然に自ら働きかけ、意欲や自信をもって学んだり生活を豊かにしたりしようとする態度を養う。」とされ、「育成を目指す資質・能力の三つの柱」に従って (1)(2)(3) として述べられているのである。

　ただし、生活科における「育成を目指す資質・能力の三つの柱」では、(1) は生活科において育成を目指す「知識及び技能の基礎（生活の中で、豊かな体験を通じて、何を感じたり、何に気付いたり、何が分かったり、何ができるようになるのか）」、(2) は「思考力、判断力、表現力等の基礎（生活の中で、気付いたこと、できるようになったことを使って、どう考えたり、試したり、工夫したり、表現したりするか）」、(3) は「学びに向かう力、人間性等（どのような心情、意欲、態度などを育み、よりよい生活を営むか）」と、2017（平成

29）年6月の文部科学省『小学校学習指導要領解説・生活編』には記されている。

　この点は、生活科の位置づけられている低学年の学習指導とその学習評価においては重要である。それは、（1）と（2）の末尾に、わざわざ「基礎」という語を付して資質・能力としてあるのは、幼児期から低学年の時期において「育成を目指す資質・能力の三つの柱」のそれぞれの資質・能力を厳密に個別に分けて育んだり、また見取ったりすることは、適当とはいえないことによるからである。

　したがって、生活科では、生活科の目標にある特定の資質・能力だけではなく、生活科の目標全体として示されている、自立して生活を豊かにしていくための資質・能力を総合的に育成することを目指しており、それこそを見取って評価していくことが肝要なのである。

（3）　総合的な学習の時間における学習評価の基本

　今次学習指導要領では、総合的な学習の時間の目標も生活科と同様に、「資質・能力の三つの柱」である（1）「知識及び技能」、（2）「思考力、判断力、表現力等」、（3）「学びに向かう力、人間性等」を踏まえて示された。

　すなわち、「探究的な見方・考え方を働かせ、横断的・総合的な学習を行うことを通して、よりよく課題を解決し、自己の生き方を考えていくための資質・能力を次のとおり育成することを目指す。（1）探究的な学習の過程において、課題の解決に必要な知識及び技能を身に付け、課題に関わる概念を形成し、探究的な学習のよさを理解するようにする。（2）実社会や実生活の中から問いを見いだし、自分で課題を立て、情報を集め、整理・分析して、まとめ・表現することができるようにする。（3）探究的な学習に主体的・協働的に取り組むとともに、互いのよさを生かしながら、積極的に社会に参画しようとする態度を養う」である。

　総合的な学習の時間の評価は、上述した学習指導要領に示された総合的な学習の時間の目標（第1の目標）を踏まえ、各学校における目標と各学校における内容である「目標を実現するにふさわしい探究課題」と「探究課題の解決を通して育成を目指す資質・能力」に基づいて定めた観点による観点別学習状況の評価を基本とするものである。

　さらに、総合的な学習の時間では、その児童に個人として育まれているよい点や進歩の状況などを積極的に評価することや、それを通して児童自身も自分のよい点や進歩の状況などに気付くようにすることが肝要である。

2．今次学習指導要領改訂における生活科の学習評価

(1)　生活科における評価の具体的な内容

　生活科における学習評価の観点に関係するものは、生活科における目標の「資質・能力の三つの柱」である。すなわち、①「知識及び技能の基礎」、②「思考力、判断力、表現力等の基礎」、③「学びに向かう力、人間性等」という３つのことである。この３つについて、『小学校学習指導要領解説・生活編』に従って、その意味内容について確認しておくことが、学習評価を観点に基づいて実施する上では最重要である。

　まず、①「知識及び技能の基礎」とは、児童は活動や体験の過程で自分自身、身近な人々、社会及び自然やそれらの関わり等について気付きが生まれる。気付きは、児童の諸感覚を通した個別の事実であるとともに、それらが相互に関連付けられたものもある。また、既存の経験と組み合わされたり、各教科等の学習や実生活の中で生きて働くものとなったりもする。この過程では、生活上で必要な習慣や技能が活用されるものとして身に付けられるのである。

　さらに、具体的な活動や体験、伝え合いや振り返りの中で、自分自身、身近な人々、社会及び自然がもっている固有な特徴や本質的な価値、それぞれの関係や関連に気付くことである。ここでいう「身近な人々」とは、家族や友達、近所の人、地域の人などであり、日頃から顔を合わせるような人々、加えて、遠く離れた場所に住んでいても、心的に強くつながっているような人々のことを指している。また、「気付く」とは、児童一人一人に、自分自身、身近な人々、社会及び自然の特徴やよさ、それらの関わり等についての気付きが生まれることを意味している。

　生活科でいう「気付き」とは、対象に対する児童の主体的な活動によって生まれる、児童一人一人の認識のことである。その認識は、知的な側面だけではなく、情意的な側面も含まれるものである。低学年の児童一人一人に生まれた

「気付き」は、精緻な吟味や検討が為されたり一般化や構造化されたりはしないが、確かな認識へとつながる気付きであり、これを見取り評価することが肝要である。すなわち、生活科では、気付きの自覚、気付きの関連付け、対象を踏まえた自分自身への気付きなどが生まれることを、「気付きの質が高まった」と捉えて見取り評価することである。この意味において「気付き」は、確かな認識へとつながる「知識及び技能の基礎」といえるものなのである。

　特に、生活科では、「自分自身についての気付き」を重視している。それは、一つには、集団生活に馴染み集団における自分の存在に気付くことである。生活科における様々な活動での成功感や成就感、自己関与の意識、仲間意識や帰属意識などを伴う、集団とその中での自分の存在への気付きと友達への気付きである。二つには、自分のよさや得意、興味や関心をなどに気付くことである。生き物を育てることが得意な児童、草花に興味や関心をもっている児童、乳幼児や高齢者に優しくできる児童など、様々に児童が自分自身のよさに気付くことである。それは、児童一人一人の個性の伸長や開花の兆しを見取り評価することにもなるものである。三つには、児童が自分の心身の成長に気付くことである。児童一人一人が、できるようになったり役割が増えたりすることにより、児童自身が自己の成長に気付くことである。また、その成長を支えてくれた人に感謝の気持ちをもつようになることである。

　なお、生活科における「習慣や技能」は、実生活や実社会の中で生きて働くものとすること重要であるが、某かの特定の習慣や技能を取り出して指導し、それを見取り評価するものではないことには留意することが必要である。

　具体的に、生活科における生活上に必要な「習慣」とは、生活のリズムを整える、病気の予防に努める、安全への意識を高めるなどの健康や安全に関わること。道具や用具の準備や片付け、整理整頓をする、遊びのルールを守る、施設や公共の場所のルールやマナーを守る、時間を守るなど皆で生活するためのきまりに関わること。適切な挨拶や言葉遣いができる、訪問や連絡、依頼の仕方を知るなどの言葉遣いや身体の振る舞いに関わること、である。

　また、生活科における生活上に必要な「技能」とは、必要な道具を使って遊んだり、ものを作ったりする、手や体、道具を使って掃除ができる、動物や植物の世話ができる、電話や手紙などを使って連絡するなどの、手や体を使うこ

とや様々な道具を使うこと、である。

　ただし、この生活科における「習慣」と「技能」は、生活科の特質から切り離すことのできない関係にあること、また、内容の中でさらに具体的に考えていくことを理解した上で育むとともに、それを見取り評価することが重要である。

　②「思考力、判断力、表現力等の基礎」は、生活科では児童が思いや願いの実現に向けて考え、行い、次の活動へと向かっていく過程そのものに、思考や判断、表現が存在している、と捉えることである。すなわち、児童が思いや願いを実現する過程で、身近な人々、社会及び自然を自分との関わりで捉え、自分自身や自分の生活について考えたり表現したりする。その身近な人々、社会及び自然などの対象を自分と切り離すことなく、児童が自分と如何なる関係があるのかを意識し、対象のもつ特徴や価値を見いだすことである。児童が自分自身や自分の生活について「考え、表現する」とは、身近な人々、社会及び自然を自分との関わりで捉えることによって、自分自身や自分の生活について考え、それを何らかの方法で表現することである。すなわち、生活科は、活動そのものの過程で思考や表現などが一体的に行われたり繰り返されたりする。その繰り返しの中で、自分自身や自分の生活について考え、表現している姿を見取り評価するのである。

　生活科でいう「考える」とは、児童が自分自身や自分の生活について、「見付ける」「比べる」「たとえる」などの学習活動によって「分析的に考える」ことである。また、「試す」「見通す」「工夫する」などの学習活動によって「創造的に考える」ことである。

　生活科でいう「表現する」とは、気付いたことや考えたこと、楽しかったことについて、言葉、絵、動作、劇化などの方法によって、「他者と伝え合ったり」、「振り返ったり」することである。児童一人一人の気付きが表現されることによって確かになり、さらに交流することで共有され、その共有をきっかけとして新たな気付きが生起したり、様々な気付きが関連付けられたりするのである。

　すなわち、ある気付きと別の気付きとの共通点や相違点、また、ある気付きと別の気付きとの関係や関連が確認された時、気付きの質は高まったといえる。

　このような考えることや表現することによって、対象が意味付けられ価値付けられる「深い学び」の中での「気付きの質の高まり」を見取り評価することが重要である。

　③「学びに向かう力、人間性等」は、生活科では実生活や実社会との関わりを大切にし、自立して生活を豊かにしていくことを重視していることから、児童が思いや願いの実現に向けて、身近な人々、社会及び自然に自ら働きかけ、意欲や自信をもって学んだり生活を豊かにしたりしようとすることを繰り返し、それが安定的に行われるような態度を養うことである。

　生活科における身近な人々、社会及び自然に「自ら働きかけること」とは、児童が思いや願いに基づき、身近な人々、社会及び自然に自ら接近し何らかの行為を行うことである。児童が自ら働きかけることにより、その時の気持ちを強く味わうことができるとともに、自分自身の姿の変容や成長を捉え、自分自身について深めたり、自分のよさや可能性に気付いたりしていくのである。このような、意欲や自信をもって学んだり生活を豊かにしたりしようとする態度を養うことは、学校や家庭、地域において意欲や自信をもって学んだり生活を豊かにしたりすることが繰り返されることによって、それが安定的な態度として養われるようになるものである。

　具体的に、生活科における「意欲」とは、児童が自らの思いや願いを明確にして進んで学んだり生活を豊かにしたりしたいという気持ちをいう。また、生活科における「自信」とは、思いや願いの実現に向けて自分は学んだり生活を豊かにしたりしていくことができると信じることをいう。生活科において児童が思いや願いを実現する過程で、児童が自分自身の成長に気付くことや活動の楽しさや満足感、成就感などの手応えを感じることが、児童一人一人の意欲や自信となっていくものである。このような児童の意欲や自信を見取り評価していくことが重要である。

　以上、『小学校学習指導要領解説・生活編』に従い、生活科における目標の「資質・能力の三つの柱」である①「知識及び技能の基礎」、②「思考力、判断力、表現力等の基礎」、③「学びに向かう力、人間性等」の意味内容について論じたが、さらに、これらは内容の階層ごとに「生活科の内容の全体構成」として図示されている（表6-1）。

◎表6-2-1　生活科の内容の全体構成

階層	内容	学習対象・学習活動等	思考力，判断力，表現力等の基礎	知識及び技能の基礎	学びに向かう力，人間性等
学校、家庭及び地域の生活に関する内容	(1)	・学校生活に関わる活動を行う	・学校の施設の様子や学校生活を支えている人々や友達，通学路の様子やその安全を守っている人々などについて考える	・学校での生活は様々な人や施設と関わっていることが分かる	・楽しく安心して遊びや生活をしたり，安全な登下校をしたりしようとする
	(2)	・家庭生活に関わる活動を行う	・家庭における家族のことや自分でできることなどについて考える	・家庭での生活は互いに支え合っていることが分かる	・自分の役割を積極的に果たしたり，規則正しく健康に気を付けて生活したりしようとする
	(3)	・地域に関わる活動を行う	・地域の場所やそこで生活したり働いたりしている人々について考える	・自分たちの生活は様々な人や場所と関わっていることが分かる	・それらに親しみや愛着をもち，適切に接したり安全に生活したりしようとする
身近な人々、社会及び自然と関わる活動に関する内容	(4)	・公共物や公共施設を利用する活動を行う	・それらのよさを感じたり働きを捉えたりする	・身の回りにはみんなで使うものがあることやそれらを支えている人々がいることなどが分かる	・それらを大切にし，安全に気を付けて正しく利用しようとする
	(5)	・身近な自然を観察したり，季節や地域の行事に関わったりするなどの活動を行う	・それらの違いや特徴を見付ける	・自然の様子や四季の変化，季節によって生活の様子が変わることに気付く	・それらを取り入れ自分の生活を楽しくしようとする
	(6)	・身近な自然を利用したり，身近にある物を使ったりするなどして遊ぶ活動を行う	・遊びや遊びに使う物を工夫してつくる	・その面白さや自然の不思議さに気付く	・みんなと楽しみながら遊びを創り出そうとする
	(7)	・動物を飼ったり植物を育てたりする活動を行う	・それらの育つ場所，変化や成長の様子に関心をもって働きかける	・それらは生命をもっていることや成長していることに気付く	・生き物への親しみをもち，大切にしようとする
	(8)	・自分たちの生活や地域の出来事を身近な人々と伝え合う活動を行う	・相手のことを想像したり伝えたいことや伝え方を選んだりする	・身近な人々と関わることのよさや楽しさが分かる	・進んで触れ合い交流しようとする
自分自身の生活や成長に関する内容	(9)	・自分自身の生活や成長を振り返る活動を行う	・自分のことや支えてくれた人々について考える	・自分が大きくなったこと，自分でできるようになったこと，役割が増えたことなどが分かる	・これまでの生活や成長を支えてくれた人々に感謝の気持ちをもち，これからの成長への願いをもって，意欲的に生活しようとする

(2)　生活科における内容ごとの評価すべき資質・能力

　生活科において学習評価を実際に実施する場合には、以下の理解が必要である。まず、生活科の内容は、9項目からなる「内容構成の具体的な視点」と15に整理された「学習対象」とを組み合わせ、そこでの学習活動を核として「育成を目指す資質・能力の三つの柱」として内容を構成したものであること。次に、生活科では、複数の内容を組み合わせて単元が構成されることが多いこと。そして、1学年（102時間）と2学年（105時間）における各単元の内容は、「児童が直接関わる学習対象や実際に行われる学習活動等（生活科の特質から、具体的な活動や体験は、目標であり、内容であり、方法でもあることから位置づくもの）」「思考力、判断力、表現力等の基礎」「知識及び技能の基礎」「学びに向かう力、人間性等」の四つが、構造的に組み込まれていること。また、全てに内容は、「～を通して（具体的な活動や体験）」「～ができ（思考力、判断力、表現力等の基礎）」「～が分かり・に気付き（知識及び技能の基礎）」「～しようとする（学びに向かう力、人間性等）」と構成されていること、である。

　以下では、九つの内容を学年の目標に即して三つの項目ごとに整理し、その上で、各内容を構成する「具体的な活動や体験（～を通して）」「知識及び技能の基礎（～が分かり・に気付き）」「思考力、判断力、表現力等の基礎（～ができ）」「学びに向かう力、人間性等（～しようとする）」という四つの要素の部分を示す。

＜学校、家庭及び地域の生活に関する内容＞

　①学校生活に関わる活動を通して（具体的な活動や体験）、学校の施設の様子や学校生活を支えている人々や友達、通学路の様子やその安全を守っている人々などについて考えることができ（思考力、判断力、表現力等の基礎）、学校での生活は様々な人や施設と関わっていることが分かり（知識及び技能の基礎）、楽しく安心して遊びや生活をしたり、安全な登下校をしたりしようとする（学びに向かう力、人間性等）。

　②家庭生活に関わる活動を通して（具体的な活動や体験）、家庭における家族のことや自分でできることなどについて考えることができ（思考力、判断力、表現力等の基礎）、家庭での生活は互いに支え合っていることが分かり（知識及び技能の基礎）、自分の役割を積極的に果たしたり、規則正しく健康に気を

付けて生活したりしようとする（学びに向かう力、人間性等）。

　③地域に関わる活動を通して（具体的な活動や体験）、地域の場所やそこで生活したり働いたりしている人々について考えることができ（思考力、判断力、表現力等の基礎）、自分たちの生活は様々な人や場所と関わっていることが分かり（知識及び技能の基礎）、それらに親しみや愛着をもち、適切に接したり安全に生活したりしようとする（学びに向かう力、人間性等）。

＜身近な人々、社会及び自然と関わる活動に関する内容＞

　④公共物や公共施設を利用する活動を通して（具体的な活動や体験）、それらのよさを感じたり働きを捉えたりすることができ（思考力、判断力、表現力等の基礎）、身の回りにはみんなで使うものがあることやそれらを支えている人々がいることなどが分かるとともに（知識及び技能の基礎）、それらを大切にし、安全に気を付けて正しく利用しようとする（学びに向かう力、人間性等）。

　⑤身近な自然を観察したり、季節や地域の行事に関わったりするなどの活動を通して（具体的な活動や体験）、それらの違いや特徴を見付けることができ（思考力、判断力、表現力等の基礎）、自然の様子や四季の変化、季節によって生活の様子が変わることに気付くとともに（知識及び技能の基礎）、それらを取り入れ自分の生活を楽しくしようとする（学びに向かう力、人間性等）。

　⑥身近な自然を利用したり、身近にある物を使ったりするなどして遊ぶ活動を通して（具体的な活動や体験）、遊びや遊びに使う物を工夫してつくることができ（思考力、判断力、表現力等の基礎）、その面白さや自然の不思議さに気付くとともに（知識及び技能の基礎）、みんなと楽しみながら遊びを創り出そうとする（学びに向かう力、人間性等）。

　⑦動物を飼ったり植物を育てたりする活動を通して（具体的な活動や体験）、それらの育つ場所、変化や成長の様子に関心をもって働きかけることができ（思考力、判断力、表現力等の基礎）、それらは生命をもっていることや成長していることに気付くとともに（知識及び技能の基礎）、生き物への親しみをもち、大切にしようとする（学びに向かう力、人間性等）。

　⑧自分たちの生活や地域の出来事を身近な人々と伝え合う活動を通して（具体的な活動や体験）、相手のことを想像したり伝えたいことや伝え方を選んだりすることができ（思考力、判断力、表現力等の基礎）、身近な人々と関わる

ことのよさや楽しさが分かるとともに（知識及び技能の基礎）、進んで触れ合い交流しようとする（学びに向かう力、人間性等）。

＜自分自身の生活や成長に関する内容＞

　⑨自分自身の生活や成長を振り返る活動を通して（具体的な活動や体験）、自分のことや支えてくれた人々について考えることができ（思考力、判断力、表現力等の基礎）、自分が大きくなったこと、自分でできるようになったこと、役割が増えたことなどが分かるとともに（知識及び技能の基礎）、これまでの生活や成長を支えてくれた人々に感謝の気持ちをもち、これからの成長への願いをもって、意欲的に生活しようとする（学びに向かう力、人間性等）。

　このように整理すると、生活科では、児童が具体的な活動や体験を通して、何かができる（思考力、判断力、表現力等の基礎）過程で、某かが分かったり某かに気付いたりしながら（知識及び技能の基礎）、もっと生活や活動や成長をしようとする（学びに向かう力、人間性等）などの資質・能力が育まれ、これを全体的に見取り評価することが重要であることが理解できるのである。

(3)　生活科における評価の観点と評価方法

　学習指導要領の改訂にともない、各教科の評価の観点も変更され、生活科においても、「知識・技能」「思考・表現・表現」「主体的に学習に取り組む態度」にもとづいて設定された。すなわち、2019（平成31）年3月29日の『小学校、中学校、高等学校及び特別支援学校における児童生徒の学習評価及び指導要録の改善等について（通知）』の別表4によれば、生活科における評価の観点及び趣旨は、以下の表の通りである（表6-2-2）。

◎表6-2-2　「生活（1）評価の観点及び趣旨」

生　活

（1）評価の観点及びその趣旨

＜小学校　生活＞

観点	知識・技能	思考・判断・表現	主体的に学習に取り組む態度
趣旨	活動や体験の過程において，自分自身，身近な人々，社会及び自然の特徴やよさ，それらの関わり等に気付いているとともに，生活上必要な習慣や技能を身に付けている。	身近な人々，社会及び自然を自分との関わりで捉え，自分自身や自分の生活について考え，表現している。	身近な人々，社会及び自然に自ら働きかけ，意欲や自信をもって学ぼうとしたり，生活を豊かにしたりしようとしている。

　また、今次新学習指導要領に対応した学習評価については、2019（平成31）年1月21日の文部科学省中央教育審議会初等中等教育分科会教育課程部会『児童生徒の学習評価の在り方について（報告）』、2019（平成31）年3月29日の文部科学省初等中等教育局長通知『小学校、中学校、高等学校及び特別支援学校における児童生徒の学習評価及び指導要録の改善等について（通知）』によって基本的な考え方や具体的な改善の方向性等が示された後に、2019（令和元）年6月14日に国立教育政策研究所教育課程研究センターから小学校、中学校等における学習評価について教師向け資料『学習評価の在り方ハンドブック、小・中学校編』が作成され配布された。

　これは、1998（平成10）年の学習指導要領のもとで「目標に準拠した評価」への転換を図るために『評価規準の作成，評価方法の工夫改善のための参考資料』（国立教育政策研究所、2002（平成14）年12月）が作成され配布され、評価規準が示されたこととは異なるものである。

　すなわち、今次の『学習評価の在り方ハンドブック、小・中学校編』では、各教科や単元ごとの評価規準などは示されず、まず学習評価の基本的な考え方として今次学習指導要領に対応した学習評価の基本的な考え方について、次に学習指導要領において目標及び内容が資質・能力ごとに整理されたことを踏まえ各教科における学習評価の基本構造について、また各教科等の学習評価を行う上でのポイント等について、そして観点別学習状況の評価について「知識・技能」「思考・判断・表現」「主体的に学習に取り組む態度」のそれぞれの観点について評価方法について示されたのである。

　したがって、現在の「学校における働き方改革」の点からも、あまりに細かく評価の作業に注視するよりも、目に前の児童に確実に資質・能力が育まれるように見取り評価するというコミュニケーション重視の評価こそがこれからの評価としては必要とされるのである。そのためにも、生活科における児童の具体的な活動をイメージしながら指導計画を作成し、その指導計画の中で学習評価の機会や場面を意図的・計画的・組織的に位置付け、確実に実施することが肝要である。

　さて、確かに学習評価は、今次の学習指導要領・第1章総則第3の2の（1）において、「（前略）各教科等の目標の実現に向けた学習状況を把握する観点か

　ら、単元や題材など内容や時間のまとまりを見通しながら評価の場面や方法を工夫して、学習の過程や成果を評価し、指導の改善や学習意欲の向上を図り、資質・能力の育成に生かすようにすること。」と示されているように、資質・能力の育成の状況を適切に把握し、指導の改善を図る上で重要なものである。

　しかしながら、生活科では、特定の知識や技能を取り出して指導するのではなく、児童が具体的な活動や体験を通す中で、あるいはその前後を含む学習の過程において、文脈に即して学んでいくことから、評価は結果よりも活動や体験そのもの、すなわち結果に至るまでの過程を重視して行われる。すなわち、学習過程における児童の「知識及び技能の基礎」「思考力、判断力、表現力等の基礎」「学びに向かう力、人間性等」を評価し、目標の達成に向けた「指導と評価の一体化」が行われることが求められているのである。

　そのためには、単元の目標を明確にするとともに、評価計画を立て、評価規準を具体的な子供の姿として表しておくことが大切である。例えば、指導計画として単元計画とあわせて、その単元での評価規準を小単元の順序に並べ、評価計画の全体像を立案する。評価計画は、その単元の学習活動を通して実現することをねらった評価規準を単元における活動の時間的な進行に応じて振り分け配置したものである。評価計画を立てる場合には、もちろん学級や児童の実態に合わせて精選や重点化をしながら再構成していくことが必要である。その際、時間数や活動の内容の特徴を考慮し、児童にとって無理のない範囲の項目によってその単元の全体を通して実現すべき評価規準を決めることが重要である。

　また、単元の進行にともない1時間の授業の中での評価規準の項目は多くせず、児童の姿を確実に見取り評価できるようにすることが大切である。短絡的なチェックリストなどによる評価とせず、単元の時間的な進行の中で意図的に計画的に組織的に、いつ、どこで、だれが、どのようにして児童の学習状況を見取り評価するのかを事前に計画することが求められるのである。

　さらに重要なことは、各授業時間ごとのねらいや目標から見た場合に、支援を要する児童にあわせて評価観点や評価方法を考え、具体的な支援の方法を考えることである。この点では、前述した評価計画をさらに具体化した指導案等で手立てを記しておくことなどが考えられる。各授業時間ごとのねらいや目標

を明確にもつことは、1時間の授業での評価規準の項目を明確にし、焦点化し、児童一人ひとりをイメージして指導し見取り評価することにつながるものである。また、児童の学習状況の評価のほかにも、学習活動や学習対象の選定、学習環境の構成、配当時数などの単元計画や年間指導計画などについての評価を行い、今後の授業改善や単元構想に評価を生かすことも大切である。

　なお、教師の評価は信頼性の高い評価とすることが重要であるが、生活科における評価では量的な面だけでなく質的な面からも児童の学習状況を捉えながら見取り評価することが肝要である。児童がたくさん絵を書いていることや多くを発見していることなどという量的な面のみの評価とならないように留意が必要である。なによりも、児童が自分や対象の過去と現在、自分と他者の気付きが関連付けられ、新たな気付きが生まれているなどの単元に即して質的に高まった児童の姿を見取り評価したい。

　その具体的な評価方法としては、教師による児童の行動観察、児童の作品や発言、児童自身による自己評価、児童相互の評価、ゲストティーチャーや学習をサポートする人、家庭や地域の人々からの情報などが考えられる。また、生活科の特質からは、なるべく様々な立場の人々からの評価資料を収集することによって、児童の姿を多面的に見取り評価することが必要である。さらに、1単位時間だけでの評価のみではなく、生活科では単元全体を通しての児童の変容や成長の様子を長期にわたって見取り評価ことも重要であるし、授業時間外の児童の姿の変容にも目を向けて評価に加えることも肝要である。

(4)　生活科における評価から評定への方法

　上記のような生活科における評価を、指導要録での評定につなげるためには、以下のような手順が必要である。まず、生活科における授業での中で記録簿あるいは補助簿に記載することである。ただし、毎時間ではなく単元を通して無理なく記載するように努めたい。表面的な記載とならないように、単元を通して見取れる、無理なく継続的な見取りをしたい。何よりも児童一人一人の学習状況を着実に見取り評価し、その多様な情報をデータとして蓄積し記録ことである。その後、記録簿等々から、児童の学習状況をA、B、Cの記号を用いて整理することとなる。その場合には、授業のねらいや目標、また焦点化した評

価規準から概ね実現できたと判断された児童についてはＢと記録することである。なお、指導要録における総合所見等への記載も考え、児童の特徴的な学習の様相や印象に残る姿については、記録を残しておくようにしたい。

　また、Ｃと見取り評価した上で、これを評定とした児童については、授業中での手立ての改善と今後の対応を具体的に考えることが必要である。加えて、児童の実態と評価規準との適合性、評価方法の妥当性についても検討することも重要である。このように、授業終了後に記録を取って蓄積しておくことは、評価情報の集積という意味で貴重である。

　単元ごとにおける評価と指導要録での評定という活動は、特に単元ごとにおける評価は、各単元の一つひとつの終了時、及び、学期末や学年末の評価とがある。前者の各単元終了時には、教師の記録簿や補助簿、児童のカードやノート、作品、自己評価や相互評価、他の教師・保護者・ゲストティーチャー等の外部評価を評価資料とし評価情報として収集した後に単元全体を考えて児童一人ひとりの学習状況をＡ、Ｂ、Ｃで評定するものである。その場合、単元内の小単元ごとの評価結果のＡ、Ｂ、Ｃの数が多いもので決めたり、ねらいや目標の軽重やそれにかけた時間数の長短を勘案して重みつけたりして決めることも考えられる。

　生活科においては、児童の学習状況を総合的で全体的に捉えることが基本であり、これを念頭に見取り評価するようにしたい。また、個人内評価も重視し、生活科における児童のよさや可能性を積極的に見取り評価し、通知表や指導要録の総合所見欄に特記することなども考えたい。

　なによりも、生活科の学習評価の基本は、児童理解である。学習目標も、学習対象も、学習活動も、目の前の児童の様子を思い浮かべ選定され構想されていくものである。児童の様々な表現に内在する思いや願いに共感的理解するとともに、児童一人一人の多様な学びや育ちのよさや可能性を見取り評価することが最重要である。このような、生活科における共感的な児童理解に基づく見取り評価は、生活科での児童の学習活動をいっそう進展させ深化させるものである。教師の児童への真価を見取って励ます評価という営みこそ、児童の思いや願いの実現を目指した授業を創出するものである。

3. 今次学習指導要領改訂における総合的な学習の時間の学習評価

(1) 総合的な学習の時間における評価の具体的な内容

　生活科と同様に、評価は目標に準拠することからも、以下では、まずは総合的な学習の時間の目標、続いて如何なる学習対象を学ぶのかという内容について見た後に、総合的な学習の時間の学びの過程で児童の学習状況をどう見取るのかという評価について述べることとする。

　先にも記したように、総合的な学習の時間の目標は、「探究的な見方・考え方を働かせ、横断的・総合的な学習を行うことを通して、よりよく課題を解決し、自己の生き方を考えていくための資質・能力を次のとおり育成することを目指す。①探究的な学習の過程において、課題の解決に必要な知識及び技能を身に付け、課題に関わる概念を形成し、探究的な学習のよさを理解するようにする。②実社会や実生活の中から問いを見いだし、自分で課題を立て、情報を集め、整理・分析して、まとめ・表現することができるようにする。③探究的な学習に主体的・協働的に取り組むとともに、互いのよさを生かしながら、積極的に社会に参画しようとする態度を養う」である

　ここでの「探究的な見方・考え方」を働かせるとは、次のようである。総合的な学習の時間における探究的な学習では、問題解決的な活動が発展的に繰り返されていく。その中で、第一に児童は日常生活や社会に目を向けた時の疑問や関心を基に自ら課題を見付ける。第二に児童はそこにある具体的な問題について情報を収集する。第三に児童はその情報を整理・分析したり知識や技能に結び付けたり考えを出し合ったりしながら問題の解決に取り組む。第四に児童は明らかになった考えや意見などをまとめ・表現するとともに、そこからまた新たな課題を見付けて更なる問題の解決を始める。これは、「物事の本質を探って見極めようとする一連の知的営み」とされる探究的な学習における児童の姿である。この総合的な学習の時間においてスパイラルする探究の過程を支えるものが、「探究的な見方・考え方」である。

　「探究的な見方・考え方」については、中央教育審議会答申において「各教科等における見方・考え方を総合的に活用して、広範な事象を多様な角度から

　俯瞰して捉え、実社会や実生活の文脈や自己の生き方と関連付けて問い続けること」とされている。総合的な学習の時間での横断的・総合的な学習としての学習対象は広範な事象である。この学習対象について多様な角度から俯瞰して捉えるためには、まずは各教科等における「見方・考え方」を総合的に働かせることが重要である。総合的な学習の時間における実社会や実生活における問題は、そもそもどの各教科等の特質に応じた視点や捉え方で考えればよいか、唯一つには決められないものである。したがって、扱う対象や解決しようとする方向性などに応じ、児童が意識的に「見方・考え方」を活用できるようになることが肝要なのである。

　その上で、総合的な学習の時間に固有な「見方・考え方」も働かせることである。総合的な学習の時間に固有な「見方・考え方」とは、特定の教科等の視点だけで捉えきれないような、広範な事象を多様な角度から俯瞰して捉える「見方・考え方」のことである。また、総合的な学習の時間における探究すべき「探究課題」は一つの決まった正しい答えがあるわけではないことから、様々な教科等で学んだ「見方・考え方」を総合的に活用しながら様々な角度から捉えて考えることができることが重要である。この課題解決がまた新たな課題を見付けるという「課題の設定」「情報の収集」「整理・分析」「まとめ・表現」という探究の過程のスパイラル自体こそが、自己の生き方を問い続けていくことなのである。

　次に、総合的な学習の時間の内容は、「目標を実現するにふさわしい探究課題」と「探究課題の解決を通して育成を目指す具体的な資質・能力」の2つから定めるものである。「目標を実現するにふさわしい探究課題」とは、目標の実現に向けて学校として設定し、児童が探究的な学習に取り組む課題のことである。この「探究課題」は探究的に関わりを深める人・もの・ことである。例えば、「国際理解：地域に暮らす外国人とその人たちが大切にしている文化や価値観」「情報：情報化の進展とそれに伴う日常生活や社会の変化」「環境：身近な自然環境とそこに起きている環境問題」「福祉：身の回りの高齢者とその暮らしを支援する仕組みや人々」「健康：毎日の健康な生活とストレスのある社会」や「資源エネルギー：自分たちの消費生活と資源やエネルギーの問題」「食：食をめぐる問題とそれに関わる地域の農業や生産者」「科学技術：科学技

術の進歩と自分たちの暮らしの変化」、また、「町づくり：町づくりや地域活性
化のために取り組んでいる人々や組織」「伝統文化：地域の伝統や文化とその
継承に力を注ぐ人々」「地域経済：商店街の再生に向けて努力する人々と地域
社会」「防災：防災のための安全な町づくりとその取組」や「キャリア：実社会
で働く人々の姿と自己の将来」「ものづくり：ものづくりの面白さや工夫と生
活の発展」「生命：生命現象の神秘や不思議さと、そのすばらしさ」などである。

　換言すれば、目標の実現に向けて児童が「何を学ぶか（どのような対象と関
わり探究的な学習を行うか）」を表したものが「探究課題」である。一方、「探
究課題の解決を通して育成を目指す具体的な資質・能力」とは、各学校におい
て定める目標に記された資質・能力を各探究課題に即して具体的に示したもの
である。各探究課題との関わりを通して具体的に「何ができるようになるか
（探究的な学習を通して、どのような児童の姿を実現するか）」を明らかにした
ものが「具体的な資質・能力」である。

　そして、探究の過程では、他者と協働して問題を解決しようとする学習活動
や言語により分析し、まとめたり表現したりするなどの学習活動が行われる。
ここでは、「考えるための技法」が活用される。「考えるための技法」とは、考
える際に必要になる情報の処理方法である。

　具体的には、順序付ける（複数の対象について、ある視点や条件に沿って対
象を並び替える）。比較する（複数の対象について、ある視点から共通点や相
違点を明らかにする）。分類する（複数の対象について、ある視点から共通点
のあるもの同士をまとめる）。関連付ける（複数の対象がどのような関係にあ
るかを見付ける。ある対象に関係するものを見付けて増やしていく）。多面的
に見る・多角的に見る（対象のもつ複数の性質に着目したり、対象を異なる複
数の角度から捉えたりする）。理由付ける・原因や根拠を見付ける（対象の理
由や原因、根拠を見付けたり予想したりする）。見通す・結果を予想する（見
通しを立てる。物事の結果を予想する）。具体化する・個別化する・分解する
（対象に関する上位概念・規則に当てはまる具体例を挙げたり、対象を構成す
る下位概念や要素に分けたりする）。抽象化する・一般化する・統合する（対
象に関する上位概念や法則を挙げたり、複数の対象を一つにまとめたりする）。
構造化する（考えを構造的、網構造・層構造などに整理する）、である。なお、

このような「考えるための技法」は、紙の上などで可視化することでツールとして意図的に使えるようもなるが、ツールを活用すること自体が目的化しないようにするということが肝要である。

　以上の「総合的な学習の時間」の目標と内容を踏まえた上で、以下の評価を実施することが、これからの総合的な学習の時間の学習評価のポイントである。

　学習評価は、「児童にどういった力が身に付いたのか」という学習の成果を的確に捉えるという、児童の学習状況を評価するものである。これは、児童自身が自らの学びを振り返って次の学びに向かうことができるようにするためと、教師がよりよい創造的な授業をデザインできるよう授業改善を図るために重要である。したがって、評価を評定だけに機能させず、常に児童の学習改善と教師の指導改善の双方に機能させることが、総合的な学習の時間の評価の要諦である。

　今次学習指導要領が定める目標（第1の目標）を踏まえて、各学校が目標や内容を設定するという総合的な学習の時間の特質からすれば、評価の観点も各学校が設定するものである。

　第1の目標とは、「探究的な見方・考え方を働かせ、横断的・総合的な学習を行うことを通して、よりよく課題を解決し、自己の生き方を考えていくための資質・能力を次のとおり育成することを目指す。(1) 探究的な学習の過程において、課題の解決に必要な知識及び技能を身に付け、課題に関わる概念を形成し、探究的な学習のよさを理解するようにする。(2) 実社会や実生活の中から問いを見いだし、自分で課題を立て、情報を集め、整理・分析して、まとめ・表現することができるようにする。(3) 探究的な学習に主体的・協働的に取り組むとともに、互いのよさを生かしながら、積極的に社会に参画しようとする態度を養う」である。これを踏まえ、各学校が総合的な学習の時間の目標を定めるのである。その上で、この「目標を実現するにふさわしい探究課題」と「探究課題の解決を通して育成を目指す資質・能力」を示した内容に基づいた観点を設定することである。

　「探究課題の解決を通して育成を目指す具体的な資質・能力」については、「知識及び技能」については、他教科等及び総合的な学習の時間で習得する知識及び技能が相互に関連付けられ、社会の中で生きて働くものとして形成され

るようにすること。「思考力、判断力、表現力等」については、課題の設定、情報の収集、整理・分析、まとめ・表現などの探究的な学習の過程において発揮され、未知の状況において活用できるものとして身に付けられるようにすること。「学びに向かう力・人間性等」については、自分自身に関すること及び他者や社会との関わりに関することの両方の視点を踏まえること、である。

ただ、「学びに向かう力・人間性等」に示された資質・能力には、感性や思いやりなど幅広いものが含まれていることからも、観点別学習状況の評価になじむものとは言い難い。したがって、評価の観点としては、学校教育法第30条第2項に示された「主体的に学習に取り組む態度」として設定され、感性や思いやり等については観点別学習状況の評価の対象外とされた。すなわち、評価の観点としては「知識・技能」「思考・判断・表現」「主体的に学習に取り組む態度」の3観点に整理されたのである。

ここでは、特に今次学習指導要領における「知識」は、概念的理解を伴う知識をいうものであることに留意が必要である。例えば、総合的な学習の時間において、牡蠣（牡蠣の生産に関わる人々の願いや思いとそれを実現しようとする意味）を「探究課題」として授業を実施する場合、ここでの事実的知識である「知識及び技能」は、牡蠣は貝であること。牡蠣は、栄養豊富であること。牡蠣は生牡蠣、焼き牡蠣、蒸し牡蠣等で食されること。牡蠣の生産や養殖地が日本には多くあること、などである。この授業の学習活動では探究の過程で、広島と宮城の牡蠣の収穫量やその推移を比較して考える。広島と宮城の牡蠣の種類や養殖法を分類して考える。広島と宮城の牡蠣を海と陸地や川を関連付けて考える、などを行う。ここでは、牡蠣を「算数的な見方・考え方」を活用したり、「社会的な見方・考え方」を活用したりすることにより、下記のような概念的知識が育まれることになる。すなわち、牡蠣のような生物には、多様性（それぞれには特徴があり、多種多様に存在していること）があること。牡蠣の生産には地形や養殖技術などの相互性（互いに関わりながらよさを生かしていること）があることなど、である。このような概念的に理解された知識をも評価することである。

また、今次の学習指導要領における「主体的に学習に取り組む態度」は、「探究的な学習に主体的・協働的に取り組むとともに、互いのよさを生かしな

がら、積極的に社会に参画しようとする態度を養う」である。これについては、以下の2つの側面から評価することである。一つは、「総合的な学習の時間」における「粘り強く取組みを行う力」についての評価である。これは、知識及び技能を獲得したり、思考力・判断力・表現力等を身に付けたりすることに向けて、解決のために見通しをもって自ら計画を立てて学習に向かい、情報を集め、整理・分析し、まとめ・表現をして振り返ることを行い続けていることを評価するものである。いま一つは、総合的な学習の時間における「学習の調整力」についての評価である。これは、上記の粘り強い取組や協働的な取組を行う中で、常に自己の生き方と関連付けながら自ら問いを見いだし課題を立て、よりよい解決に向けた取組が為されているのかと問い続けながら学習を調整しようとすることを評価するものである。

(2) 総合的な学習の時間における評価方法

　当然、総合的な学習の時間における児童の学習状況の評価では、ペーパーテストなどの評価の方法によって数値的に評価することは適当ではない。具体的な評価は、各学校が設定する評価規準を学習活動における具体的な児童の姿として描き出し、期待する資質・能力が発揮されているかどうかを評価することである。その際、具体的な児童の姿を見取るに相応しい評価方法や評価場面を位置付けることである。とりわけ、単元など内容や時間のまとまりを見通しながら評価場面や評価方法を工夫し、探究的な学習の過程や成果を評価し、教師の指導改善や児童の学習意欲の向上を図り、資質・能力の育成に生かすようにすることが重要である。

　総合的な学習の時間における児童の具体的な学習状況の評価の方法については、信頼される評価の方法であること、多様な評価の方法であること、学習状況の過程を評価する方法であること、の三つが重要である。

　すなわち、第1に信頼される評価とするためには、教師の適切な判断に基づいた評価が必要であり、著しく異なったり偏ったりすることなく、およそどの教師も同じように判断できる評価が求められる。例えば、あらかじめ指導する教師間において、評価の観点や評価規準を確認しておき、これに基づいて児童の学習状況を評価するなどが考えられる。この場合には、各学校において定め

られた評価の観点を、一単位時間ですべて評価しようとするのではなく、一定
程度の時間数の中において評価を行うように心がける必要がある。

　第2に多様な評価とするためには、異なる評価方法や評価者による多様な評
価を適切に組み合わせることが重要である。異なる評価方法や評価者による多
様な評価の方法としては、例えば次のようなものが考えられる。

- ・発表や話し合いの様子、学習や活動の状況などの観察による評価
- ・レポート、ワークシート、ノート、作文、絵などの制作物による評価
- ・学習活動の過程や成果などの記録や作品を計画的に集積したポートフォリオによる評価
- ・評価カードや学習記録などによる児童の自己評価や相互評価
- ・教師や地域の人々等による他者評価など

　第3に、学習状況の結果だけではなく過程を評価するためには、評価を学習
活動の終末だけではなく、事前や途中に適切に位置付けて実施することが大切
である。また、多様な評価方法が、学習活動前の児童の実態の把握、学習活動
中の児童の学習状況の把握と改善、学習活動終末の児童の学習状況の把握と改
善という、各過程に計画的に位置付けられることが重要である。すべての過程
を通して、児童の実態や学習状況を把握し、適切な指導に役立てることが肝要
である。

　総合的な学習の時間では、児童に個人として育まれるよい点や進歩の状況な
どを積極的に評価することや、それを通して児童自身も自分のよい点や進歩の
状況に気付くようにすることも大切である。グループとしての学習成果に着目
するのではなく、一人一人の学びや成長の様子を捉える必要がある。そうした
評価を行うためには、一人一人が学習を振り返る機会を適切に設けることが重
要である。

　こうした評価を行うためには、教師が児童たちの行っている学習にどのよう
な価値があるのかを認め、児童自身にもその意味を気付かせていくことが求め
られる。そのためには、教師が学習評価の質を高めることができるための評価
力量が必要である。今後は、教師一人一人が、児童たちの学習の質を捉えるこ
とのできる目を培っていくことができるよう、教師相互に評価の解釈や方法等
を統一するとともに、評価規準や評価資料を検討して妥当性を高めるモデレー

ションなどによる学習評価に関する教師の力量形成のための評価研修の充実等を図っていくことが重要である。

　なお、今次の指導要録の様式は、様式１（学籍に関する記録）と様式２（指導に関する記録）からなるが、「総合的な学習の時間の記録」は様式２の右下の「特別活動の記録」の上に位置づいている。従前と同様に、３・４・５・６年の各学年ごとに学習活動、観点、評価のそれぞれ３つについて、個別に記入するものである。また、「総合的な学習の時間の記録」の欄は、学習活動と観点と評価のそれぞれは、個別に文書記述する欄である。

（佐藤真）

【参考文献】

佐藤真（2020）「第７章、生活科におけるこれからの評価」『指導書・総説「せいかつ　指導書」』新興出版社啓林館、pp.92-104 及び佐藤真「第４章、教科・領域別解説（小学校）、総合的な学習の時間—各学校が定めた目標・内容に基づいた観点別評価」市川伸一編『速解、新指導要録と「資質・能力」を育む評価』ぎょうせい,2019年,pp.98-99 の内容を元に加筆・修正している。

文部科学省（2017）『小学校学習指導要領　解説、生活編』

文部科学省（2017）『小学校学習指導要領　解説、総合的な学習の時間編』

佐藤真（2017）「2.資質・能力を育成するために求められる力」「13.総合的な学習の時間」無藤隆編『中教審答申解説 2017—「社会に開かれた教育課程」で育む資質・能力—』ぎょうせい,pp.34-37,pp.212-214

佐藤真（2019）「主体的・対話的で深い学びの実現に向けた授業改善」『兵庫教育・３月号（第70巻第12号）』兵庫県教育委員会,pp.4-7

佐藤真（2019）「『見方・考え方』が鍛えられ、子供が変わっていく学び」『学校教育・３月号』広島大学附属小学校,pp.10-17

佐藤真（2019）「主体的・対話的で深い学びと観点別学習状況（小学校）」教育開発研修所編『新指導要録全文・解説と通知表の作成』教育開発研修所,pp.22-26

佐藤真（2019）「第３章４節、総合的な学習の時間の記録」無藤隆ほか『新指導要録の解説と実務、小学校』図書文化社,pp.140-148

佐藤真（2020）「第６章、教師の負担軽減と評価活動の工夫」田中耕治編『シリーズ、学びを変える新しい学習評価 -2019年改訂・指導要録（全５巻）、第１巻、資質・能力の育成と新しい学習評価』ぎょうせい,pp.76-87

佐藤真（2020）「カリキュラム・マネジメントと新しい学習評価」『時報・市町村教委、287号』全国市町村教育委員会連合会,pp.4-6

佐藤真（2020）「連続講座・新しい評価がわかる12章」『学校教育・実践ライブラリ』ぎょうせい、2019年５月 -2000年４月（12回連載）。

7章　「考えるための技法」の活用

章のねらい

「主体的・対話的で深い学び」を視点とした授業改善を受け、「考えるための技法」に対する関心が高まっている。本章では、その基本的な考え方を確認するとともに、児童・生徒の発達段階に応じた「考えるための技法」の活用のポイントやその実際を明らかにしたい。

1. 「考えるための技法」をどう活用するか

(1) 「考えるための技法」の活用にたどり着くために

①「考えるための技法」＝「思考ツール」ではない

「考えるための手法」を体得できていれば、探究活動で混乱した情報をうまく整理・表現でき、問題解決につなげられる。また、そうした資質・能力を高めることで、より深い新たな探究活動へとつながる。という解説で、納得する教員は少ない。「あの子」は、それ以前にレディネスが不足しているとか、そのような手法で枠を作り、型にはめ、教員の思惑通りに、効率よく考えさせることが、かえって思考力・表現力等の資質・能力の育成を阻害するのではないかといった疑問である。結論を急ぐと、前者は、探究の過程や、総合的な学習でこそ身に付く「学力」に着目することで克服できるし、後者は、それを目的化しないことが重要であるということに尽きる。

そもそもこれまでにも、教員が子どもの意見を整理し、分類し、構造化しながら黒板に記してきた。また、板書で思考させ、「黒板でいうとどうなるの？」などと表現させてきたように、板書は、これまでの教育を支えてきた最も代表的な「考えるための技法」である。今、総合的な学習でそうした手順を、子どもたち自身が行うための方法が、「考えるための技法」である。算数科で学習したグラフを探究活動での情報の統計的な整理・分析や、表現として使用したり、社会科や生活科で学習した地図を、調査活動の整理や表現で利用した

り、「思考ツール」を使って順序を考えたりすることである。したがって、優れた板書が子どもたち相互の発達の最近接を刺激したように、班の中でのかかわり合い学びあう仲間の関係と、適切な「考えるための技法」の活用で、レディネスの不足も補われる。また、うまい板書と同じように「考えるための技法」もうまく活用すれば、多角的な気づきやその明確化、関連付けなどにより、思考力・表現力等も高まる可能性はある。

　当然、板書がそのこと自体を学習の目的にしなかったように、「考えるための技法」も、それを使うことが目的ではない。あくまで活用であって、時間短縮など教員の都合で「思考ツール」などを使えば、子どもの自由な発想や探究心を阻害することにもつながる。そうではなくて、混乱と困難をカリキュラムに仕組み、時間をかけて探究活動の充実を図り、そのとき、その子にとって最も有効な板書なり、グラフなり、地図なり、思考ツールなり、タブレット端末なりで、思考の整理や表現を行うのが、「考えるための技法」の活用なのである。

②「課題の設定」と「考えるための技法」

　「課題の設定」が適切でないと、「考えるための技法」は活かされない。「何を話し合えばいいの？」「このツールに何を書けばいいの？」などの子どもの声や、じっくり多角的に考えるべき場面で、サクサクと思考ツールで考えをそぎ落とし、あっさりと結論を出すような場面も見かける。

　そもそも、子どもたちが日常生活や身近な社会に目を向けたときの課題は、子どもの数以上にある。そして今日の課題は深刻である。新型コロナウイルス感染症で身内を亡くした子は、その悲しみの中、自身も差別にあう可能性に緊張を強いられている。ひとり親家庭で、親が医療従事者のため家に帰ることができなくなっている家庭の子は、自身の生活や心身も不安定な中、身を削る懸命な母を自分が支えなければと気負っている。中国からの帰国生徒で、まだ日本語があまり使えない子は、コロナ禍でさらに不安を抱える親の通訳などの支援を余儀なくされている。親が家にいることが多くなったため、虐待にあう危険性が増している子もいる。だから、「日常生活や身近な社会に目を向けたときの課題」は、喫緊の課題でもある。

　子どもたちとともにカリキュラム・デザインし、年間テーマは「新型コロナ

ウイルス感染症対策〜〇〇小モデルで世界を救え〜」となる。医療従事者をはじめ、エッセンシャルワーカーや企業、行政への調査活動を進め、並行して、自分の辛さや悲しみについてより深く探究する。何より、友だちの「語り」に胸を打ち、目の当たりにし、驚愕し、言葉を失い、深く静かに思考し、深く静かに表現する。自分事として友だちの話を聴き、寄り添い、自身も語り、つながり、そして、問題解決へと気持ちを動かす。他人事に「かわいそうだと思った」などの意見は出ず、簡単に結論が出ることでもない。このプロセスの、どこで「考えるための技法」が役立つかである。

③気になる「あの子」と「考えるための技法」

今、日本語指導が必要な子どもは5万人以上、通級指導を受ける子どもは10万人以上、要保護・準要保護の子どもは130万人以上で、子どもの7人に1人が「貧困」である。ひとり親世帯のうち母子世帯は120万世帯以上、その8割以上が「生活が苦しい」と答える。こうした子どもたちが、学級に複数、あるいは数割以上もいるのが、現在の地域の公立学校である。

その中での、①日常生活や社会に目を向けた時に湧き上がってくる疑問や関心は何か。②そこにある具体的な問題についての情報は何か。先の子どもたちにとって、そのくらしの中での切実な願いは、「地域の祭りの復活」や「商店街の活性化」、「防災マップづくり」なのか。それとも、「特別な一部」の子どもは対象ではなく、大勢の子どもの資質・能力を育成するために重要な身の回りの課題は「商店街の活性化」であり、「考えるために技法」を活用すると、大勢の子どもたちの思考力・表現力等が高まるのか。それは、ＳＤＧｓの「誰一人取り残さない」という最も基本的な理念や、「質の高い教育」、「誰もが住みやすいまちづくり」などに、総合的な学習として相反しないのか。

逆に、未だ日常社会の矛盾や課題、自身の（被差別の）立場に気づいていない子どものために、意図的にカリキュラム化した「地域の祭り」ならどうか。その教員の目論見では、誰もが住みやすいまちの構築、共生の社会やそのための社会参画をゴールにしているはずであり、それでこそ総合的な学習である。そして、「あの子」が導入でつぶやく「商店街にカフェがほしいな…」を、カリキュラム構築の柱と即座に認識し、あるいは、意図的につぶやかせて取り上げ、「あの子」こそがやる気に満ちて探究活動を始める。だからこそ出会う多

くの困難と混乱のために、「あの子」が「考えるための技法」を必要とする。

(2)　「考えるための技法」を活用する場面

①「防災マップ」と「考えるための技法」

　「防災マップ」を作ることは総合的な学習のゴールなのか、それとも、「防災マップ」は「考えるための手法」なのかを考える。

　阪神淡路大震災（1995）を経験し、東日本大震災（2011）は、総合的な学習が本格実施されてから8年後に起こった。急激な気候変動もあり、防災意識は高まり、教育への期待も膨らむ。総合的な学習の時間での「防災教育」の実践も増え、通知表に「防災マップを作ることができる」と印刷をするような学校まで出現した。校区や地域のフィールドワーク、関係者からの聞きとり、各種の資料整理などを行い、防災マップを作製、その発表会を行うといった実践である。ところが、例年の場所・人・資料からは、例年と同じような防災マップができあがる。校区の白地図に避難場所や備蓄品が描かれ、障がい者や高齢者のための車いすの設置場所、さらに、マンホールは非常トイレになるという「とっておき」のアピールが続く。そして、関係者や保護者にほめられ、1年間の総合的な学習のゴールとなる。この実践では、「考えるための技法」はあまり必要ない。なぜなら、大人たちが実社会で「探究」を繰り返した結論を、まとめたに過ぎないからである。

　もし、この作製する「防災マップ」が、カリキュラム上で「考えるための技法」として位置づいていたらどうか。マップを作りながら、見比べながら、さらなる探究に向かうことができる。例えば、外国人に読めるのか、障がい者や高齢者は大地震のそのとき、どのようにして避難所まで避難するのか、どうやって学校の2階の倉庫まで車いすを取りに行くのか。また、マンホールがトイレになる「とっておき」の知識も、本当に、肢体不自由や視覚障がいのある人は使えるのか。実証実験やインタビューが必要になる。さらに、マンホールのふたを取ったからといって衆人環視の中で用など足せない、そのためにどのような工夫がいるのかも再調査しなければならない。そうした「防災マップ作り」という「考えるための技法」を活用した探究活動のゴールに、誰も（＝多様な人々）が、安心して住みやすいまちづくりを考えるという、総合的な学習

やSDGsのカリキュラムができあがる。初めから通知表に「防災マップを作ることができる」と印刷してあれば、子どもたちの資質・能力は、その枠の中に留まるのである。

②オーセンティックな学びと「考えるための技法」

同じ「防災」で、もう一つ考える。子どもたちに、「近々、大地震が起こると言われている。そのとき、あなたの知っている人で、誰が一番犠牲者になる可能性が高いか」と問うことから始める。家にいる病気のおじいちゃん、生まれたばかりの妹、あるいは自分自身…と思考と議論が始まる。なぜその人が犠牲者になりやすいのか、住居、健康状態、行動履歴、交通、地理、障がいの有無、母語、保育、介護、行政、地域の在り方など、多様な要素が関係し、それぞれを調べ、分類し、議論し、探究活動や課題解決のための方策の優先順位を決める。過程では「思考ツール」も使うし、さまざまなカテゴリーでの「防災マップ」を作り、他の班や専門家からのアドバイスの材料にもする。阪神淡路大震災や東日本大震災も調べ、どのような人たちが、どのような状況で犠牲になったのか、災害弱者とはどういう人だったのかを調べ、比較もする。さらに、校区を歩きインタビューを重ね、災害弱者はどこにいて、どのようなくらしなのかを知り、問題点を洗いだす。警察や消防、行政にも意見を聞きたくなるし、実際に避難訓練をして、その人が助かるかどうかを試したいという意見も出る。そしてその実現のために、地域でのフェスタを利用できないかなどと計画を練る。あまりに多い切実な情報をどうにか整理し考えていくには、「思考ツール」などを利用しながらも相手意識を持った、自分事としての「防災マップづくり」を「考えるための技法」として活用できる。ところが、そうした活動の途中、校区の妊婦さんにインタビューした子どもは、「避難所のような不衛生なところに避難はできない」との声を聴き、その学級の探究活動は、また新たなステージに立ったりする。

こうして、リアル（real：本物、現実、真に迫った）な総合的な学習で、「防災マップ」を「考えるための手法」として活用し、さらに探究を重ねてできあがったオーセンティック（authentic：信頼のある、確かな、真正な）な「防災マップ」は、人々から求められ、評価され、これからの地域の再生のために利用され、子どもたちも地域社会の重要な一員として参画していくことになる。

カリキュラムとしては、「防災マップづくりを通して、誰もがすみやすいまちづくりをしよう」ということになる。

(3) 問題解決的な活動と「考えるための技法」

①探究的な活動への子どもたちの期待

　ある程度の知識がないと、探究的な学習などできないという声を聞く。果たしてそうか。子どもたちは、「知らない」「わからない」から学校に来る。「知らない」「わからない」は、子どもの権利であり人権である。まだひらがなを書けない１年生に、ドリルで無理矢理書かせることもできる。しかし、「書きたい！」と思わせる楽しい活動をスタートカリキュラムで仕組むほうが、互いにとって将来性のある幸せなことだと、誰もがわかっている。

　４月、子どもたちは、今年の総合的な学習でどのようなことができるのか、希望に胸を膨らませるとともに、新しい担任が、自分たちとともに楽しく充実した総合的な学習をやってくれるかに不安を抱いている。他教科との関連も含め年間100時間にも及ぶ総合的な学習が、教師によって予め決められた例年通りのカリキュラムで予定調和的な１年になるのか、任され、昂ぶり、揺さぶられ、困難にぶつかり、葛藤し、喜びと達成感が得られるものになるのかを、子どもたちはよく知っている。そうした探究的な活動は、学習指導要領で、「総合的な学習の本質であり中心である」とされる。さらに、「問題解決的な活動が発展的に繰り返されていくこと」「物事の本質を探って見極めようとする一連の知的営み」と定義されている。

②学校での「問題解決的な活動」

　生きるということや仕事をすること、また、社会そのものは総合的で、日々刻々と問題解決を繰り返す。例えば、今夜、おいしい料理を作ることも問題解決である。このとき、先に栽培法や栄養学、燃料についての知識を得てからでないと料理をしてはいけないとなると、多くの人はつまずく。問題解決場面に出合い、考え、情報収集し、解決していくプロセスでの、必然性や興味・関心、体験での気づき、さらなる学びで、料理は得意になる。あるいは、「あんなコックさんになりたい」とか、「あんなお店を持ちたい」というようなことが、学びに向かわせることもある。そのような学びは、得てして主体的である。

　学校で問題解決型の活動は、さまざまな場面、教科、領域で行われる。授業では、教科書と教師による暗記を中心とした教授法ではなく、例えば、算数科では、具体物の操作などのいくつかの方法で「解」を探り、どの方法でも同じ「解」が得られるという方法がとられる。その場合でも、学級や班で協働し、異なる視点や情報を比較し、どの方法が妥当で容易で素早いかなど、整理・分析、思考・判断等をしている。ただし、あくまで「正解は一つ」であり、その正解に至る問題解決のいくつかの方法も教師が想定していて、それを大きく逸脱して、子どもたちが探究活動を行うことはない。

　次に、教科を超えた学びである。例えば、運動会の組立体操は、どのようなテーマで行い、どのような曲を使い、演技を構成していくかの問題解決であり、正解は無数にある。それらを一方的に教師が決め与えれば、子どもたちに付く力は、体力と演技力。しかし、子どもたちに委ねれば意欲は増し、休み時間や放課後にまで熱心な話し合いを始める。クラスのメンバーの体力や技量、障がいの有無、安全の配慮など、拍手喝采のゴールまでの道のりは遠く、困難の連続である。そして、子どもたちはやってのける。

　修学旅行も同様、行き先こそ広島や長崎、沖縄と決まっているが、事前・事後学習や、当日の現地での探究活動を考えると、ここでも「正解は一つ」ではない。平和とは何かを深く考え、平和な世界を構築するために自分の生き方を考える、その重要な探究のための2日間である。2日間しかないが子どもたちにとっても極めて重要なイベントで、クラスの意見を出し合い、分類し、見通し、順序、場所、インタビューする人を決め、アポイントメントを取り、行動計画やガイドブックを作成する。そうした行動計画やガイドブックづくりも「考えるための技法」の一つで、その活用で思考や行動が整理できる。

③総合的な学習での問題解決的な活動と「考えるための技法」

　今日、社会に開かれた教育課程の実現に向け、教科書の内容も、教室を飛び出し地域で調査活動をするなど、探究型の学習に改訂されている。学校行事も、少子化や地域の課題を受け、地域と連携・協働して行うことが多い。まして、総合的な学習である。問題解決のスケールはより大きくなるし「正解」はない。ともすると正解は、数十年後の地域社会だったりする。重要なことは、「日常生活や社会に目を向けた時に湧き上がってくる疑問や関心」を、カリキュラム

の導入部分で、どれだけ正直に、数多く表出させることができるかである。

　例えば、ＳＤＧｓと関連して、グローバルな課題で総合的な学習を行いたいという教員の願いがある。このとき子どもたちに、「今年は、世界について考えたい」「疑問や関心は何か」と問う。子どもたちは、「紛争」「飢餓」「貧困」などと言う。しかしこれは、おそらく「気になるあの子」の本音ではない。教科書に載っていそうなこと、学校内で取り扱え、教員が許可しほめてくれそうな、いわば「正答」である。ここからカリキュラム・デザインをして、探究学習を始め、少々無理に「思考ツール」を使い、発表会までたどり着いても、教員にも子どもたちにも達成感や満足感がないのは、少なからずの教員が経験している。「考えるための技法」がうまく機能しない場合、案外、こうした導入とカリキュラム・デザインに問題があるかもしれない。

　では、どうすればいいのか。子どもたちが、まさに「日常生活から湧き上がる疑問や関心」を、本音で、否定されず、正直に出し合うことに尽きる。それは、学校や学級、教員や友だちへの不平・不満・不安かもしれないし、家族や家庭、近所や地域への疑問や関心もあるだろう。こうしたことは、突き詰めていけば社会変革につながる源である。もちろん先の例のように、災害やコロナ禍が話題になることもある。これらの、子どもたちの日々のモヤモヤした気持ちを、40人が10項目ずつ挙げれば、400項目になる。これを、自分、友だち、家族、家庭、学校、地域、社会、過去、現在、未来などに分類して考えてもよい。じっくりと、混乱と困難のカリキュラム・マネジメントできていれば、子どもたちの「要求」に応じた「考えるための技法」を紹介できる。そしてこのときの「あの子」のふとしたつぶやきから、一気に、自分事でドメスティックな疑問・関心を、グローバルなＳＤＧｓへとつなげるカリキュラム・マネジメントが可能になる。

　子どもたちのモヤモヤの解決策を、子どもたちがなるべく多く考え出し、比較し、順序だて、見通しを持ち、探究課題を計画し、試行してみる。壁にぶつかれば、もう一度「考えるための技法」に立ち戻り、どこに問題点があったか、もっと別の角度から考えられないかと、思考力・判断力等を高めていく。こうして、子どもの探究心と、混乱や困難、そこから湧きあがる教員や学びへの「要求」と、課題解決への可能性に向けての主体性や協働性で活用されてこそ、

「考えるための技法」は、まさに活きてくるのである。

（佐久間敦史）

2. 実践事例（1） 小学校中学年

　晴明丘南小学校では、身近な社会から子どもたちが自分事として課題をみつけ、友だちと協働しながらその解決方法を探る探究活動を行うことで、自分たちなりにできることを考えて社会に発信するという学習を大切に、総合的な学習の時間の研究をすすめてきた。本稿では、論理的思考力を育成するための手立てとして、思考ツールを活用した学習活動の事例として3年「お年よりにこにこ大作戦」の実践を紹介する。

(1) 実践の構想
　①第3学年　単元名「お年よりにこにこ大作戦」
　②実践期間　　9月〜2月（全42時間）
　③単元の目標
　自分たちの住む町の高齢者と関わる活動を通して、町の特徴とお年寄りの生活に気付き、高齢者にとっての町の課題やその課題解決のために自分たちができることを考えるとともに、すすんで交流したり、実践したりしていくことができるようにする。
　④単元の評価規準
　「知識・技能」…様々な体験を通して、自分たちの住む町の特徴と高齢者の生活との関連性について気付くとともに、そこにかかわる人々の思いを理解している。
　「思考力・判断力・表現力等」…探求のサイクルに基づいて学習活動をすすめるなかで、自分事として課題を設定し、目的にあった情報収集の方法（体験・インタビューなど）で集めた情報を整理分析することを通して、他者を意識して自分の考えを発信したり実践したりしている。
　「主体的に学びに向かう姿」…課題解決の過程の中で、自分の意見をもつとともに他者の意見を受け入れることで、課題解決に主体的・協働的に取り組も

うしている。また、課題解決を通して、自分も社会の一員であるという自覚を
持ち、継続的に関わろうとしている。

⑤考える技法の活用

○表7-2-1　考える技法（思考ツール）系統的な活用

学年	思考スキル（技）		思考ツール	思考ツールに慣れるための活動例	生活・総合での活用例
1・2年	技1	比べる	ベン図	・りんごとみかんを比べてみよう。 ・○○先生と△△先生を比べてみよう。	「やさいを育てよう」 トマトとキュウリについて相違点・共通点を見付ける。
	技2	理由付ける	クラゲチャート（低学年） フィッシュボーン図（高学年）	・小学生に携帯電話が必要かどうかについて（ボーン図） ⇒自分の意見とその根拠となる理由を書く。	「町たんけん」 お店のよいところ 頭⇒お店のよさ 足⇒その理由
3・4年	技3	分ける	Xチャート Yチャート	・昨年，2年間に自分が読んだ本を分けてみよう。 （物語・絵本・シリーズ・学習まんが　等）	「安全マップをつくろう」 見付けてきたことの分類⇒台風・地震・防犯
	技4	いろいろな面から見る	くま手チャート	・いろいろな視点から観察しよう。 ⇒見たこと・聞こえたこと・におい・手触り等	「お年よりにやさしい町」 体の部分ごとにお年よりが困りそうなことや場所について見付ける。
5・6年	技5	つながりをまとめる 構造化する	ピラミッドチャート	・どんなクラスにしたいか，自分の意見をまとめよう。 ⇒今のクラスの様子，今のクラスの様子から見えてくるクラスの特徴，だからどんなクラスにしたいか。	「○○さんの生き方について」 その人の事実⇒大事な価値観⇒そこから分かる生き方
	技6	見直す	PMIシート PMQシート	・今日の一日を振り返ろう。 ⇒今日のめあてについてよかった点・改善点を発表する。全体に問いかけたいことがあれば疑問点も発表する。	「自分たちが考えた取組を見直す」 他のグループのよい点・改善点・おもしろい点または疑問点を書く。

　晴明丘南小学校では、関西大学初等部の思考力育成の取組を参考に、思考
ツールを活用した思考力育成に組織的に取り組んでいる。基本になる思考スキ
ルとして「比べる」「理由づける」「分ける」「多面的に見る」「構造化する」
「評価する（見直す）」の6つを設定し、発達段階や子どもたちの実態に合わせ

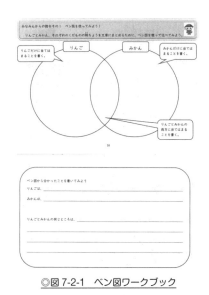

◎図 7-2-1　ベン図ワークブック

て系統的に思考スキルを習得できるように計画した。

　低学年では、主に指導者が板書で思考ツールを活用し、子どもたちの意見をまとめていくことから始め、思考ツールに慣れることを大切にしている。中学年からは、本校の研究部が中心になって作成した「思考ツールワークブック」を子どもたちに配布し、特別活動や教科の時間にも活用している。自分や友だちの考えを可視化したり、話し合いの中で付箋に書いた考えを操作したりすることで、論理的思考力の育成をすすめている。

　授業の中での活用においては、大切にしていることが二つある。一つは、思考ツールを使うことが目的にならないようにすることである。あくまでも思考ツールは考えるための道具であるから、思考ツールに考えを書き込むことで終わらせるのではなく、思考ツールをもとに自分の考えをまとめ、文章にして表現できるようにすることを目指している。

　もう一つは、思考スキルを意識して思考ツールを活用することである。授業で指導者が、子どもたちに「どう思考させることが課題の解決につながるのか」を見極め、それにあった思考ツールを提示していく。しかし、最終的に子どもたちにつけたい論理的思考力は、どのように考えることが課題の解決につながるのかを自分自身で判断していくことである。比較するときはベン図、分類するときはXチャートというように、子どもたちが主体的に思考スキルと思考ツールを選択し、考える道具として思考ツールを活用できるようになってほしいと考えている（図7-2-1）。

　本単元では、3年生として総合的な学習の時間の入門期であるので、自分たちで思考スキルを選ぶということではなく、思考ツールを使うことが学習活動に便利であるという実感をもたせることを目指して実践をすすめた。

（6）単元計画（探究活動の構成）

1 「わたしたちの町ってどんな町？」

2 「お年よりのことを知ろう」

3 「自分たちにできることを考えよう」お年よりにこにこ大作戦

(2) 実践の概要

①探究活動1「わたしたちの町ってどんな町？」

第3学年の社会科の内容として「身近な地域や自分たちの市の様子を大まかに理解すること」が示されている[(1)]。まず、社会科の学習から、自分たちの住む町に興味を持ち、実際に町探検に出かける活動を行った。2年生の時にも生活科で「まちたん

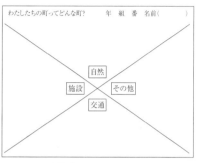

◎図7-2-2 Xチャート

けん」を経験しているが、2年生の時は、校区内のお店を中心に探検してきた。3年生としては、自分たちの住む町は、「どんな町だといえるか」ということをみつけることをめあてとして町に出た。

子どもたちは、見つけてきたことを付箋に書き、グループや学級で交流した。交流するときには、「自然」「施設」「交通」「その他」などの項目で分類（KJ法・Xチャート：図7-2-2）させた。このことで、今まで意識してこなかった町の特徴をみつけることができると考えた。子どもたちは、「住宅が多い」「坂道が多い」ということ、今まで気付かなかったが「高齢者施設が多い」ということを発見した。この発見から、子どもたちは「お年よりが多いのに坂道もいっぱいで、お年よりにとって自分たちの町は優しい町なのだろうか」という疑問をもち、そのことが新しい課題として設定された。

②探究活動2「お年よりのことを知ろう」

核家族化が進み、昔のような3世代同居の家庭が少なくなってきている。本校の子どもたちも例外ではなく、自分の祖父母と同居している児童は少ないう

◎図 7-2-2　お年寄りの疑似体験

えに、地域においても、高齢者の方と交流する機会は多いとは言えない。3 年
生の児童にとって「お年より」を具体的にイメージすることが難しいようで
あったので、様々な方法でお年よりのことを「知る」ことに取り組んだ。イン
ターネットや本などでの調べ学習も行ったが、何よりも実感することが大切だ
と考えて、地域の諸機関の協力を得て体験活動を計画した（図 7-2-2）。

　お年寄りの疑似体験としては、体験グッズを社会福祉協議会からお借りし、
子どもたち自身がそれを装着して校内や校区を歩いてみた。車椅子体験も、乗
る側、介護する側の双方を体験した。加齢により、手足が思うように動かなく
て、小さな段差でも躓くこと、手先の感覚が鈍って自動販売機にお金を入れ
るのが難しいこと、白内障になると視野が狭くなったり、時刻表の文字が読み
にくくなったりすることなどを、身をもって体験することができた。また、認
知症サポーター養成講座としてオレンジリング講習会の出前授業を実施し、認
知症についても学んだ。地域の高齢者施設に実際に訪問して直接お年よりと交
流しインタビューすることもとても有意義な体験であった。その後、たくさん

の体験の中で得たお年よりの知識を、「手・足」「目」「心」などの体の部位に分けてまとめさせた（図7-2-4）。ここでは、3年生の発達段階を考慮して、より視覚的にわかりやすくするため、Xチャートは使わず、人体図に付箋を張り付けていくという方法をとった。

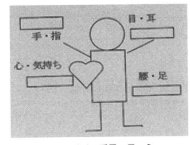

◎図 7-2-4　手足・目・心

　最後に、これらの知識を根拠として、お年よりにとっての町の課題をクラゲチャートの活用により考え交流した。「坂道やがたがた道が多くて、歩くのが大変」「買い物をするところが近くにない」「もっと交流したいとお年寄りも思っているが、なかなかできない」などの課題を、実際に自分が体験したことやお年寄りから聞き取ったことを根拠に発表することができた。

③探究活動3「自分たちにできることを考えよう」

お年よりにこにこ大作戦

　たくさんの体験から、実感をともなった町の課題が見つかり、子どもたちは、何か自分たちにできることがあるのではないかと思いはじめた。そこで、まず、見つかった課題の解決策をくま手チャートに書き込み、次に、考えた解決策を「できること」「できないこと」「お願いすること」の視点で分類し話し合いをした。（Yチャート）

　「坂道をなくしたらいい」「がたがた道をなくす」など、子どもらしい非現実的な解決策も出ていたが、指導者が無理だと判断するのではなく、視点をもって自分たちで分類し、判断することは、次の活動への意欲喚起に大いに役立ったと感じる。自分たちの考えを、俯瞰してみることができたことはもちろんであるが、話し合いの中で、できない理由やできるようにするための工夫などの意見も活発に交わされた。話し合いの後、できそうなことの中から、自分たちのやりたいことでグループに分かれて、その準備をはじめた。

　実際に行った活動は、「休憩のためのベンチ作り」「放置自転車を減らすための活動」「マルシェ（移動販売車）のお手伝い」「高齢者施設に訪問しての交流（劇発表）」「ふれあい喫茶のお手伝い」「公園清掃のお手伝い」などであった。

◎図7-2-5　子どもたちが実際行った活動

　さらに自分達ではできないことを「大人の人にお願いしよう」ということになり、要望書という形で区長にとどけることができた。一人ではできそうにないと思っていたことが、友だちといろいろと工夫することで実現でき、それが社会のためになっているという実感は、子どもたちに大きな自信を与えた。大人の人たちに自分たちの活動を認めてもらった時の誇らしげな表情は、この学習の大きな成果であった（図7-2-5）。

(3)　実践の結果と考察
①思考ツールの活用と体験活動
　本校では同じようなテーマで毎年3年生が実践を行っているが、その年によって活動は少しずつ変わってきている。ベンチ作りも、牛乳パックの手作りから募金を集めて材料を購入し、管理作業員さんに助けてもらいながら木製のベンチを作成した年もある。コロナウィルス感染拡大に伴って、高齢者施設への直接訪問ができなくなった2020年度は、オンラインで施設と学校を繋ぎ交

流することなども行った。コロナ禍の中では、交流や校外での活動も制限が多く、できないこともたくさんあったが、その時々の状況に合わせて活動をすすめている。その時の子どもたちの思いや考えを大切にしながらの実践であるからである。子どもの思いや願いを大切にするためには、まず、子ども一人ひとりに思いや願いをもたせなければならない。そのための一つの方策としても思考ツールの活用が有効であると感じる。

　子どもたちは、様々な体験のなかで様々な思いを感じているが、そのことは無自覚であることが多い。それをしっかりと自覚させるときに、思考ツールを活用すると、活動で得た思いを整理することができるのである。それは自己のメタ認知にもつながっていく。もちろん、思考ツールを有効に活用するためには、子どもたちにとっての価値ある体験が欠かせない。子どもたちの心を動かす価値ある体験によって、思考ツールを活用するための材料（自分の考え）が得られるのである。

②思考ツールの活用とグループ活動

　グループの話し合いの時に思考ツールを活用することも、一人ひとりが自分の考えをもつということに役立っている。グループの活動では積極的に発言する子どもの意見にリードされがちであるが、付箋に自分の意見を書き思考ツールに張り付けていく活動をすることで、どの子も自分の意見を発信する場が設定できる。そのためにはグループで話し合いを始める前には、一人で考える（付箋に自分の意見を書き込む）時間を保障することが重要である。

③思考ツールの活用の留意点

　子どもたちにとって抽象的な「考える」という作業を具体的にすることができる思考ツールの活用は、論理的思考力を育成するための一つの方策である。より有効に活用するために大切なことは、子どもたち自身が、思考ツールを使うことで「考える」という作業がやりやすくなるという実感をもつことである。そのためには、道具として使い慣れることも大切である。様々な機会をとらえて活用をすすめていきたい。また、思考ツールや付箋に書き込むときには、できるだけ短い言葉で要点を押さえて書いていく技能の習得も必要である。これも、繰り返し活用する中で少しずつ育成されるものであると感じる。

（余川恭子）

【参考文献】

文部科学省 (2017)「小学校学習指導要領 (平成29年告示) 第2節社会

関西大学初等部 (2015)「関大初等部式思考力育成法ガイドブック」さくら社

黒上晴夫・小島亜華里・泰山裕 (2012) シンキングツール〜考えることを教えたい〜 NPO法人学習創造フォーラム

田村学・黒上晴夫 (2018)「考えるってこういうことか！『思考ツール』の授業」小学館

3．実践事例（2）小学校高学年

　本事例は、2015年度と2018年度の6年生の実践をもとに、思考ツール活用場面を中心に報告する。両年度とも、6年生時のみ担任をし、総合的な学習の時間（以下総合的な学習と記す）を子どもたちと共に取り組んだ。

(1)　6年生総合的な学習の単元を創るにあたって

　社会は多様多彩で複雑であり、子どもたちには、様々な違いを互いに尊重し合いながら、考え、行動する力を身につけてほしいと願っている。総合的な学習では、他者と共に課題をよりよく解決する中で自己の生き方を考えて欲しい。

　そこで、人との出会い、「本物」体験、「自分事」、学びのつながりを大事にして、総合的な学習を創っている。

　例えば、人との出会いは、手紙のやりとりを通して、子どもたちがゲストティーチャーを招くなど、子どもたち自身の力で出会いの機会をつくれるようにした。両年度共に、まずは、富田林市消防署と危機管理室の方からお話を聞

◎写真 7-3-1　岩手から来てくださったゲストティーチャーとの交流

いた。2018 年度は修学旅行先で津波の碑を守っている住職さんや、大阪北部地震や台風で日本の災害の怖さを実感した在日外国人の方からお話を聞き、それぞれの人の思いから学んだ。2015 年度も 18 年度も、手紙の交流を通して、被災された方と支援活動をされている方が岩手県から来てくださり、「命の大切さ」「人とつながる大切さ」「一瞬の判断の大切さ」等について語ってくださった（写真 7-3-1）。

　単元を構想するにあたっては、「本物」に近い体験活動を取り入れるよう努力している。防災センターでの地震擬似体験、富田林市危機管理課の方のご指導のもとでの避難所体験、家庭科での防災食づくり、地域のふれあい祭りでの被災地支援活動や防災ミュージアムなど、子どもたちが「やりたい」「これならできる」と思う活動を行った。

　子どもたちには、「自分ごと」として課題に向き合ってほしいと願っている。社会や国語の学習から課題に触れたり、身近な出来事から課題を見いだしたり、実生活・実社会から課題を設定している。また、自分たちが調べたこと、考えたことを表現する際には、伝えたい相手を明確にするようにしている。誰に何をどのように伝えるのか、子どもたちなりに考える過程で、自分が曖昧だったことがわかり、さらに情報を集めたり整理し直したりするなど、自ら新たな課題を設定し、「自分ごと」として取り組むようになるからである。

　子どもたちの学びを支えるために、総合的な学習を軸に他教科で学んだことをつなげるようなカリキュラム・マネジメントが必要である。教科で学んだことが総合的な学習で使える、総合的な学習でしたことが教科や実生活に役立つというような、自分の学びが役立つ喜びを味わってほしいものである。

　以上のように実生活・実社会の課題に対して取り組み、人と出会い、豊かな体験をしたならば、自分は人の役に立つことができるという思いをもつであろうし、自分の生き方を考えるきっかけを掴むであろうと考え、単元を創った。

(2) 思考ツールを使うにあたっての子どもの実態

　6 年生では、『考えるための技法』である思考ツールを「自在に駆使」できるようになりたい。そのためには、低学年から「様々な課題の解決において活用・発揮され、うまくいったりうまくいかなかったりする経験を経ながら」思

考ツールに慣れ親しみ、その良さや面白さを味わう機会をつくりたいものだ。

2015年度、18年度の6年生は共に、6年生になってから思考ツールに触れた。そのため、子どもたちの実態にあったスモールステップが必要であった。例えば、社会の学習場面に適した思考ツールを担任の指導

◎写真 7-3-2 KJ法に取り組む

のもと使ってみる。総合的な学習の時間に情報を整理する場で、クラス全員で思考ツールを使って意見をまとめる（写真7-3-3）。特活の時間に班でKJ法に

◎写真 7-3-3 ゲストティーチャーから学んだことを整理分析して掲示

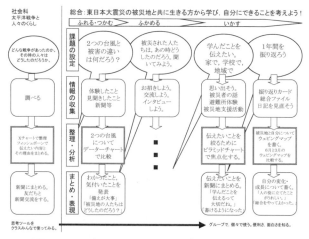

◎図 7-3-1 総合的な学習の流れ（一部）と思考ツールの活用

取り組み、班やクラスの目標を決める（写真 7-3-2）。このように、まずは、思考ツールを友だちと協働的に使い、互いの考えを可視化できる良さや、面白さを体験した。その上で、個々で思考ツールを使って情報を整理し、主張したいことを絞り、新聞等で表現する学習活動を行った。

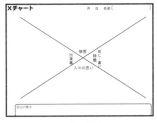

◎図 7-3-2　Ｘチャート

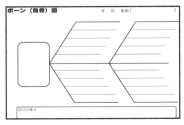

◎図 7-3-3　フィッシュボーン図

(3)　情報を整理・分析して、自分の考えを表現する。

①調べる→Ｘチャート→フィッシュボーン図→新聞

これは、思考ツールに慣れるために、社会科の学習で行った。太平洋戦争について、被害、当時の人々の思い、他の戦争との違い・共通点という視点から、その特徴を調べて書いた。完成したＸチャート（図 7-3-2）を見て、戦争について考えたことをひとことで表現した。みんなに伝えたいこと（例えば戦争の傷は深い）を理由と根拠をもって説明できるように、フィッシュボーン図（図7-3-3）で整理し、最後に、歴史新聞にまとめた。

②複数の事実・体験→データーチャートで比較→発表

総合的な学習で課題を「つかむ」時に使用した。2018 年度は、9 月 4 日、9 月 30 日と立て続けに台風が上陸した。特に 9 月 4 日の台風 21 号は、大阪に大きな被害をもたらした。この 2 つの台風についての情報と体験したことなどをデーターチャートに書き込み、比較した（図 7-3-4）。9 月 4 日の台風では備えをほとんどしていなかったため、水不足や停電に一晩苦労したが、9 月 30 日は備えが十分であり、台風の威力も予報よりも小さかったため苦労することがほとんどなかったことを記し、備えの必要性を具体的に考えることができた。

この思考ツールは、2 月の防災食づくりの振り返りでも活用した。自分たちで作った 2 つの防災食を比べ、作り方の良かったことや改善点を自分の力で明

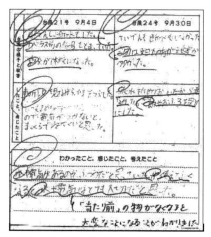

◎図7-3-4　台風を比較する

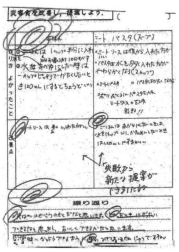

◎図7-3-5　防災食を比較する

確にすることができた（図7-3-5）。

③これまでの学習で集めた情報→ピラミッドチャート→新聞

　避難所体験やふれあい祭りでの被災地支援活動が終わった2月末に、これまでの総合的な学習を振り返り、身近な人・地域の人に伝えたいことを考えた。体験したこと、出会った人から学んだこと、自分で調べたことなどから、伝えたいことを下段に自由に書き込み、中段では、下段からわかったことや気付いたこと、大事だと思うことを書いた。そして上段で、一番伝えたいこと決めた。

　下段から上段に向かって自分の考えを焦点化する過程でAさんは、風化を防ぐためにがんばっている人に注目し、こだわった。「風化」を防ぐための震災遺構をつくるかどうかで議論が分かれていること、国語で学習した「平和の砦を築く」での原爆ドームやこの時メディアで話題になっていたJR福知山線脱線事故など、他の「風化」問題とも関連づけて書いていた。そして、忘れないためには、考え続けること、伝え続けることの大切さを自分の意見として新聞で表現した（図7-3-6）。

　Bさんは、ピラミッドチャートの下段に「震災の時、何が必要か？」という問いを自分で立てた。多くの子どもたちが1週間分の食料が必要と話している中で、Bさんは、「ラジオが大事と知った」とチャートの中段に書き、それを

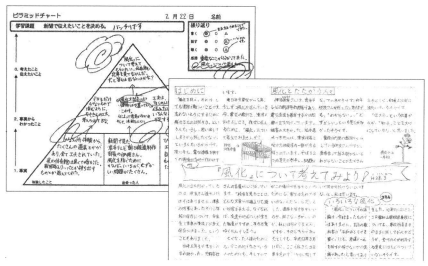

◎図 7-3-6　Aさんのピラミッドチャート

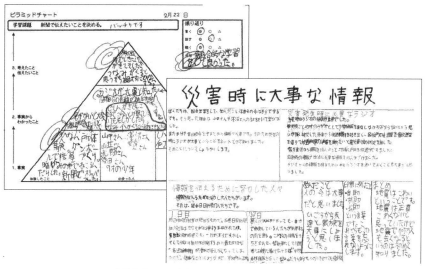

◎図 7-3-7　Bさんのピラミッドチャートと新聞

　多くの人に伝えることを上段で決めて、「災害時に大事な情報」について新聞にまとめた（図7-3-7）。

　Bさんは書くことに苦手意識を持ち続けていたが、新聞を書いている時に

「先生、これって便利だな」とチャートと新聞用紙を持って言いにきた。ピラ
ミッドチャートで書くことが整理されたので、新聞が書きやすかったそうだ。
新聞を書くときには、チャートを上段から下段に見ることで、書くべき題名、
小見出し、内容が一目でわかる。Bさんは、自分で作ったチャートが次の学習
に使えることを実感できたことが嬉しかったようだ。友だちや5年生、地域の
人に伝わるように、独りで新聞を書ききった。

(4) 自分の変化・成長を振り返る。ウェビング（イメージマップ）

　総合的な学習のスタートとゴール時に、課題となる対象と自分についてウェ
ビングをすると、自分の変化と成長を見出すことができる。

　本事例でも、総合的な学習のスタート時（6月）とゴール時（3月）に、被
災地と自分についてのウェビングをした。

　6月には被災地と自分がつながらない子どもたちであったが、3月には被災
地と自分をつなげるようになった。「自分にもできることがあった」「役に立て
た」「あの日起こったことを伝える」「被災者の決してあきらめない気持ちから、
自分がそうなった時にもがんばれる」など、ウェビングの中で、被災地と自分
をつなげる言葉が増えた。「被災地」が自分ごとになってきた表れであると考
えられる（図7-3-8）。

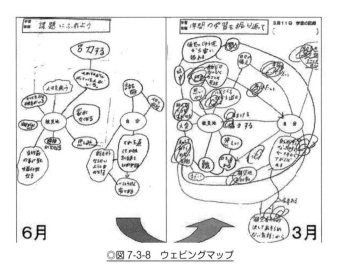

◎図7-3-8　ウェビングマップ

（5）　成果と課題
①子どもたちの変化

◎写真 7-3-4　右上：避難所体験 左下：防災ミュージアム 右下：被災地支援活動

　子どもたちを変化させたものは、当然であるが、子ども自身の力である。「自分を変えるのは自分」「自分にスイッチを入れられるのは自分」である。では、子どもたちは何によって「自分にスイッチ」を入れたのであろうか。まずは、人との出会いである。そして、同じ目的をもった友達との協働的な活動である。子どもたちは多様な他者と対話し、同時に自己とも対話し続けた。「被災地と共に生きる人」から過酷な状況下にあっても、人とつながり、いかに生きるかを考える大切さを学んだ。その結果「震災を伝えること」も交流相手の学園を「支援すること」も、他人事ではなく自分事となった（写真 7-3-4）。

　思考ツールに関しては、学習活動の中で、担任が必要だと判断した時に、子どもたちに手渡していった。調べ学習や取材、体験等を整理し振り返る時や、他者に伝えるために新聞を書くなどの表現をする時に思考ツールを使った。6

年で初めて思考ツールに出会った子どもたちであったので、ツールを介して友だちと対話する面白さや、独りでじっくり考える便利さを実感できることを大切にした。

担任としては、子どもたちがどのような情報を、どのように絞り込み、伝えたいことを決めたか、把握しやすい。子どもたちが積み上げてきたことや悩んでいることがツールに表現されているので、必要な時に適切な支援を行うことができた。

②今後の課題

2020年度から実施されている学習指導要領では、国語科においても「情報と情報の関係」「情報の整理」を身につけることができるように指導する。そのため国語の教科書にもウェビングやベン図、Xチャートなどの思考ツールが紹介されている。今後は、国語科や社会・理科などの教科で「考える技法」を学び、総合的な学習の時間では、必要な時に必要なツールを子どもたちが活用できるように工夫したい。

富田林市もGIGAスクール構想でようやく子どもたちがタブレットを使用できるようになった。子どもは初めてのロイロノートでも、すぐに使いこなせる。今後は、ロイロノートでも思考ツールを使って、課題を考えてみたい。個々に考える、友だちと協働で考える、互いの考えを検討し合うことがロイロノートでは簡単に行える。また、2つの思考ツールを組み合わせて、課題について深く考えることもやりやすい。紙面での学習活動と合わせて、ロイロノートの活用も検討したい。

（中條佐和子）

【参考文献】

文部科学省（2018）小学校学習指導要領解説・総合的な学習の時間編 p.15
文部科学省（2018）小学校学習指導要領解説・国語編 p.124 〜 125
関西大学初等部（2015）「関大初等部式思考力育成法ガイドブック」さくら社
田村学・黒上晴夫（2013）「考えるってこういうことか！『思考ツール』の授業」小学館
黒上晴夫（2019）「ロイロノート・スクール　シンキングツールを学ぶ」株式会社 LoiLo

4．実践事例（3）中学校における「考える技法」の活用

（1）　本校の研究概要

　大泉学園（堺市立大泉中学校）は、大阪府堺市にある施設一体型の小中一貫校で、1年生から9年生が日々過ごしている。本校では、自分自身と向き合い、生き方をじっくり考え、将来にむけて進路選択できる自立した子どもを育てるために、キャリア教育を中心とした9年間のカリキュラムを作成し、系統的に教育活動を行っている。その取組の一つとして、探究の流れに沿った授業展開「大泉授業スタンダード」（図7-4-1）を通して、どの教科や領域でも思考力の向上をめざす授業づくりの研究を行っている。子どもが主体的に学ぶためには、

課題の設定 → 情報の収集 → 整理・分析 → まとめ・表現・ふりかえり

という探究の過程を1時間の授業の中で、また、単元を通して展開することが不可欠である。その中で、自ら思考を働かせ表現する場面を確保することが、

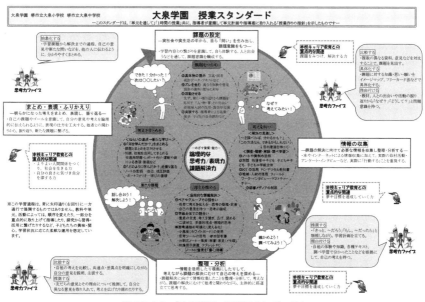

◎図7-4-1　「大泉学園　授業スタンダード」

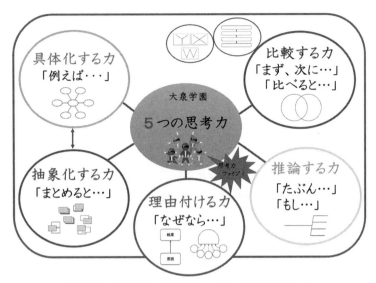

◎図7-4-2 「大泉学園　思考力ファイブ」教室掲示用ポスター

思考力の向上につながると考える。思考力の向上においては、大泉学園で育て
たい５つの思考力を「思考力ファイブ」（図7-4-2）と名付けて、思考力の育成
を重視した指導にあたっている。５つの思考力とは、「比較する思考」「具体化
する思考」「抽象化する思考」「予想する思考」「理由付ける思考」で、この５
つの力を育成するために授業展開を工夫したり、思考力ファイブのポスターを
全教室に掲示したりし、常に思考を促せるようにしている。

　総合的な学習の時間においては、一貫教育を始めてから全体で授業研究を進
めてきた。常に、子どもの問題意識を醸成し、問題解決に向けて「この活動を
通して・・・なるように」という目標を掲げ、子ども主導で探究のサイクルが
回るよう、主体的・対話的な学びをつくっている。中学校については、生き方
を考えるキャリア教育を柱に、７年生で「立志式」、８年生でSDGsの取組や
職業体験、９年生で進路学習を行っている。また、修学旅行や校外学習など行
事の際にも、探究の流れを意識しながら単元を展開している。以降、本校８年
生で取り組んだSDGsについて、思考力育成の観点から実践を報告する。

(2) 実践報告

学　年：第８学年

単元名："すべての"いのち輝く未来社会をめざして〜身近なところでSDGs〜

①単元について

　本単元では、2025年に開催される大阪・関西万博の「いのち輝く未来社会のデザイン」というテーマを達成するために、自分たちにできるSDGsの取組みを考え、実行した。本学年は７年生の校外学習で万博記念公園や国立民族学博物館を見学し、総合的な学習の時間には国際理解をテーマに学習を進めていたため、スムーズに単元の導入ができると考えた。また、SDGsに取り組むにあたり、動画や資料などを通して、現在、地球上で起こっている様々な問題と向き合い、このままでは自分たち、大泉や堺の地域が将来このような事態に直面することを想像させることで問題意識を醸成し、探究活動につなげた。

②単元展開（全22時間）と思考力の育成場面

次・時	学習活動	思考力育成との関連
第一次 1・2	・2025年の大阪・関西万博に込められた願いや目標を知る。 ・すべてのいのちが輝くとはどういうことか、SDGsと関連させて考える。	・世界の現状から、SDGsの目標について自分なりに考えをもつ。
第二次 3〜8	・自分が特に解決したい問題について何ができるか考えたり、実際に取り組まれている活動の情報を収集したりする。 ・解決したい問題ごとにチームに分かれて目標を決め、アイデアを出し合い、まとめる。 ・SDGsに取り組んでいる企業の方に自分たちのアイデアを伝え、アドバイスをもらう。（中間発表）	・自分の生活と関連付けながら、未来を推論する力を働かせ、解決すべき問題について考える。
第三次 9〜21	・アドバイスしてもらったことをもとに協力者を増やすためのアイデアを練ったり、活動内容を焦点化したりする。 ・自分たちの取り組みに賛同してもらえるよう考えたことを、他の学年や地域の方に向けて、プレゼンテーションする。 ・学校や地域の方と協力しながら、自分たちができることに実際に取り組む。	・目標を達成するために今の自分たちができることを再考する。 ・より多くの協力者を得るためにはどの情報が効果的かを考える。 ・取り組む中で活動を見直す。
第四次 22	・活動を通して、これからの自分の生き方を考える。（まとめ・振り返り）	・よりよい生き方について考える。

③授業の実際

　先述した単元展開の中で、子どもたちが特に思考を働かせた場面について紹介する。

1)　問題をつかむ場面（第一次）

　導入でSDGsの17の目標を共有した子どもたちに、「いのち輝く」を基準に、なぜこのような目標が設定されたのかを自分なりに考えさせるためには、指導者の「どうして？」が必要である。教師の発問に対して、クラス内対話で世界の現状や各教科の既習内容と関係づけながら、より深く問題を理解し、その問題は他人事でないことに気付かせることで、探究学習にはいることができた（図 7-4-3）。

◎図 7-4-3　SDGs（17の目標）についての話し合い

2)　課題の設定（第二次はじめ）

　一人ひとり、解決したい問題は異なる。自分が解決したい問題だからこそ、必死に取り組む。よって、この場面は総合的な学習の時間において肝要であると考えている。目的意識をもって活動させるために、自分や身近な人の生活と関係づけながら自分が解決すべき問題についてじっくり考えさせた。

　それは誰のためなのか、なぜその問題を解決する必要があるのか、そのためにどのようなことができそうかなど、目標を明確にし、活動の見通しをもたせることで、子どもたちが主体となり、目標に向かって活動を進めた（図 7-4-4）。

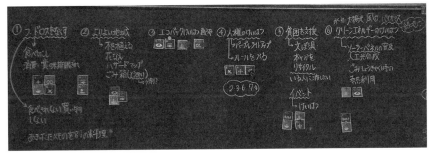

◎図 7-4-4　見通しをもつための話し合い（板書）

3)　情報の収集（第二・三次）

　はじめは SDGs に取り組む企業の様々なアイデアを調べ、漠然と「こうすればいいな…」というアイデアが生まれた。例えば、地球温暖化への対策・エネルギー不足の解消をめざすチームは、図 7-4-5 のように、クリーンエネルギーのメリットを伝えることで目標を達成できると考えた。他のチームも同様、解決したい問題は明確にあるものの、まだまだ目標の実現に向けては抽象的なアイデアが多かった。

　中間発表の際、企業の方から、「協力者（自治体や企業など）を巻き込んで

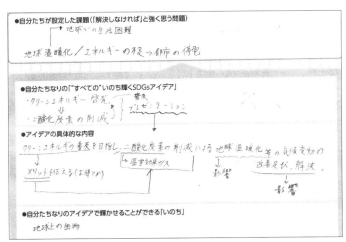

◎図 7-4-5　中間発表前のアイデアシート

◎図 7-4-6　中間発表後の話し合い

活動していくことが、中学生のあなたたちだからできる取組だ」、「いつ・誰に・どのように伝えるか、もっと具体的なアイデアにするとよい」とアドバイスをいただいた。

中間発表後、アドバイスをもとに、「たくさんの人に協力してもらうためには…すればよいのではないか」、「もっと…すれば、たくさんの人に知ってもらえる」など、誰に何を協力してもらうことで、問題の解決に迫ることができるのか、チームで話し合いを重ね（図 7-4-6）、活動内容がどんどん具体的になった。クリーンエ

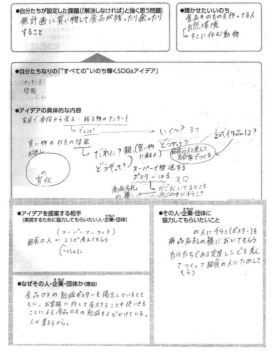

◎図 7-4-7　中間発表後のアイデアシート

ネルギーチームは、二酸化炭素を削減するために「サボテン」を購入したいと考え、学校を巻き込み募金活動を行った。その際には募金してくれる人の興味を引くため、2種類のサボテンのうち、どちらがよいか、選んで募金してもらったり学校のホームページに掲載するための「サボテンクイズ」を考えたりした。

　指導者として事前に打ち合わせをすることは言うまでもないが、このように中間発表の場面を設定し、外部の人からの的確なアドバイスをもらうことには大きな意味がある。子どもたちは、アイデアの再考のために、より本気で考え、対話を繰り返し、より充実した活動ができた（図7-4-7）。

4）　整理・分析、まとめ・表現（第三次）

　提案したいアイデアや問題を解決するためには、「協力を求める相手に、どのような情報を、どの順番で、どのように伝えればよいか」を、クラスで話し合った。その話し合いをもとに、各チームがそれまでに得た情報をしっかり整理し、相手に自分たちの思いを伝えるためにはどの情報が適しているのか、また、どのように伝えることでより分かりやすくなるかを論理的に考えた。次頁にプレゼンテーション内容を検討する際に使用した子どものワークシート（図7-4-8～図7-4-10）を掲載する。右にそれぞれのスライドの作成場面と関連する主な「大泉学園思考力ファイブ」を示した。

◎図7-4-8　プレゼンテーションの作成

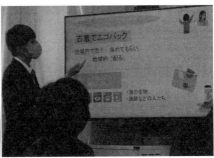
◎図7-4-9　プレゼンテーションの様子

　総合的な学習の時間の授業の中であえて思考力ファイブを示すことはないが、指導者がどの授業でも常に意識し、「比較すると〜だね」「具体的には…」などと声かけし、論理的な思考を働かせているときには価値づけをしている。その積み重ねで、子どもたちは小学生のころから学んできている思考力ファイブを自然と活用できるようになっている。

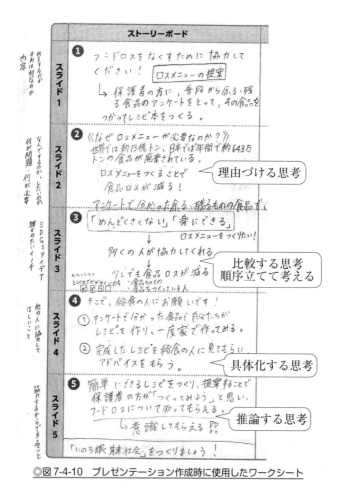

◎図 7-4-10　プレゼンテーション作成時に使用したワークシート

　プレゼンテーションは、他の学年や教員、また、地域の自治体や保育所、お店の方を対象に行い、たくさんの協力を得ることができた。さらに自治体の方

とは、意見交換をし、地域の一員として、これから自分たちがすべきことを示唆していただいた（図7-4-11 〜 7-4-12）。

◎図7-4-11　堺市北区役所での意見交流

◎図7-4-12　校区の防災士との意見交流

5）　ふりかえり（第四次）

　本単元の学習を通して「いのち輝く」未来社会を自分たちがつくっていくことを自覚し、これからどう生きていくのかを個人であらためて考え、まとめる活動を行った。一人ひとり、問題と感じることは違うが、それぞれが互いに協力することで、SDGsの17の目標に近づくことを再確認できた。

　総合的な学習の時間の指導にあたり、思考力の育成で大事にしている事は、まず主体的な活動であること、そして対話である。クラス、チーム、個人内と形式は様々であるが、常に自らの意思で人や事物と向き合い、考える場面が子どもの思考を促す。対話により多様な見方や考え方に触れることで豊かに考えることのできる子どもを育成できると考える。そして何より、子どもが自分たちの力で自分たちが決めた目標を達成できた、また近づいたという成功体験の積み重ねが非常に重要であると考える。それは達成感や自尊感情の高まりにつながり、次の活動への意欲の向上となると考えるからである。

（永野いつか）

8章　ICT 活用による実践

> 　本章では、まず、我が国における学校教育での ICT 活用を進展させる上
> での現状と課題及び、求められる情報活用能力の資質・能力、ICT 環境の
> 整備について解説する。また、生活科・総合的な学習の時間における ICT
> 活用の基本的な考え方を確認する。さらに、生活科・総合的な学習の時間
> において、ICT 活用を工夫している小学校低学年ならびに高学年、中学校
> の実践事例について提案する。

1．ICT 環境の整備にどう対応するか

(1)　情報活用能力の育成
①社会の変化と ICT

　今日の我が国においては、生産年齢人口の減少、グローバル化の進展、少子
高齢化などの課題によって雇用環境や社会構造は大きく、急速に変化してきて
いる。このような課題を前に、情報通信技術の急速な発展により、「超スマー
ト社会」として新たに「Society5.0」が提唱された。今後、人工知能（AI）の
飛躍的な進化により、様々な判断を行ったり、Internet of Things（IoT）に
よりインターネット経由で最適化されたりする先端技術の高度化によって社会や
生活が大きく変化していくと予想されている。

　Society5.0 時代を生きる子どもたちにとって、教育における ICT を基盤とし
た先端技術等の効果的な活用が求められるとともに、今回の新型コロナウイル
ス感染症に象徴されるように複雑で予測困難な時代であり、子どもたちが様々
な変化に主体的・積極的に向き合い、自らの可能性を発揮しながら、他者と協
働して課題を克服し、社会や人生を豊かなものにする資質・能力の育成が学校
教育に求められているのである。

② 2030 年に求められるコンピテンシーとしての ICT 活用スキル

　このような「VUCA」[1]（不安定、不確実、複雑、曖昧）が急速に進展する社会においては、主体的に行動に移すことができる人材が求められている。そのために必要となるコンピテンシーとして「OECD Education 2030」では、求められる「知識」「スキル」「態度及び価値」を示している。すなわち、獲得した知識を「未知な状況や変転する状況において適用」させて行動に移すことができるようなコンピテンシーの育成が求められている。例えば、「スキル」では、①（メタ認知を含む）認知的スキル（批判的思考力、創造的思考力、学び方の学習〔learning-to-learn〕、自己調整等を含む）、②社会・情意的スキル（共感性、自己効力感、責任感、協働性を含む）、③身体・実用的スキル（新しい ICT 機器の活用を含む）の 3 つを含めた幅広いスキルが求められているのである[2]。つまり、ICT 活用も重要なスキルの一つとして必要視されているのである。

③「学習の基盤となる資質・能力」としての情報活用能力

　『小学校学習指導要領解説（平成 29 年告示）総則編』では、「各学校においては、児童の発達の段階を考慮し、言語能力、情報活用能力（情報モラルを含む）、問題発見・解決能力等の「学習の基盤となる資質・能力」を育成していくことができるよう、各教科等の特質を生かし、教科等横断的な視点から教育課程の編成を図るものとする」[3] と示している。

　「学習の基盤となる資質・能力」としての情報活用能力については、情報及び情報手段を主体的に選択し活用していくための個人の基礎的な力として、「A 情報活用実践力」「B 情報の科学的な理解」「C 情報社会に参画する態度」の 3 観点と 8 要素をもとに、「知識・技能」「思考力・判断力・表現力等」「学びに向かう力、人間性等」に整理し、その育成を目指している[4]。さらに、小学校プログラミング教育の必修化を含め、小学校・中学校・高等学校を通じて、プログラミング教育の充実を図ることを目指している。プログラミング教育においては、プログラミング的思考[5] の育成が求められている。そのため、図8-1-1[6] のように情報活用能力において、プログラミング的思考が包含されている。

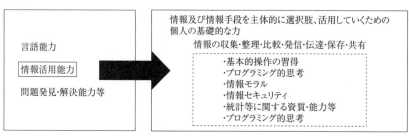

◎図 8-1-1 「学習の基盤となる資質・能力」としての情報活用能力

『小学校学習指導要領（平成 29 年告示）』の「第 5 章 総合的な学習の時間」「第 3 指導計画の作成と内容の取扱い」では、「プログラミングを体験しながら論理的思考力を身に付けるための学習活動を行う場合には、プログラミングを体験することが、探究的な学習の過程に適切に位置付くようにすること」と示している。さらに、『小学校学習指導要領（平成 29 年告示）解説 総合的な学習の時間』の「第 4 章 指導計画の作成と内容の取扱い」「第 2 節 内容の取扱いについての配慮事項」において、「特に総合的な学習の時間においては、プログラミングを体験しながら論理的思考力を身に付けるための学習活動を行う場合には、プログラミングを体験することだけにとどまらず、情報に関する課題について探究的に学習する過程において、自分たちの暮らしとプログラミングとの関係を考え、プログラミングを体験しながらそのよさや課題に気付き、現在や将来の自分の生活や生き方と繋げて考えることが必要である」[7] と示している。すなわち、総合的な学習の時間の特質を活かして、プログラミングを体験しながら、コンピュータに意図した処理を行わせるために必要な論理的思考力を身に付けるための学習活動を計画的に実施することを求めているのである。

(2) 学校の ICT 環境
① ICT 環境の充実

『小学校学習指導要領（平成 29 年告示）』の「第 1 章 総則」「第 3 教育課程の実施と学習評価」1 (3) では、「情報活用能力の育成を図るため、各学校において、コンピュータや情報通信ネットワークなどの情報手段を活用するため

に必要な環境を整え、これらを適切に活用した学習活動の充実を図ること。また、各種の統計資料や新聞、視聴覚教材や教育機器などの教材・教具の適切な活用を図ること」[8] と示している。

　そして、学校の ICT 環境の整備と ICT を活用した学習活動の充実については、ICT 環境の現状として以下の3点が指摘されている。すなわち、第1に、学校の ICT 環境整備状況は脆弱かつ危機的な状況であること。第2に、学校における ICT 利活用は世界から後塵を拝している状況にあること。第3に、子どもの学校外での ICT 使用は「学習外」に比重がおかれていることである[9]。このような課題克服のために、GIGA スクール構想が進められている。その目的は、「1人1台端末」と、高速大容量の通信ネットワークを一体的に整備することで、特別な支援を必要とする子どもを含めて、多様な子どもたちを誰一人取り残すことなく、公正に個別最適化され、資質・能力が一層確実に育成できる教育環境を実現することである。また、これまでの我が国の教育実践と最先端のベストミックスを図ることにより、教師・子どもの力を最大限に引き出すことである。

　ICT を活用した学習活動の充実については、これまでの教育実践の蓄積に加え、ICT を活用することによって、学習活動の一層の充実を図り、「主体的・対話的で深い学び」の視点からの授業改善が求められているのである。「1人1台端末」の環境による効果として、例えば、一斉授業において教師は、授業中でも一人ひとりの反応を把握できるようになり、子ども一人ひとりの反応を踏まえた、双方向型の一斉授業が可能となる。そして、個別学習においては、子ども個々人が同時に別々の内容を学習することができ、個々人の学習履歴を記録することによって一人ひとりの教育的ニーズや学習状況に応じた個別学習が可能となる。一方、協働学習においては、一人ひとりの考えをお互いにリアルタイムで共有できるようになり、子ども同士で双方向の意見交換が可能となる。つまり、各自の考えを即時に共有し、多様な意見にも即時に触れることができるのである。

②学習空間として ICT 環境の整備

　教師主導の教育から子ども主体の学習へのパラダイムシフトにより、今次学習指導要領において、「主体的・対話的で深い学び」による授業改善が求めら

れている。生活科では、子どもの思いや願いを生かし、総合的な学習の時間では探究心をもって学習に取り組み、その過程で学びを深めていくことが重要である。そのために、ICT 環境を含む学習環境の整備が欠かせないといえよう。生活科・総合的な学習の時間では、多種・多様な学習活動が展開されるため、子どもの資質・能力が十分に活用・発揮されるような学習環境を整えなければならない。生活科・総合的な学習の時間では、子どもの思いや願い、探究的な学習の過程において、学級内、学年内、異学年間、さらには異校種間での学習が展開されることが考えられる。また、ものづくりやレポートの作成、口頭発表・プレゼンテーションやその準備、グループワーク、調べ学習など多様な学習活動が行われる。

このような学習活動を実施する際に、教室だけでなく、それ以外にも学習空間を確保することが重要である。例えば、多目的に利用できる空間としてオープンスペースにミーティング用のテーブルを設置したり、移動できる黒板を準備したりするなど、多様な学習方法・学習形態に対応できる学習空間を確保することが考えられる。また、子ども数減少等によって、現在の学校に余裕教室がある場合には、学習目的に応じて活用することが期待される。他方、ICT 環境としてネットワーク環境を整備して学校内のどこでもタブレット PC などの情報機器を自由に活用できるようにすることが望まれる。したがって、学習空間としての学習環境と ICT 環境を整備することが求められる。

③教室内の ICT 環境の整備

これまで生活科・総合的な学習の時間においては、教室内に学習過程の経過を単元ごとにまとめた学習履歴や写真、学習成果などを掲示してきた。このようにすることによって、子ども同士で学習内容を共有したり、今後の学習への興味・関心を高めたり、振り返ったりすることができる。

また、今後は学習活動の過程で撮影した写真や動画などの学習履歴をタブレットやＰＣに蓄積し、デジタルポートフォリオとしてデジタルファイル化することや、コンピュータを活用して情報を収集することができるように ICT 環境を構成することが大切である。さらに、このようなデータをテレビモニタやプロジェクタ、デジタルカメラ、デジタルビデオなどの情報機器を発表等に活用することも考えられる。

　したがって、教室内の ICT 環境については、子どもの個別最適な学びが進められるよう、指導の個別化と学習の個性化の充実を図り、協働的な学び、探求的な学びが促進される学びの場となるよう整備することが重要である。

(3)　生活科・総合的な学習の時間における ICT 活用
①生活科における教育の情報化

　『小学校学習指導要領（平成 29 年告示）生活編』の「第 4 章 指導計画の作成と内容の取扱い」「2 第 2 の内容の取扱いについての配慮事項」では教育の情報化について以下のように示している。「(4) 学習活動を行うに当たっては、コンピュータなどの情報機器について、その特質を踏まえ、子どもの発達の段階や特性及び生活科の特質などに応じて適切に活用するようにすること」[10]と示している。

　生活科は、子どもが身近な環境と直接関わる活動や体験を重視しながら、体験活動と表現活動とが連続的・発展的に繰り返すことによって、資質・能力の育成を目指している。したがって、子どもの発達の段階や特性を十分に配慮して振り返りや表現に情報機器を活用して活動への意欲を高めるようにすることが重要である。

　振り返りや表現に情報機器を活用して活動への意欲を高めるようにするとは、以下のように考えられる。すなわち、第 1 に、学習対象への興味や関心を喚起や、記録した情報をもとにした伝え合いの充実を図ることである。ICT を活用することによって、子ども個々人の思いや願いに応じて、学習対象を視覚的に分かりやすく提示することが可能になったり、活動を通して色々な場所を調べたり、利用したりする過程で出会った「人・もの・こと」について多様な情報を写真や動画などで記録し、伝え合いに活用することができるのである。第 2 に、活動後に自らの取組を客観的に振り返り、活動のよさに気付くことである。活動や体験を通して、学習対象との関わりについて子どもが、後の振り返り活動において自分たちの行為を客観的に振り返り、気づきの質を深めることが可能となるのである。

②生活科の学習過程における ICT 活用の方法

　生活科においては、「①思いや願いをもつ場面」「②活動する・体験する場

面」「③感じる・考える場面」「④表現する・行為する場面」の4つの学習過程を基本として単元を作成することを大切にしている。「生活科・総合的な学習（探求）の時間におけるICTの活用について」では、この学習過程に応じたICT活用の具体的な活用法を示している[11]。

　生活科における学習活動は、子どもの思いや願いを重要視して活動を展開している。子どもが「思いや願いをもつ場面」では、ICTを活用して学習対象を視覚化し提示することによって、子どもが学習対象に興味・関心をもつことになることが考えられる。活動する・体験する場面では、子どもが様々な学習対象を調べたり、利用したりする過程で、そこで出会う「人・もの・こと」について、タブレット等のICT機器を活用して多様な情報を記録し、その後の報告活動に活かすようにすることが考えられる。感じる・考える場面では、活動や体験に没頭した子どもが、その後の振り返り活動において自分たちの行為を客観的に振り返る際に、ICTを活用することが考えられる。表現する・行為する場面では、子どもが相手に応じた様々な方法によって情報を伝え合う活動を行う際に、ICTを活用することが考えられる。

　このように、生活科の学習過程においてICTを効果的に活用することで、資質・能力を高めていくことが期待できる。一方で、生活科の具体的な活動や体験を重視するという特質や、低学年の子どもの発達段階や特性を十分配慮して、計画的にICTを取り入れ、適切に指導・活用していくことが重要である。また、ICTを活用する際には、情報モラル教育の充実も必要となるのである。

③総合的な学習の時間における教育の情報化

　『小学校学習指導要領（平成29年告示）』の「第5章 総合的な学習の時間」「第3 指導計画の作成と内容の取扱い」2（3）において「探究的な学習の過程においては、コンピュータや情報通信ネットワークなどを適切かつ効果的に活用して、情報を収集・整理・発信するなどの学習活動が行われるよう工夫すること。その際、コンピュータで文字を入力するなどの学習の基盤として必要となる情報手段の基本的な操作を習得し、情報や情報手段を主体的に選択し活用できるよう配慮すること」と示している。すなわち、情報手段の基礎的な操作スキルを習得し、情報や情報手段を主体的に選択・活用できるようにすることが求められているのである。

　総合的な学習の時間では、ICT の活用によって、以下のような学びが実現されると示している。すなわち、第1に、実社会・実生活上の課題の解決に向けて、問題解決的な活動が発展的に繰り返される探究的な学習が行われることである。第2に、学校内外の多様な学びが展開され、両者は相互に作用しながら探究的な学習の質が高まっていくことである。第3に、一人一人の子どもが情報端末を持ち、ICT を活用することで、探究的な学習は学校から家庭、地域へと豊かに広がっていくことである。つまり、オンラインを活用することによって、時間と空間を超えた新たな学びが実現されるのである。

　また、「個の学び」においては、多量のデジタルデータをタブレット端末、クラウドなどに長期間に渡って集積し、収集した情報を整理・分析することにより、子ども個々人の探究的な学習が繰り返されることで、より深い学びを実現できるとともに、知識の習得や活用の促進につながる。一方、「集団の学び」においては、デジタルデータをクラウド等で集団共有することによって、集団での新たな知の創造につながる。

　さらに、ICT の活用により、①課題の設定→②情報の収集→③整理・分析→④まとめ・表現）の探究のプロセスが発展的に繰り返されていく。この過程において、コンピュータや情報通信ネットワークなどを適切かつ効果的に活用しながら、情報の収集・整理・発信などの学習活動を行うとともに、情報や情報手段を意図的に選択・活用することで、探究的な学習が高度化するのである[12]。

　このように、総合的な学習の時間において ICT を活用することによって、「新たな学びの実現」「個と集団の学びの深まり」「探究の高度化」の効果がみられるといえよう。ただし、これらの効果については、「主体的・対話的で深い学び」での授業改善が求められるといえるのである。一方で、「学習の基盤となる資質・能力」の一つである情報活用能力の育成が必要視されるのである[13]。

（香田健治）

【註】

1)　VOCA とは、volatile、uncertain、complex、ambiguous の頭文字をとった造語であり、「予測困難で不確実で曖昧」な時代になるということを意味するものとして使われている。

2)　詳細については、白井俊（2020）「第 4 章 2030 年に求められるコンピテンシーの要素」『OECD Education 2030 プロジェクトが描く教育の未来－エージェンシー、資質・能力とカリキュラム－』ミネルヴァ書房、pp.99-149 を参照のこと。

3)　文部科学省（2017）『小学校学習指導要領解説（平成 29 年告示）総則編』東洋館出版社、pp.48-52。

4)　詳細については、文部科学省（2006）「初等中等教育の情報教育に係る学習活動の具体的展開について」を参照のこと。
　　https://www.mext.go.jp/component/a_menu/education/detail/__icsFiles/afieldfile/2010/09/07/1296864_2.pdf、pp.10-13（2021 年 5 月 2 日閲覧）、中央教育審議会（2016）「幼稚園、小学校、中学校、高等学校及び特別支援学校の学習指導要領等の改善及び必要な方策等について（答申）」、p.38、文部科学省、前掲書 3）、p.51 を参照のこと。

5)　プログラミング的思考については、文部科学省（2018）「小学校プログラミング教育の手引（第二版）」、pp.11-21 を参照のこと。

6)　図 8-1-1 については、文部科学省、前掲書 3）、p.52 をもとに筆者が作成した。

7)　文部科学省（2017）『小学校学習指導要領解説（平成 29 年告示）総合的な学習の時間編』東洋館出版社、p.64。

8)　詳細については、文部科学省、前掲書 3）、pp.83-87 を参照のこと。

9)　文部科学省（2020）「GIGA スクール構想の実現へ」
　　https://www.mext.go.jp/content/20200625-mxt_syoto01-000003278_1.pdf（2021 年 5 月 2 日閲覧）

10)　文部科学省（2017）『小学校学習指導要領解説（平成 29 年告示）生活編』、東洋館出版、pp.70-71。

11)　文部科学省（2020）「生活科・総合的な学習（探究）の時間の指導における ICT の活用について」https://www.mext.go.jp/content/20200911-mxt_jogai01-000009772_16.pdf（2021 年 4 月 24 日閲覧）

12)　文部科学省、前掲書 11）。

13)　情報活用能力等の「学習の基盤となる資質・能力」の詳細については、文部科学省、前掲書 3）、pp.48-52 を参照のこと。

【参考文献】

・中央教育審議会（2016）「幼稚園、小学校、中学校、高等学校及び特別支援学校の学習指導要領等の改善及び必要な方策等について（答申）」。

・文部科学省（2017）『小学校学習指導要領（平成 29 年告示）』、東洋館出版。

・文部科学省（2017）『小学校学習指導要領解説（平成 29 年告示）総則編』、東洋館出版。

・文部科学省（2017）『小学校学習指導要領解説（平成 29 年告示）生活編』、東洋館出版。

・文部科学省（2017）『小学校学習指導要領解説（平成 29 年告示）総合的な学習の時間編』、東洋館出版。

・文部科学省、総務省、経産省（2019）「小学校を中心としたプログラミング教育ポータル」https://miraino-manabi.jp/（2021 年 2 月 11 日閲覧）

・文部科学省（2020）「新型コロナウイルス感染症対策のための学校の臨時休業に関連した公立学校における学習指導等の取組状況について（令和 2 年 4 月 16 日時点）」、https://www.mext.go.jp/content/20200421-mxt_kouhou01-000006590_1.pdf（2021 年 5 月 1 日閲覧）

・文部科学省（2020）「各教科等の指導における ICT の効果的な活用に関する参考資料」https://www.mext.go.jp/content/20200911-mxt_jogai01-000009772_16.pdf（2021 年 2 月 11 日閲覧）

・文部科学省（2020）「生活科・総合的な学習（探究）の時間の指導における ICT の活用について」https://www.mext.go.jp/content/20200911-mxt_jogai01-000009772_16.pdf（2021 年 4 月 24 日閲覧）

・文部科学省（2021）「今、求められる力を高める総合的な学習の時間の展開（小学校編）－未来社会を切り拓く確かな資質・能力の育成に向けた探究的な学習の充実とカリキュラム・マネジメントの実現－」
　https://www.mext.go.jp/a_menu/shotou/sougou/20210422-mxt_kouhou02-1.pdf（2021 年 4 月 27 日閲覧）

・中央教育審議会（2021）「『令和の日本型学校教育』の構築を目指して～全ての子供たちの可能性を引き出す、個別最適な学びと、協働的な学びの実現～（答申）」

2. 実践事例（1）小学校低学年

　大阪教育大学附属平野小学校では、2016年に文部科学省開発指定校となり、「未来そうぞう科」構想し、実践的な研究を続けてきた。本稿では、低学年におけるとICT活用の事例として、1年「学校のひみつを調べよう」の実践を紹介する。

(1) 実践の構想

①学年・単元名

　　　第1学年　「学校のひみつを調べよう」

②実践期間

　　　2学期（9月～11月）

③単元の目標

　　　「そうぞう的実践力」

　学校にある不思議・疑問を見つけ、自分なりに工夫して調べて解決しようとする。

④ICT活用との関連

　本実践（2020年度）段階で、本校では、1年生各学級に10台の「iPad」と、1台の「Apple TV」、そして、プロジェクターとスクリーンが配置されていた。

　ICTの活用に関しては、「ICTありき」の学習にならないように留意しなければならない。ICTは、問題解決の手段であり、子どもたちの必要感に応じて活用することが望まれる。それは、1年生でも同じである。

　本単元では、全グループでiPadの「カメラ機能」を活用する。校内を散策し、見つけた疑問や不思議を他者と共有するときに、対象を写真に撮ることで簡単に共有できると考えている。また、「鳥」や「動物の足跡」など、時間によって変化するものも、記録することによって調べやすくなる。そして、探究対象に合わせて、「インターネット機能」や植物図鑑のアプリ「Picture This」も活用する。「Picture This」とは、写真を撮るだけで、その植物を調べることができるアプリである。撮り方によって、正確性に欠ける場合もある

が、書籍の植物図鑑と並用することで、効率よく、正確に調べることができる。何より、1年生にとって「すぐに・簡単に植物の名前が分かること」は、調べる活動の大きな動機づけにつながると考えている。

　具体的な活用の仕方については、次のようなルールを1年生の子どもたちと共有した（図 8-2-1）。特に①を大事にした。例えば、カメラ機能を使って、「友だちの写真を撮ってしまう」など、ついつい活動とは関係のない使い方をしてしまう場合も出てくるだろう。その際に、『遊びません』と、いった注意よりも、『何のために、iPad を使うんだったけ？』と、いった声かけで子どもたち自身が気づき、責任を持って使えるように促すことができる。ICT を活用する最初の1年生だからこそ、「制約」を増やすのではなく、責任を持って有意義に（子ども自身が考えて）使えるようなルールが必要だと考えている。

---

iPad　のルール

① 　つかう　まえに、　先生に　つたえる。
「なに」を「なんのために」つかうのかな？
② 　じゅんばんに　なかよく　つかう。
③ 　つかったあとは、　先生に　つたえる。

◎図 8-2-1　iPad のルール

⑤単元計画（表 8-2-1 参照）

　本単元である「学校のひみつを調べよう」は、「学校探検」「校内地図づくり」から続く、大単元である。

(2)　実践の概要

①「思いや願いをもつ」

　本単元では、今まで（学校探検・校内地図づくり）の学習の中でたくさん見つけた『不思議』や『疑問』を取り上げることから始まった。今までに何度も校内を歩き回りながら探究している子どもたちにとって、数え切れないほど

◎表 8-2-1　単元計画

学習活動	子どもの意識	指導者の手立て
0．2年生との交流 「学校の地図」と「アサガオのたね」を2年生から受け取る。 【1時間】	2年生から小学校の地図をもらったよ。学校を探検したいな。 小学校には、色々な場所があるんだ。 （幼稚園や保育園と比べて） 　小学校は、広いから迷ってしまうよ。	○地図を見て、幼稚園・保育園との違いに気づかせる。小学校には、多くの教室があることに気づかせ、「行ってみたい！」といった思いを持たせる。
1．学校探検 ・気になる場所（行ってみたい）場所を出し合う。 ・その場所を見学したり、その場所を担当する先生から話を聞く。 【4時間】	学校にある全ての場所に行ってみたい。 小学校は、様々な教室でたくさんの先生と一緒に勉強するんだね。 もらった地図にはない場所もあったよ。	○子どもたちにとって「興味が強い順番」で見学し、「いまーここ」する。そのため、毎時間の終わりには、「見学した場所の感想だけでなく、次にどこの見学に行きたいかについても話し合う。 ○できる限り他の先生と連携し、小学校は多くの先生が関わっていることに気づかせたい。
2．自分なりの校内地図作り ・地図作り （その場所に行ってどんな教室があるかプリントに書き込む） ↓ ・地図の確認 （地図を作って気づいたことや思ったことを話し合う） ※上の2つを…校舎「3階」「2階」「1階＋南運動場」「北運動場」と4回繰り返す。 【8時間】	自分なりの地図を作ってみたいな。 もらった地図にはない場所もあったよ。 クラスによって色がちがうんだ！ 先生たちの部屋と子どもの部屋に、分けれるよ。 低学年と高学年で使う教室がちがう！ 3階よりも2階の方が広いんだ！ 北運動場の木の上に、鳥の卵を見つけた。	○「自分なりの」を強調・明確にすることで、ただの教室配置の穴埋めにならないように、思ったことや自分なりに絵や色をつけて工夫するように促す。 ○地図を確認する際は、それまでに作成した地図と比べ、共通点や相違点を明らかにするように導く。そうすることで、「小学校は、こういったところだ。」といった概念的な理解（共通点）を促したり、部分的な独自性（相違点）に気づいたりすることができる。 ○同じ活動を繰り返すことで、比較したり振り返ったりしやすくなる。また、マネジメントの時間が減り、活動の時間を十分に確保できる。
3．学校の秘密を調べよう ・秘密探し （校内を歩き回り、不思議・疑問に思ったことを探す） ・秘密調べ （不思議や疑問に思ったことを自分なりに調べる） ・発表 （調べて分かったこと・考えたことを共有する） ※上の3つのサイクルを細かく繰り返す。 【10時間】	「なぞ」がいっぱい。気になるなぁ。 これは、何の実なんだろう？ このドアは…。土は…。数字は…。 たくさんの「なぞ」を見つけたよ。調べてみよう。 調べるって「わくわく」する！ 初めて見て(知って)びっくりしたよ！ みんなに知ってもらいたいな。他の「なぞ」も知りたいな。	○休み時間を始め、普段の学校生活で子どもたちは、様々なことに興味を持ち、疑問を持っている。これらの延長として本単元をつなげ、普段の生活の中で、疑問を持って解決しようと取り組む態度を養いたい。 ○調べる対象を自己選択させ、繰り返す中で、変更してもよいとする。広く多様なことに興味をもつことと、深く1つのことを追究することなど、自分の興味に合わせて取り組めるようにする。 ○調べる方法は、多様であることを体験的に理解できるように、子どもの思いを尊重しながらも積極的に方法を助言・提案する。

◎写真 8-2-1　鳥の卵をみつけた？

『不思議』や『疑問』を持っていた。そもそも、1年生は小学校にある色々なものに興味を示し、好奇心（ワクワク）であふれている。そんな子どもたちの思いを、そのまま探究活動に取り入れるのが本単元である。

本単元に入る前の単元である「校内地図づくり」で、子どもたちが最も大きな疑問を持ったものがあった。それが、（写真 8-2-1）の木にある「鳥の卵」であった。実際は、ヒマラヤオオスギの「松ぼっくり」なのだが、子どもたちには、鳥の卵に見えたそうだ。『本当に卵なのか調べたい！先生、取ってよ！！』と、お願いされ、実際に触って、匂いを嗅いで…詳しく観察することとなった。この活動から、調べる面白さを感じた子どもたちは、『もっと色々な不思議を調べてみたい！』と、いった思いが広がった。

② 「活動や体験をする」「感じる・考える」

自分が調べたい『不思議』を決めて、調べることにした。自分で決めることを重視したので、2・3人のチームもあれば、8人のチームもできた。まず、子どもたちが選んだ『不思議』は、表 8-2-2 の七つであった。

◎表 8-2-2　探究チーム

探究の対象	子どもたちの思い
なぞの実 なぞの木	校庭にあるたくさんの実や木の名前を調べたい！
なぞの隠し池	何のための池なのか調べたい！（以前のビオトープで使われていた水を循環するために石で作られた池）
なぞの橋	何のための橋なのか調べたい！（以前のビオトープで使われていた橋。今は池がなくて地面に橋だけが残っている。）
なぞのドア	校舎裏にある倉庫には、何が入っているのか調べたい！
なぞの足跡	何の動物の足跡なのか、調べたい！（登校時に運動場で偶然に見つけた足跡）
なぞのレンガ	何のレンガなのか、調べたい！（少し前の卒業制作。絵や文字が書かれている。）

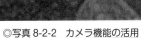
◎写真 8-2-2　カメラ機能の活用　　　　◎写真 8-2-3　図鑑で調べる

　子どもたちは、まずはそれぞれの場所へ行き、対象に触れながら観察した。
目的をもって調べるよりも、対象に触れながら予想を立てることを楽しんでい
るようだった。

　このように、何度か観察・予想しながら、対象に触れているうちに、『クラ
スの友だちに調べていることを伝えたい』と、いった思いがでてきた。そこで、
やっと iPad を活用することを提案した。iPad のカメラ機能を、（写真 8-2-2）
のように使うことで、友だちに自分たちが調べていることを伝えられるという
ことだ。「iPad のルール」を確認し、それぞれのグループで必要に応じて活用
していった。

　そうしているうちに、「先生、インターネットで調べてみてもいいです
か？」と、いった質問が出てきた。「そんな使い方もできそうだね！」と許可
し、活用の仕方が広がった。また、「なぞの実チーム」「なぞの木チーム」が、
図鑑に載っていないものをインターネットで調べようとしている（写真
8-2-3）が、中々うまく調べられていなかった。その様子から、予めダウン
ロードしておいた「Picture This」のアプリを活用することを助言した。

③「表現する・行為する」

　撮った写真を活用し、教室のプロジェクターに映しながら調べていることを
友だちに発表したり、（最も学校に詳しいと子どもたちが考えた）副校長先生
に写真を見せながら質問（写真 8-2-4）したり、自分たちで撮った写真を活用し
ながら、気づきを交流したり深めたりすることができた（写真 8-2-5）。

　また、撮影した写真は、単元の振り返りでも活用された。具体的には、活動

◎写真 8-2-4　副校長先生に質問　　　◎写真 8-2-5　撮った写真で交流

を絵と文章でまとめる際に、自身の活動を思い返したり、絵を正確に描くために参考にしたり、子どもたちなりに活用する姿が見られた。

(3)　実践の結果と考察

① ICT 活用の有効性

　本実践では、iPad の「カメラ機能」「インターネット機能」や植物図鑑のアプリ「Picture This」を、それぞれのチームの探究活動に合わせて活用した。

　「カメラ機能」に関しては、1 年生でも十分に使いこなすことができた。必要に応じて、写真と動画を使い分けているチームも出てきたほどである。

　「インターネット機能」に関しては、1 年生には難しかった。その要因は、次の二つである。一つは、インターネット上にある膨大な量の情報を 1 年生が選択し、有意義に活用することに無理があることだ。本実践では、図鑑に関しては「Y！きっず図鑑」を中心に閲覧するように声をかけるなど、使いやすいものに制限したが、それでも有効に活用できたとは言えなかった。実際、書籍の図鑑と並行して調べさせたが、書籍の図鑑のほうが効率よく調べることができていた。二つめは、調べている対象とは違うものに興味が変わってしまうことだ。膨大な量の情報のそれぞれに刺激を受けてしまい、本来調べるはずだったものが忘れられている場面も度々見られた。これは、1 年生の発達段階では、当然のことであると考えられる。

　植物図鑑のアプリ「Picture This」に関しては、「すぐに・簡単に植物の名前が分かること」が、調べる活動の大きな動機づけにつながった。実際、この

アプリを活用し、校庭の木々を次々と調べていく姿が見られた。撮影の仕方で正確性に欠けることもあるが、サンプルで表示される写真と見比べて違うことを判断したり、書籍の図鑑と並行して調べたりすることで、1年生でも有効に活用することができた。また、無料アプリのため、親のスマホ等にダウンロードしてもらい、家庭で同じように学ぶ姿も見られた。

　以上のことから、「インターネット機能」で調べる活動は、1年生にとって難しい。しかし、「カメラ機能」と「図鑑アプリ」の2つは、1年生でも有効に活用できることが分かった。

②活用の仕方（ルール）

　活用のルールを明確にすることで、1年生でも責任を持って有意義に使うことができた。特に、「①使う前に先生に伝える（「なに」を「なんのために」つかうのかな？）」のルールが効果的であった。このルールのおかげで、子どもたちが自然と「使う必然性」を考え、必要な時に活用することができるようになった。また、使ったあとでデータ等を教師が確認し、活用の有効性についてフィードバックする機会も設けた。このようなルールのもと、活用の仕方について繰り返し考えてフィードバックされることで、子どもたちのICT活用能力を高めることができた。今は、「GIGAスクール構想」で一人1端末となっている。その場合の活用の仕方についても、今後は考えて実践していきたい。

(4) まとめ

①成果と課題

　本実践では、探究活動に合わせて「カメラ機能」「インターネット機能」「図鑑アプリ」の3つを活用した。子どもたちの「思い」や「活動」に合わせ、必要に応じて活用することを重視したことで、1年生でもICT機器の使い方を自分たちで考えながら活動することができた。それが、本実践の1番の成果である。考察にも書いたように、「インターネット機能」で調べる活動は、1年生にとって難しかった。しかし、「カメラ機能」と「図鑑アプリ」の2つは、1年生でも有効に活用できることが分かった。

　『見て！見て！』と、自分の活動を他者に認めてもらいたい低学年にとって、「カメラ機能」で自分たちの活動を写真等で残し、友だちや他者との共有を楽

しんだり、自分自身で見返したりすることは、非常に有効であったと感じた。また、「図鑑アプリ」などのアプリを活用することで、「インターネット機能」では調べられない低学年でも、探究活動に合わせて検索することができた。今後、益々アプリは増えていくと予想される。そう考えると、「アプリの活用」は注目すべき要素であると考えている。今後、それぞれの活動に合わせて、活用できるアプリ等の情報を集めることも必要である。

　本実践では、生活科の中の「学校を対象とした探究活動」に合わせてICTを活用した。その一方で、「ICT教育」「情報教育」と言われるように、ICT機器の活用の仕方を中核とした教育活動についても研究されている。この視点から、本実践を振り返ると「ICT活用能力」など、子どもたちに身に付けさせるべき点について課題は多い。2021年1月26日の中央教育審議会の答申にも、「これまでの実践とICTとの最適な組み合わせ」の必要性が書かれており、どのような活動で、どのような資質・能力を身に付けることができるのか。今後、明らかにしていく必要がある。

②生活科（低学年）におけるICT活用のポイント

　生活科では、「探究活動に合わせて、どのようにICTを活用するべきか」といった見通しを教師が十分に持つことが重要である。そうすることで、「ICTありき」の学習に陥ることも無くなるはずである。現在は、数多くの「ICT機器」や「アプリ」が開発されている。これらを上手く活用すれば、より深く探究できるに違いない。そのためには、教師のICT活用能力が益々必要となってくるであろう。しかし、生活科の醍醐味は、やはり「体験活動」である。情報化社会が進み、多くの事柄について体験せずに知ることができるようになった今だからこそ、より「体験活動」は重要視されている。体験・探究活動を中核とし、その活動をより深められるようなICTの活用の仕方について、今後も実践しながら追究していきたい。

（渡邉和也）

【参考文献】
・吉冨芳正・田村学（2014）新教科誕生の軌跡
・文部科学省（2017）小学校学習指導要領解説　生活編

・中教審（2021）「令和の日本型学校教育」の構築を目指して～全ての子供たちの可能性を引き出す，個別最適な学びと，協働的な学びの実現～（答申）

３．実践事例（2）小学校高学年

大阪市立吉野小学校５年生「地域の高齢者福祉」

(1)　地域との関わりとICT

　新型コロナウィルス感染症のため、これまで活発に行ってきた地域の人との関わりができなくなってしまった。そこでICT・通信の技術や環境を活用して、どのように、「人との関係を新たに築き、深めていくのか」を合言葉に教職員全体で取り組みを進めることにした。

(2)　主なICTを活用した実践について

　低学年から積極的に情報機器の活用をするためには、学校全体で共通理解をして取り組みを進めることが重要である。本校では教職員同士がお互いにアイデアを出し合い、工夫して進めている。

1年	幼稚園との交流でビデオメッセージの交換 方向通信会議システム（マイクロソフト　チームズ）を活用しての交流会	
2年	町探検に出かけるときにタブレットを活用し、写真をとるなど情報収集に活用	
3年	インターネットを活用した検索 教室での情報共有システム（スカイメニュー）を活用し交流	
4年	インターネットを活用した検索・情報収集 プレゼンテーションを学級ごとに作成	
5年	高齢者施設のスタッフの方とタブレット双方向通信システムを通して、インタビューなどのやり取り	

6年	双方向通信システムを通して、地域の人とオンライン交流会 個人でプレゼンテーションにまとめて、交流	

（3）ICTを活用した実践例　＜5年「地域の高齢者福祉」＞

①指導にあたって

○単元の特性

　新型コロナ禍により、高齢者自身の、また高齢者を取り巻く環境の課題が大きくなり、かつ浮き彫りになってきた。地域の人たちとつながることを暮らしの安心や生きがいとしてきた高齢者に対して、児童が繰り返し関わり合っていく。そうすることで、相手の気持ちに寄り添い、吉野のまちやまちの人たちと世代を超えて積極的に関わっていこうという姿が育まれるだろう。ICTを活用したかかわり方を工夫していきたい。本単元では、オンライン双方向通信やビデオメッセージ等、対象の高齢者や児童自身の安全の確保を第一にした関わり方を模索していきたい。新型コロナウィルス感染症の影響で、つながりたいけどつながることができないジレンマに対して、従来の方法ではなく、ICTなどの技術を活用し、今できる最良の方法は何なのか考えさせる。そうする中で、未知の状況に置かれても課題に応じて解決方法を見出そうとする資質・能力が醸成される。調査活動には、吉野のまちにあるデイサービスなどの外部資源を活用するようにしたい。そうして、自分一人の力だけでなく様々な人と協働的に取り組むことは、よりよい課題解決につながることに気づくようにしたいと考えた。

②活動の流れ（全45時間）

第1次「新型コロナ禍、吉野で最も不安な思いをしているのは誰だろう」（4時間）

　NHK for School「ドスルコスル」を視聴したり、これまでの学習経験や生活体験を生かしたりして、吉野のまちの多様な人の中で今、最も不安な思いをしている人は誰なのか考えることを通して、吉野のまちの高齢者について考え

ることは重要であることを多面的に捉える。

第2次 「吉野のまちの高齢者の思いを調べ隊」(12時間)

　吉野のまちの高齢者と関わりのある人への調査活動（双方向通信を活用した）を通して、高齢者の気持ちに寄り添い、これからの活動の目的を明確にする。

第3次 「広げよう！高齢者とのつながり」(14時間)

　吉野のまちの高齢者と交流をするために呼びかけを行ったり、実際に交流をしたりする活動（文通やビデオメッセージなど）を通して、目的を達成するために今できることを見つけようとしたり、高齢者との交流の喜びに気づいたりすることができる。

第4次 「深めよう！高齢者とのつながり」(15時間) 本時 (40/45)

　繰り返し交流をしてきてつながりを持った高齢者に対して、もっとつながりを深める方法を考え、実際に取り組むことを通して、世代が大きく違う高齢者との交流することの価値に気づき、高齢者だけでなく吉野のまちやまちの人たちと積極的に関わっていこうとすることができる。

(4)　本時の流れ

```
第4次 「深めよう！高齢者とのつながり (15時間)」(40/45)
                                    授業者　後　勝矢
```

①本時について

　児童は「吉野のまちの高齢者に生きがいを持ってほしい」という思いのもと、吉野のまちの高齢者とつながる方法を模索してきた。その結果、映像を視聴した高齢者が少しでも生きがいを持つことができるように、児童が作ったDVDを地域のデイサービスへ届けることになった。映像の内容を考える前には、「生きがい」という言葉を再度捉えなおす必要があることに気づいた。高齢者が、日常をどのように過ごしていることが生きがいを持っている状態といえるのか、高齢者の具体的な姿を想定することで、自分たちがつくる映像の目標を明確にしてきた。本時は、前時までに明確にしてきた自分たちの作る映像の目標を達成するために、どのような内容にすればよいのか検討していく時間である。

②目標

　どのような映像が高齢者に生きがいを与えるかについて話し合う活動を通して、自分たちが地域の高齢者にできることを見つけたり、高齢者に対する想いを深めたりすることができる。

③主な学習活動と教師のコーディネート（表8-3-1 参照）

(5)　授業の実際

①めあての確認

　新型コロナウィルス感染症のため、直接対面することができなくなったしまったことが、乗り越えなければいけない学習課題となり、子どもたちと教員がともにアイデアを出し合い工夫をして実践を進めてきた。授業の導入ではそのことを子どもたちとともに共通確認することで、学習意欲を高めることにした。

◎表8-3-1　主な学習活動と教師のコーディネート

○学習活動	・教師のコーディネート●本時で育みたい資質・能力
○前時の活動を振り返り、めあてを確かめる。	・「デイサービスの高齢者に映像を作り、届けることになったこと」、「『生きがい』を具体の姿で捉えたこと」を振り返り、本時は何をしていくのかを確かめる。
高齢者のみなさんに向けた映像の内容を話し合おう。	
○映像の内容を考える。（個人）	・児童とのやり取りを通して、本時は、高齢者へ向けた映像が、どのような内容が良いか、考えを広げる場面であることに気づくようにする。 ・考えをより良くするには考えの具体化が必要であることを確かめる。 ・上手く考えを広げている児童の授業シートを、スクリーンに映し紹介することで、他の児童の参考になるようにする。
○映像の内容を話し合う。（学級）	・発表ボードにグループで話し合って出た案を書くようにし、考えを可視化する。 ・グループ活動の際に作成した発表ボードをもとに、全体に発表するようにする。 ・他のグループの発言を聞いたり、発表ボードを見たりして、感じた想いや質問を伝え合うようにする。
○本時の振り返りをする。	●「思・判・表」吉野のまちの高齢者に対して、自分たちができることを広げることができる。 ●「主」吉野のまちの高齢者に対する自分の想いを深めている。

②内容の検討（個人）

　子どもたちからの提案で、できるだけ具体
的な手立てをたくさん考えるために、イメー
ジマップを使うことにした（図 8-3-1）。高齢
者の方々を励まし、「明るい気持ちにさせて
あげたい」という考えや、運動不足を解消す
るというアイデアが多かった。

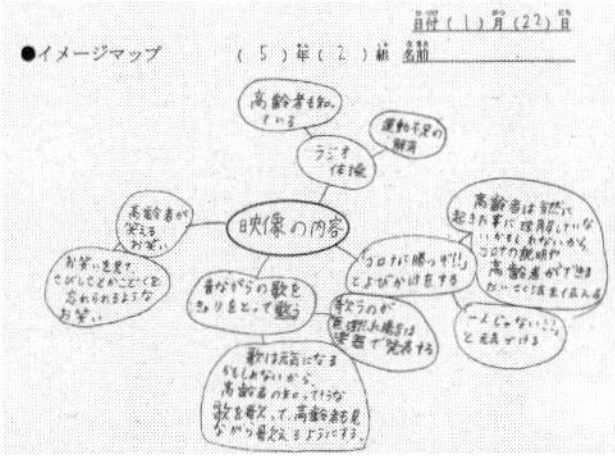

◎図 8-3-1　イメージマップ

③内容の検討（グループ〜学級全体）

　個人のイメージマップをスクリーンで共有し考えを深めたのちに、グループ
で話し合い、ボードにまとめた。最後に学級全体で話し合った。話し合いでは
子どもたちのアイデアがたくさん出た。「どのような内容にすれば、より相手
に喜ばれるだろうか？」ということと「自分たちが今できること」という視点
で話し合いが進んでいった。発言の中には「コロナで沈んだ気持ちを明るくす
るのに、お笑いの劇をしたい」など直接笑いや励ましのメッセージを届ければ
いいのではないかという意見と、自分たちの今の普段の様子をそのまま見せる
ことが、励ましのメッセージになるのではないかという意見が、対立し激論が
交わされた。学級全体での話し合いの決着がつかない中で、ある児童が、「本
当に自分たちがやろうとしていることは、相手にとって喜ばれることなの
か？」という問いが出され、子どもたちの話し合いが止まってしまう瞬間が
あった。授業者は、その意見を積極的に取り上げて、考えを練り上げるように
迫った。「自分には祖父母がいるので、もう一度聞いてみる」「施設の人にも、
質問してみてはどうか」「身の回りの人にもっと聞いてみてはどうか」「自分た
ちは今年直接対面できなかったので、昨年度深く交流してきた 6 年生に聞いて
みてはどうか…」などの意見が出て、本時の授業は、そこで終了となった。

④振り返り

　直接対面できない状況を解決するために、双方向通信などの ICT 技術を活
用し、交流を図る実践を続けてきたが、子どもたちの中には「やっぱり直接対
面で出会いたい！」「本当の願いや思いをしっかりと知りたい」という気持ち
が高まっていた。ビデオメッセージや文通など間接的な手段での交流や、双方
向通信でのやり取りなどでは、やっぱり伝わらないことがあるのだということ

が、改めて強く実感されたことは収穫だと感じる。

　「福祉」をテーマにした授業では、相手に対して「やってあげている…」と上から目線になる危険がある。間接的にではあるが、繰り返し関り、限定された状況の中でも、相手の気持ちや状況を推測するということで、お互いに立場を理解し、尊重しあうことが大切であるということに気付くことができた。子どもたちは今6年生となり、「今年こそ直接人と出会う体験をしたい」という思いを強くしている。

(6)　授業での双方向通信の活用について

　本校では令和2年度、生活科総合的な学習の活動として、「1年生と幼稚園との交流の場面」「5年生と高齢者施設の方々とのインタビューなどのやり取り」「6年生と地域の方々との交流」という三つの場面で地域の方々との双方向通信を実施した。双方向通信の機器やネット環境はそれぞれ違っており、回線の状況により音声や画像がスムーズにいかなかったときもあったが、子どもたちは大いに興味関心をもって活動に取り組むことができた。

①成果

　1)　興味関心や意欲が高まる。

　「離れた場所で、顔を見ながら、リアルタイムで話ができる」ということで子どもたちの意欲が高まった。1年生も5・6年もそれには変わりがない。顔が見えるので、相手意識がはっきりとして、活動終了後も交流の意欲が続くことにつながった。

　2)　直接会えない状況の人ともつながれる。

　相手とのやり取りができることにより、幅広く情報収集ができるようになった。特に5年生は、高齢者の方々について直接会うことができなかったので、施設の職員の方々と通信できることが貴重な情報収集の場となった。

　3)　日頃の人とのつながりが、改めて深まる。

　日ごろから交流のあった地域の方々や幼稚園児にとって吉野小学校の子どもたちの姿を直接見てもらうことができ、大変喜ばれ、今後の交流につなげることができた。通信を成立させるために、機材のセッティングや当日の操作など、

学校全体で取り組んでいる姿が相手にも伝わり、信頼感を高めることができた。組織としてのつながりも強化された。

 4）新しい未来の技術社会に対するあこがれが生まれる。

 子どもたちに技術に対するあこがれや夢、信頼感をもたらすことができ、「人は技術利用によって、便利に豊かに暮らすことができる」というSociety5.0 の社会の在り方を実感させることができた。

 このように、大きな成果があった半面、いくつかの課題も見えてきた。

②課題

 1）準備・バックアップの設定に時間と手間、人手がかかる。

 10分〜1時間程度の通信を実施するために、リハーサルを行う必要があった。マイクなど機材の用意や照明の位置などの設定、相手の場所の通信環境によっては機材の貸し出しや当日のスタッフ人材の派遣など、多くの時間と手間がかかるため、何度も適宜行うことが難しかった。通信環境や機器・技術の進歩により状況が改善されることが今後見込まれるが、万が一の時のバックアップは必ず考える必要があり、授業構成の際には、そのこともプランに入れておく必要がある。

 2）直接交流しない子どもの意識が途切れがちになる。

 授業で活用するときには、「タブレットでの個々の交流を大きな画面で共有する」ということになってしまい、通信で顔が映っている当事者以外の気持ちが途切れがちになる。個々、個別に交流する場面を設定したり、少人数でタブレットの画面を見合ったりするなどの工夫が必要である。

 3）画面に見えないところに真実がある。

 画面の前ではどうしても本音が出にくいことがある。周りにも人がいたり、時間の制約があったり、慣れなかったり、様々な要因で話している内容が本音とは限らない。直接対面でしか伝わらないことがあることを理解して、オンラインだけで済ませるのではなく、他の方法も実施するなど複数の手段で交流できるようにすることが重要である。

③ICT 機器の活用上の留意点

 1）直接の出会いや体験を大切にする

 ICT の活用は今後の教育に欠かせないのではあるが、生活科総合的な学習

においては、直接的な出会いや体験を大切にしたい。できるならば、顔の見える直接の出会いを繰り返し、相手と親しくなってから、実施すると、オンラインやビデオメッセージなどの映像を駆使した方法が、より一層交流を進めるのに大きな力となる。

2) 情報機器の活用に関わる基礎的な知識・技能の修得

ICT の活用にあたっては、情報機器の活用力と広範囲の言語能力など基礎的基本的な能力が必要である。例えば、インターネットを使って検索をさせる際には、どんな言葉を入力すればいいのか、調べたいことにあったキーワードを見つける力が必要である。また、出てきた内容をそのままコピーしてしまうのではなく、大切な要素を抜き出して、自分の言葉で置き換えさせることが必要である。学習活動に効果的に活用するには、ベースとなる言語力や、論理的思考力などが必要である。また、ICT 機器の特徴として、個の活動に適しているという側面がある。情報収集やプレゼンテーションの作成など、個人での作業が機器の活用により活性化・促進される。そのことを授業の充実につなげるためには、個人での作業を全体化し、交流を促進する場面や方法の設定など、教員のコーディネート力が求められる。クラスでの良好な人間関係の育成も欠かせないだろう。

(池田知之)

4．実践事例（3）中学校

現在、本校では総合的な学習の時間を 1 年生は「STEP（ステップ）」、2・3 年生は「JOIN（ジョイン）」という名称で 1 年間を 1 つのサイクルとして取り組んでいる。この取り組みは 1992（平成 4）年度から 1996（平成 6）年度にかけて当時の文部省から研究開発学校の指定を受け「新しい選択履修の試み JOIN」として始まったものである。その 30 年近い年月で私たちを取り巻く環境は大きく変化し、社会の情報化が進む中で「ICT 教育」も急速に導入されることとなった。本校の総合的な学習の時間においても探究活動を支えるツールとして今や ICT の活用は必要不可欠なものになっている。生徒が自らの探究活動の中で必要な時に必要な ICT 機器を活用する、そんな実践事例を以下

に紹介する。

(1) 「STEP」での ICT 活用

　「STEP」の活動での目標の１つは、「JOIN」での探究活動で必要となるスキルの習得である。この必要なスキルとは、①情報を収集する力、②収集した情報をまとめる力、③まとめたものを発表する力である。この３つのスキルを習得するために、学年教師や STEP 講師（総合的な学習の時間を担当する講師）が専門家となり講座を開設し、各クラスをローテーションして回った。講座の内容は「アンケートの作成・集計の仕方」「写真の撮影方法」「さまざまな権利について」「分析の仕方」「ポスターの作り方」「プレゼンテーションの仕方」などがある。これらは教科の枠を越えて活用できるスキルを身につけることにもなる。

　また指導の際には映像資料として「NHK for School」の「アクティブ 10 プロのプロセス」も活用した。これは探究学習を指導する側の教師にとっても参考になるものであった。

　さらにこれから重要なスキルとして「情報活用法講座」も行った。今や生徒はインターネットを使って簡単に多くの情報を手に入れることができる。しかし「インターネットで調べたから」と情報を全て信じ込んでしまうことも少なくない。本当に信憑性の高いものかを見極めることや、自分に都合の良い偏った情報でないかを疑い、多角的にみるといったメディアリテラシーをこの機会に学ぶことはこれからの社会で大切なことである。生徒にはインターネットは便利ではあるが、その情報に頼るだけでなく、書籍や過去の論文など複数の資料にあたることも指導している。そのための手段として図書館やインターネットのデータベースの活用の仕方（資料 8-4-1）についても学習した。

(2) 「JOIN」での ICT 活用

　「STEP」では教師が学習課題を設定するのに対して、「JOIN」の活動は生徒自身が興味・関心のあることや、自分の身の回りや社会の問題などから課題意識を持ち探究的な学習を行う。１人または同じ課題意識を持つ者同士の２人〜４人でグループを組み、課題を設定し、１年間かけて次のような探究的な学習

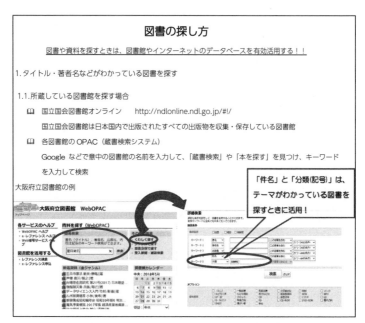

◎資料 8-4-1　蔵書検索の仕方（例. 大阪府立図書館）

の過程に沿って学習を進めている。

①本校での探究的な学習の流れ

　　1)　課題の設定・・・テーマ設定用紙を書き、教師とカウンセリングを行いながら自身の問題意識を明確にする。

　　2)　情報の収集・・・文献を調べたり、アンケート調査、実験、フィールドワーク、実験を行うなど必要な情報を多数集める。

　　3)　整理・分析・・・集めた情報を書き出して分類や比較、数値化などをすることで整理し、原因や結果に着目する。

　　4)　まとめ・表現・・・ポスターセッションやスライド発表を行う中で、考えや新たな課題・提案を他者に伝える。

②学習過程での ICT 活用の実際

　1)　課題の設定

課題をどのように設定するかは、1 年を通して探究活動を行なっていく上で

の最初の重要なポイントだと考える。本校では生徒が主体的に探究活動を行うために、生徒自身が自由に興味・関心、日ごろ疑問に思っていることから探究課題を設定していく。ここでテーマ設定シートを用いて、「問題意識」「研究目的」「研究目標」「研究の有用性・意義」「研究手法」「参考資料」を言語化していくのであるが、少し調べればすぐに答えがわかるようなものや過去に同じ研究が行われていたものは課題として相応しくない。そのため教師とのカウンセリングを行い、質疑応答を繰り返す中で課題について多角的な見方や考え方があることに気づき、また教師に自分たちの探究課題を話すうちに、まだ曖昧な知識の部分が明確になる。この間は、疑問に思ったことをその都度、調べることができるようパソコンルームを使用したり、教室でiPadの貸出しができるように準備をしておく必要がある。

2）情報の収集

　生徒が情報収集する際に最もよく使用するのがインターネット検索である。手軽に素早く必要な情報が得られ、欠かすことのできないツールの1つである。またインターネット検索だけでなく、文書作成ソフト「Microsoft word（マイクロソフト　ワード）」を使用してアンケートを作成・実施する生徒、実験の様子を動画撮影して記録していく生徒など、目的に合わせて必要なICT機器を活用している。

　また「JOIN」の活動は校内で得られる情報だけでなく、様々な企業や大学などの専門家への取材やフィールドワークを行うなどの校外活動を推奨している。しかし校外活動を行うには、日ごろの週2時間の「JOIN」の時間だけではできることが制限されてしまう。そこで時間を要する活動に打ち込むために、9月に「JOINDAY（ジョインデー）」を設定している。この日は丸1日を「JOIN」の活動に使える日であり、有効に使うために多くの生徒が校外へと飛び出していく（写真8-4-1）。

◎写真8-4-1　必要な情報はJOINノートにメモをする

だが 2020 年度の「JOINDAY」は大きく変化した。コロナ禍の影響により学外で他者と対面して取材することは困難になった。そこで外出自粛が呼びかけられた中、世間で一気に広まったオンライン会議システム「Zoom（ズーム）」を活用して取材を行なった。

Zoom 取材までの流れ

○取材先の検討

自分たちに必要な情報を得られる取材先はどこなのかを探す。
企業や大学のホームページを参考にすることもある。

○アポイントメント

取材先に電話やメールで取材受け入れのお願いをする。必要であれば学校からの依頼状も用意する。

○取材先の決定

Zoom 取材を行う生徒を把握し、オンライン環境の確認、タイムテーブルを作成する（写真 8-4-2）。

○ JOINDAY 活動計画の作成、取材に向けて基礎研究

JOINDAY を有意義に活用するために、1 日の計画を立てる。また取材に向けて質問事項などを整理する。

○学校から取材先への挨拶、ミーティング ID の連絡

ミーティング ID は教師が一括して取得し、取材先に挨拶と共にメールで伝える。

◎写真 8-4-2　Zoom による取材をする姿

○取材当日

Zoom 取材用教室を複数用意し、各教室に担当教師を配置する。生徒は決められた時間になると Zoom 取材用教室へ移動し、30 分程度取材を行う。

○お礼のメール

【Zoom 取材のメリット】

　これまでは実際に訪問して取材をすることがあたりまえとされており、オンラインによる取材を考えたことはなかった。しかしコロナ禍においても生徒の学びを止めないための試みではあったが、大きな混乱なく取材を行うことができた。また例年であれば「JOINDAY」の1日で取材に訪れることができるのは、関西圏に限られ、取材先も多くて2件程度であった。だがオンラインでの取材により、遠方への取材が可能になり、1日に複数の取材も可能になった。この取材方法は「JOINDAY」に限らず、その後の「JOIN」の時間にも必要に応じて実施することができ、今後も新たな情報収集のツールとして確立されるであろう。

　3）整理・分析

　情報を集めただけではただの調べ学習になってしまうため、生徒は集めた多くの情報を整理しなければならない。アンケートを実施する生徒は多く、データを「Microsoft Excel（マイクロソフト　エクセル）」を使用するなどして表やグラフにまとめ、その結果から特徴を捉え、要因を追求するといった考察を行わなければならない。また集めた情報が本当に正しいのかといった検証なども行われる。

　4）まとめ・表現

　「JOIN」の集大成は12月に行われる「JOIN 発表会」である。例年、発表は保護者や全校生徒、教師に向けてポスターセッションの形で行われる。ポスターセッションは生徒が自分たちの作成したポスターを前に、2・3分ほどの短い時間で探究の成果を口頭で説明し、参会者から出た質問に対して応答するものである。発表者と参会者の距離が近く、対話しながら行えるのがポスターセッションであり、生徒は独自に手持ちの資料を用意したり、その場で実演したりしながら工夫をして発表をしている（写真 8-4-3、8-4-4）。

　ポスターセッションとは別に選抜グループは全生徒や参会者に向けて体育館でのスライド発表を行う。「Microsoft　PowerPoint（マイクロソフト　パワーポイント）」を使用することで、写真や図、グラフなどを適切なタイミングで

◎写真 8-4-3　自作のアプリを用いて説明する様子

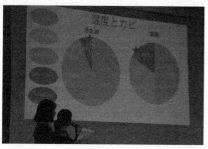

◎写真 8-4-4　体育館でのスライド発表の様子

提示することができ、より伝えたいことをわかりやすく発表することができている。

　このスライド発表においても2020年度は例年通りに行うことができなかった。体育館に全校生徒が一度に集まることを避け各教室を「Zoom」でつなぎ、スライド発表を行った。教室ではプロジェクターに写し出される発表を聞いたのち、例年と変わらず質疑応答も行った。また事前に「Zoom」のミーティングIDを保護者にも伝えておくことで、この様子は保護者も視聴することができた。

　このように生徒は約1年をかけて行ってきた探究活動の成果を発表し、最後にふりかえりを行いながら探究活動成果報告書の作成に入る。報告書には生徒が手書きで作成したポスターの写真と共に「今後の課題と将来に向けて」などを記載する。ここが2年生にとっては次年度の「JOIN」へとつながるものであり、3年生にとってはこれから社会の変化に適応し、自己の生き方を考えていく上で非常に大切なところである。

　報告書を作成する際は予め「Microsoft word」で雛形を作成し、そこに生徒がパソコンで自分たちの気づきを打ち込み、データで提出させた。あとは探究活動報告書の仕上がりを待つのみとなり、1年間に及ぶ「JOIN」の活動を終えるのである。

(3)　GIGA（ギガ）スクール構想

　2021年度、教室には1人1台のノートパソコンが整備され、「STEP」「JOIN」の活動でも使用可能になった。これまで限られた台数のタブレットとパソコンを貸出し、交代で使用していたことに比べると、情報収集する、アン

ケートを作成する、取材先を検討するといった行程が役割分担でき、同時進行が可能になった。

　また classroom を活用してアンケートを実施し、集計までスムーズに行えるといったメリットも見えてきた。

　また生徒はこれまで毎時間の終わりにふりかえりシートを書き、自分たちの研究の進歩状況を確認し、次に何をすべきかを書き出して教師に提出していた（図 8-4-1）。この作業もデータとして教師に提出すると共に、自らも継続的に蓄積していくことで、やるべきことが明確に確認でき、より計画的により深く探究活動を進められることが今後期待できる。

◎図 8-4-1　探究活動成果報告書

（藤谷理津子）

【参考文献】

・文部科学省　中学校学習指導要領（平成２９年告示）解説　総合的な学習の時間編
・大阪教育大学附属平野中学校　平成３０年度　研究活動報告書決め

【参考資料】

大坂府立図書館　library.pref.osaka.jp
NHK for School　「プロのプロセス」　nhk.or.jp

9章 外部との連携による実践

章のねらい

　　生活科・総合的な学習の時間の学習では、子どもたちの学びは、教室や校内にとどまることなく、地域の人やもの（公園や公共施設など）、こと（祭りなどの地域行事）と関わることが多い。

　　そこで本章では、外部との連携の基本的な考え方を確認するとともに、子どもたちの発達段階に応じて、どのような外部との連携が行われるのか、その際の指導のポイントは何なのかを明らかにしていきたい。

1．外部との連携をどう進めるか

(1) 外部との連携の必要性

　2018（平成 28）年の小学校学習指導要領解説・総合的な学習の時間編では、外部との連携の必要性について、「地域の素材や地域の学習環境を積極的に活動することが期待されていること」「多様で幅広い学習活動が行われることも期待されていること」をふまえて、外部の協力が欠かせないとされている（図9-1-1）[1]。

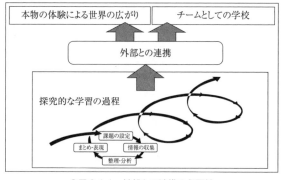

◎図 9-1-1　外部との連携の必要性

　総合的な学習の時間にて重視されている探究的な学習においては、「課題の設定」「情報の収集」「整理・分析」「まとめ・表現」という過程の中で、子どもたち自ら関心をもった事柄について調べ、それについて自分たちなりの考えをもち、これらをふまえて自分たちができることを考えていく学習を繰り返していくことになる。

　この探究的な学習の過程の中で、子どもたちがこれまで自分が過ごしてきた世界で作られた「見方・考え方」の枠組みを大きく広げるためには、外部との連携を通じた「本物の体験」を行うことが非常に意義深いものであると考えられる。

　また探究的な学習の過程における子どもたちの関心の向く先は、小学校や中学校で学習する各教科・領域における内容の枠組みからもどんどん広がっていくことになる。このような子どもたちのニーズに確実に応えていくためには、それらの分野についての専門家などに話を聞いたり、質問をしたりするという過程の中でいわゆる「生の声」に触れることで、それらの学びは確実に深まっていくであろう。

　さらに、文部科学省（2015）はこれからの学校が教育課程の改善等を実現し、複雑化・多様化した課題を解決していくために、学校の組織としての在り方や、学校の組織文化に基づく業務の在り方などを見直し、「チームとしての学校」を作り上げていく必要性を示している[2]。この「チームとしての学校」の範囲には、地域人材との連携が欠かすことができないとされており、この視点からも外部との連携は不可欠なものとなっている。

(2)　本物の体験をすることの意義

　総合的な学習の時間にて進められる探究的な学習においては、実生活に直接的に関わる内容や、グローバルな視点をふまえた内容に触れる機会が多くなってくる。これらの内容に触れる中で、子どもたちはそれらの内容についてただ書物やインターネットを使用したり、教師に聞いたりするだけでなく、実際にこれらの内容の核心にせまるため対象に対して直接的なアプローチをしていきたいという思いに駆られる。このときに外部との連携を行い、実際に子どもたちが関心を示した分野で活躍している専門家の意見に触れることは、子どもた

ちにとってのまさに「本物の体験」とすることとなる。例えば、子どもたち地域学習で地域の商店街の在り方を考えたときに、いくら書物やインターネットで様々なことを調べたとしても、商店街で働いておられる方々の「生の声」を直接聴くことには到底及ばないということが考えられる。

　近年、インターネットの普及により子どもたちにとっても様々な情報を収集することは容易になってきている。インターネット上における様々な情報は玉石混交であり、真偽の定かでないものや単なるうわさレベルのものまで様々であると言える。このような状況の中で、「本物の体験」を行うことは、子どもたちがこれまで学んできたことを自らの目で確かめる絶好の機会となり、体で直接感じることができる真の体験となり得るであろう。

　また、このような外部との連携を通じた「本物の体験」をすることは、子どもたち自身が自分たちの将来を考えたり、これまでの考え方を大きく変えたりするきっかけとなる。まさにこれは外部との連携が総合的な学習の時間の目標で示されている「自己の生き方を考えていく」ことにつながっていくものであると考えられる。

(3)　外部との連携を行うためのプロセス

　教育現場においては、「出前授業」と称して、様々な外部講師が学校にやってきて、特定の分野の内容について子どもたちに教えるという場を設けることはよく見られることである。しかし、ときにそれらの「出前授業」は場当たり的で、単発的なイベントとして行われることがある。このような出前授業はカリキュラムとして前後の文脈が整っていないことが多く、出前授業に対する事前事後の学習も行われていないと考えられる。

　しかし冒頭にも述べたように、本来外部との連携は子どもたちが日々の学びの中で考えたことをふまえて、机上の空論ではなく「本物の体験」として外部講師の声を聞いたり、質問をしたりすることのできる貴重な機会であるため、外部講師との出会いに至るまでのプロセスやその後の学習にどのようにつながっていくのかという部分が非常に重要である。出前授業が学校や教師がお膳立てをしたイベントであっては、外部講師との連携の意義は小さなものなってしまう。

大阪教育大学附属平野小学校（2020）の実践報告においては、1年生が自分たち自身の創意として生き物を飼うことを決めたことをふまえて、その生き物の専門家の話を聞くことにしたり、6年生が自分たちの将来を考えるという学習の過程でどのような方々に話を聞きたいかをふまえて様々な職業の方々の話を聞いたりという探究的な学習のプロセスの一部として出前授業を行う事例が紹介されている[3]。

つまり、子どもたちが「課題の設定」「情報の収集」「整理・分析」「まとめ・表現」という探究的な学習の過程の中で、どのようなことに関心を持ち、どのような思考をたどっているのかをふまえ、外部講師にはどのような役割を求めるのかということを十分に検討した上で学習を進めていくことが重要である。探究的な学習の質を高めるために、子どもたちのニーズを具現化する形で外部との連携をしていくことが期待される。

(4) 外部との連携の留意点

2018（平成29）年の小学校学習指導要領解説・総合的な学習の時間編における「2 外部連携のための留意点」には、「日常的な関わり」「担当者や組織の設置」「教育資源のリスト」「適切な打ち合わせの実施」「学習成果の発信」の5つが挙げられている（図9-1-2）[4]。

「日常的な関わり」については、「協力的なシステムを構築するためには、日ごろから外部人材などと適切に関わろうとする姿勢を持つことが大切であ

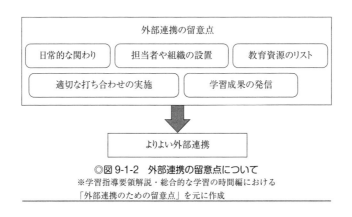

◎図9-1-2　外部連携の留意点について
※学習指導要領解説・総合的な学習の時間編における
「外部連携のための留意点」を元に作成

る」とされている。これは、外部人材との連携による総合的な学習の時間における学びの質の向上という視点のみならず、「チーム学校」の構築に向けて必要なことであり、まさに外部人材と学校が信頼関係を築くことの重要性を示すものである。

「担当者や組織の設置」については、外部人材と連携をしていくために、「校務分掌上に地域連携部などを設置したり、外部と連携するための窓口となる担当者を置いたりすることなどが必要である」とされている。近年教育現場においては、業務の多さ等に起因した教師の多忙な状況が問題となっており、外部人材との連携を継続させることにも一定の労力が必要とされる。先述のように外部人材との「日常的な関わり」を継続させるためには、教師個人による外部人材とのつながりだけでは困難であり、組織として対応することが必要であると考えられる。そのためにも、外部人材との連携の窓口としての「担当者や組織の設置」が求められる。

「教育資源のリスト」については、「これまでに培ってきた地域の教育視点の活動のノウハウを生かして、総合的な学習の時間に協力可能な人材や施設などに関するリストの作成」を行う必要性について示されている。これもやはり外部人材との「日常的な関わり」を継続させることにつながるものである。学校がこれまで協力してきた外部人材を把握し、一時的な連携にとどまることなく、子どもたちのニーズをふまえていつでも協力をもとめることができるように準備しておくことが重要である。

「適切な打ち合わせの実施」については、「連携に当たっては、外部人材に対して、適切な対応を心掛けるとともに、授業のねらいを明確にし、教師と連携先との役割分担を事前に確認し、育成を目指す資質・能力について共有するなど、十分な打ち合わせをする必要がある」とされている。外部の方々にゲストティーチャーとして子どもたちの前で講演をしていただく際には、例えば人によっては対象が小学校4年生にもかかわらず、中学生の発達段階でやっと理解ができるような内容の講演をされるかもしれない。また、子どもたちが特定の分野について探究的に学んでおり、今後の学びに対するヒントをゲストティーチャーから得たいと思っているという状況であるにもかかわらず、ゲストティーチャーが知識を一方的に伝達し、子どもたちが考えようとしていること

の大半を教えてしまうということもあり得る。ゲストティーチャーの方がせっかくのご好意で出前授業をしていただいているのにもかかわらず、このような状況になってしまうのは学校とゲストティーチャーが事前に十分な打ち合わせを行わなかったためであると考えられる。まさに学校側が「子どもたちにとって今どのような学びが必要か」ということを外部人材の方に伝えていなかったことに起因するものである。そこで、外部との連携に際しては、「総合的な学習の時間はそもそもどのような学習を行う時間なのか」「今子どもたちはどのようなことを学ぼうとしているのか」「子どもたちはどのような発達段階で、その背景となる知識や学力はどの程度のものなのか」「出前授業を通じて、子どもたちにどのように成長してほしいと考えているのか」など、子どもたちの現状を学校がしっかりと把握した上で外部講師の方に事前にしっかりと伝えていくことが必要である。

「学習成果の発信」については「保護者や地域の人々に総合的な学習の時間の成果を発表する場と機会を設けることが必要である」「そのことにより、保護者や地域の人々は、総合的な学習の時間に関心を示すとともに、連携や協力の成果を実感し、満足感をもつことにもなる」とされている。例えば、探究的な学習の過程における「まとめ・表現」において学習発表会等を行うことは、協力していただいた外部の方々が自分たちの協力が子どもたちの学びにどのように生かされているのかということを知る機会となる。これらの機会は外部人材として協力したことの実感や達成感へとつながるものであり、さらなる連携へと発展していくことになるであろう。

これらの5つの「外部との連携における留意点」は、同時にその後の「よりよい外部との連携」を促進するものであり、まさに正のスパイラルを生むものであると考えられる。

(5) 教師の成長につながる外部との連携

これまでに見てきたように、学校の中で教師から学んだり、友だち同士で学んだりというこれまでの学びをふまえた上で、外部の方々とのコミュニケーションを通じて「本物の体験」を行うことは子どもたちにとってこの上ない経験となることであろう。

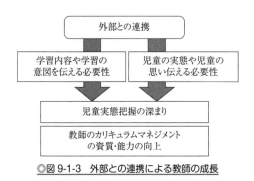

◎図 9-1-3　外部との連携による教師の成長

さらには外部の方々との連携によって、学習というものが学校の中だけで完結するのではなく、地域をはじめ広い社会の中で学んでいくものであるということを子どもたちが実感できる貴重な機会となる。

一方、外部との連携のメリットは教師サイドにもあると考えられる（図 9-1-3）。総合的な学習の時間においては、子どもたちの興味・関心を把握することや、他教科との関わりなど教師がカリキュラムマネジメントの視点を持つことが必要である。教師は子どもたちが「どのようなことに興味・関心を持っているのか」「どのようなことを学ぼうとしているのか」ということについて、様々な視点から理解し、確実に把握していかなければならない。当該カリキュラムと児童の実態について担任が十分に把握し、それについて外部協力者にしっかりと伝えることは、子どもたち自身が総合的な学習の時間における探究的な学習の過程をより質の高いものにするために不可欠なものであると言える[5]。同時にこれらのプロセスが児童の実態やカリキュラムの内容についての担任の理解をさらに深め、その後の学習をより充実したものへとつなげていくことができると考えられる。子どもたちの興味・関心をふまえて、教師が外部講師に依頼するときに、教師が子どもたちの興味・関心やこれから学習したいことを十分に把握しておかないと、先述のように外部協力者に学校の意図が伝わらず、外部協力者も学校にてどのようなことを子どもたちに伝えたらよいかわからない状態のまま、出前授業等の日を迎えてしまうことになる。また教師が子どもたちのニーズを十分把握できていないままに外部講師に出前授業をしてもらった場合、外部講師の出前授業は、子どもたちのニーズとも大きくかけはなれたものになってしまう可能性もある。

そこで、探究的な学習の過程の中で、子どもたちがどのようなことに関心をもち、これからどのような学びを進めたいかということを教師が確実に把握し、それらのニーズに外部協力者がどのように応えられるのかを考えた上で学習展

開を組み立てていくという一連のプロセスをマネジメントする能力が必要となってくる。そして、それらのニーズを子どもたちに代わって、教師が外部協力者にしっかりと伝えることで、子どもたちの探究的な学習の過程に真の意味で必要な外部との連携を進めることができるであろう。

　この一連の流れは、教師が子どもたちをより深く理解することへとつなげることができる好循環のプロセスであると言え、児童生徒理解というものが強く求められる教師にとっても非常に意義のあるものであると考えられる。すなわち、これらは教師の資質・能力の向上の一端を担う機会であると言える。

(6)　子どもたちの未来のための外部との連携

　総合的な学習の時間にて重視される「探究的な見方・考え方」の要素の一つとして「特定の教科等の視点だけでとらえきれない広範な事象を、多様な角度から俯瞰して捉えることであり、また、課題の研究を通して自己の生き方を問い続ける」ことが挙げられる。近年、インターネットの普及により子どもたちが様々な情報に容易に触れることができるようになっている。しかし、子どもたちが生きる世界は大人に比べて非常に限られており、決して世の中を捉える視野は広いとは言えない。だからこそ様々な事象にアプローチし、視野を広げることができるよう多様な人材や様々な事物に触れる機会を積極的に持つことは非常に重要なことである。この「子どもたちの世界を広げる」ためにも、外部との連携は今後の教育のために、何よりも子どもたちの未来のために不可欠なものであると言えるであろう。

（四辻伸吾）

【文献】

1　文部科学省（2018）小学校学習指導要領（平成29年告示）解説　総合的な学習の時間編
2　文部科学省（2015）中央教育審議会：チームとしての学校の在り方と今後の改善方策について
3　大阪教育大学附属平野小学校（2020）未来を『そうぞう』する子どもを育てる授業づくりと学習評価　明治図書
4　文部科学省（2018）小学校学習指導要領（平成29年告示）解説　総合的な学習の時間編
5　四辻伸吾（2021）ベテラン教師の支援に基づく総合的な学習の時間における若手教師による授業づくりの一考察　大阪大谷大学紀要, 55, 69-81

2．実践事例（1）小学校低学年

(1) 実践の構想

① 第1学年「きせつとあそぼう－あき－」

② 実践期間　10月～12月

③ 単元の目標

【知識・技能】

　体験を通して身近な秋を感じ、季節や自然の変化に気づくとともに、季節のものを用いた遊び方や生活のようすがかわること、遊びを創造するおもしろさ、地域の自然の豊かさや不思議を感じたり気づいたりすることができる。

【思考・判断・表現】

　身近な秋との関わり方を見つけ、季節の移り変わりに気づくとともに、遊びを友だちとの関わりの中で工夫し、自分なりの方法で表現することができる。

【学びに向かう力・人間性】

　校区の豊かな自然と、農作に携わる地域の人とのつながりの中で地域に関心を持って関わろうとする態度を育むとともに、秋のものを活用した遊びを通して、主体的に活動を創造しようとする。

④ 単元の構想

　2020（令和3）年新学習指導要領が小学校で完全実施のこの年は、本校にとってスタートカリキュラム元年となる年でもあった。令和元年度3学期には新年度構想の一つとして『校長室だより』でスタートカリキュラムに関する紙面講座を複数回行い、先進的に取り組んでいる市から講師を招聘し、近隣のこども園にも自由遊びの時間を見学に行った。生活科室を新たに設け、新1年生担任を早くから発表し『スタートカリキュラムスタートブック』を片手にスタートカリキュラムの理念を共有していたその矢先、学校は3月から臨時休校となった。新型コロナウィルス感染症の蔓延防止のための措置であった。

　4月になっても臨時休校は続き、スタートカリキュラムの恩恵を受けるはずの1年生は入学式以降5月中旬に地区別登校が始まるまで、登校がなかった。6月に入っても2分割登校が続き、例年にもまして登校に不安をおぼえる1年

生が多く見られた。

　スタートカリキュラムの拠点となるべく新設した生活科室は、密集密接を避けるという観点からその使用をためらっているうちに、発熱した児童を休ませる第2保健室となってしまっていた。

　そんな中でも1年生の担任団はスタートカリキュラムの理念を実現するべく、子どもたちのこれまでの園での経験や家庭での経験を活かした指導を展開していた。「小学校ではこうするものです」といった指導ではなく、園での生活や園の施設を想起しながら、共通点や違いを子どもたち自身に気づかせ小学校ではどのように過ごしたり使ったりしていけばいいのかを話し合わせるようにした。そのような教員の姿勢は、保幼小の段差を小さくするだけでなく子どもたちが主体の学習環境づくりに効果が見られた。

　しかしコロナ禍の下、臨時休校で失われた時数の補完の問題は大きく、ゆっくり子どもたちの気づきを待つ時間は少なかったし、校外に出ての活動もためらわれた。子どもたちの主体的な学習活動を大切にしながらも校内での学級ごとの活動に限られているという実態があった。この状況下でいかにして子どもたちと地域の自然や人々とをつなげていくかということが、次の「きせつとあそぼう－あき－」の課題であった。

⑤　単元計画

◎表9-2-1　第1次「あきをみつけよう　かんじよう」

	小単元	目標	外部との連携
1	秋とあそぼう①	季節の変化や自然の不思議さについて考え、秋みつけへの意欲をもつ。	
2	秋をみつけよう①	夏の観察や夏の遊びの体験を通して学んだことと比較し、身近な秋を見つける。	A：野菜名人さんとの出会い B：稲刈り見学 C：くり拾い
3	秋をかんじよう⑤	校区の田んぼや畑、公園や町に出かけ、さまざまな人との関わりの中で豊かな秋に気づき、秋のよさを満喫する。	
4	みつけた秋をつたえあおう①	秋みつけで感じたこと、気づいたこと、考えたことを振り返り伝え合うとともに、次にやりたいことを見つける。	E：リサイクル公園

第2次「あきのものであそぼう」

小単元	目標	外部との連携
1 つくってあそぼう④	秋のものを使った遊びの計画をたて、互いにアドバイスをし合いながら、秋のおもちゃづくりに取り組む。	D：コオロギまつり A：野菜名人さんのおイモほり
2 みんなであそぼう②	それぞれが作った遊びを持ち寄り、みんなで遊ぶ。 　友だちが作った遊びのおもしろさの秘密や、遊んだ楽しさを交流する。	
3 秋をふりかえろう①	これまでの秋の活動について振り返る。	
4 しょうたいしよう③	もっといろんな人に楽しんでもらえるよう、2年生や6年生を招待して遊ぶための計画を話し合う。 　活動を振り返り、次の活動に見通しをもつ。	

(2) 実践の概要－外部との連携を中心に－

　本校は和泉国分寺を有する実に1000年の歴史を誇る校区である。歴史的な遺産や旧家も多くあり、新旧の店舗や浄水場などの公共施設もたくさんある。校区を縦断する槇尾川沿いには田畑が広がり、豊かな自然に囲まれている。生活科や総合の題材には事欠かない恵まれた地域ではあるが、古い地域なので学校の周りの道は大変狭く、整備された大きな公園もないので、安全性の面から気軽には出かけにくいという現実もある。せっかくの恵まれた地域の特性も、コロナ禍以前から生かしきれていない状況は見られていた。

　①野菜名人さんとの出会い

　学校の東側には槇尾川が流れ、川に沿うように田んぼが広がっている。その

◎写真9-2-1　野菜名人さんとの出会い

田んぼのあぜ道に彼岸花が彩り、稲刈りが始まったころ、1年生は秋を見つけに出かけた。道にはコスモスが咲き、渋柿が実をつけていた。あぜ道の横の用水路には大小さまざまなタニシが見られた。こうした自然に触れながら秋みつけをしているとき、小さな農園で作業をされている方に出会った。「少し見学させていただいてもいいです

か」と声をかけると、快く応じてくだ
さり、育てておられるニンジンやさと
いも、水菜や菊菜、サツマイモについ
てたいへん詳しく教えてくださった。

◎写真 9-2-2　おイモ掘り

例年の1年生は学校の学習園でサツ
マイモを植えて秋の収穫を楽しみにし
ているのだが、今年度は春に学校がな
かったので、サツマイモの栽培はでき
ていなかった。園でサツマイモを植え
た経験がある児童もいたが、初めて見たという児童もいる。そこで「もしご迷
惑でなかったら収穫されるときお手伝いさせていただけませんか」とお願いし
てみた。「私は農家ではなく仕事の合間に趣味で野菜を育てている。学校のあ
る時間や曜日に合わせることは難しい」とその場では断られたが、後日校長あ
てにご連絡をくださり「都合のいい日を言ってくれればおイモ掘りをしていた
だいてもかまわない」とおっしゃっていただいた。11月に日にちを設定して
おイモ掘りをさせていただいた。子どもたちは大きなサツマイモに歓声をあげ
たり、ミミズや幼虫を見つけて大騒ぎしたり、土の感触をたっぷり楽しんだり
と、とてもよい時間を過ごすことができた。

②稲刈りの実演

本校の校区は昔からミカンの栽培が
盛んな地区である。最近はずいぶんミ
カン畑も減ってしまったが、槇尾川沿
いにはまだたくさんのミカンの木やカ
キの木が見られる。2回目の秋みつけ
のときには、たわわに実ったミカンや
カキの様子も観察しにいった。すると
ミカン畑の裏の田んぼで、今まさにコ
ンバインを動かそうとしている方に出

◎写真 9-2-3　稲刈りの実演

会った。子どもたちがその大きな機械に関心を示したので「見学させていただ
いてもいいですか」と声をかけてみた。するとその方は、コンバインを子ども

たちのいるあぜ道の目の前まで動かし、コンバインから降りて「皆さんがいつ
も食べているご飯がどのように作られているか知っていますか」となんとその
場でお米についての授業を始めてくださった。

その後、実際にコンバインを動かして、稲刈りの様子を見せてくださった。
その迫力もまた子どもたちの心に強い印象を残した。

③突然のくり拾い

2回目の秋みつけの主な目的は、槇尾川の向こう側にあるくり林を見に行く
ことだった。2年生が町たんけんに行ったときに見つけたくり林で、たくさん
のくりの木に大きなイガがなっているようすを1年生にも見せてあげたいと
思って計画された秋みつけだった。ところがその前日にくり林のようすを確認
しに行ってみるとイガはすべて落ちてしまっていた。見ようと思っていた道か
らはその落ちたイガさえよく見えない。しかし勝手に林に入るわけにも行かず、
くり林の所有者に林に1年生を入れさせていただく許可を得たかったが、その
所有者が分からない。町会長や卒業生の保護者や市会議員などほうぼうに電話
をかけてようやく隣の町に所有者がいることがわかった。

翌朝、秋みつけの当日になって、所有者の方と連絡がつき、くり林に入らせ
ていただきたいことをお願いすると、入っていいというだけではなく「今年は
事情があって収穫ができなかったので、好きなだけ拾っていただいてもかまわ
ない」と想定外のお許しをいただくことができた。そこで急きょではあるが、
学校にある軍手をかき集め、一人1枚の袋を用意してくり拾い体験をすること
ができた。子どもたちは初めて触るイガに歓声を上げながら、たくさんのくり
を家に持ち帰った。翌日お家の人とど
んなふうに食べようか相談しているよ
という報告がたくさん聞かれたが、お
家の人ともう一度くり林を見に行った
よという児童もいて、この突然のくり
拾いは地域の再発見につながる活動に
なったようだ。

④コオロギまつりだ

学校の周りには豊かな自然があるが

◎写真9-2-4　くり拾い

本校そのものは校地面積が狭いので、人があまり足を踏み入れない草むらになっているような場所がほぼない。いつもなら夏休みの間に自然にできる草むらも、コロナ禍で2週間しかなかった夏休みではあまり育たなかった。そのため秋の虫もいつもの年に比べてずいぶん少ないように思われた。そんなとき、5年生が学校の近くの田んぼに

◎写真 9-2-5　虫捕りの様子

稲刈り体験をさせてもらいに行く機会があり、その田んぼの隣にある大きな空き地にはたくさんの秋の虫がいるのを見つけた。

　稲刈りをさせてくださった農家の方に「この土地はどなたのものですか」と聞いてみると、ご主人を亡くされたあと農作を止めてしまったおばあさんの休耕田であることを教えていただいた。「1年生が虫捕りをする場所を探しているのです」というと、すぐにそのおばあさんに連絡を取ってくださり、いつでも虫捕りに出かけられるよう段取りをつけてくださった。

　後日、その空き地に出かけた1年生たちは、空き地に足を踏み入れるや足下からコオロギが跳ね回るようすに驚き「コオロギまつりだ」と喜んで、大いに虫捕りを満喫することができた。

　おばあさんもそのようすを見にきてくださっており、子どもたちはその後もその空き地に虫捕りに出かけているようだった。

　⑤リサイクル公園

　本校から歩いて行ける距離に「和泉リサイクル環境公園」がある。リサイクル企業が運営する公園で季節ごとに美しい花でいっぱいになる。歩道もない農道沿いにあるため子どもたちが気軽に遊びに行ける場所ではないが、見学を申し込むと公園の職員さんが複数で迎えに来てくださり、交通安全を見

◎写真 9-2-6　リサイクル公園の様子

守りながら引率をしてくれる。これも地元の企業とのつながりとしてありがたく活用させていただいている。

　秋みつけでは、コスモス畑を堪能したり、チューリップやスイセンの球根を子どもたちが自分で品種や色を選んで購入したりした。

（3）　スマートな外部との連携を図るためのポイント
　①校区の地域性を理解する

　外部との連携を図るためには、授業者が校区の地域性をよく理解し、普段から地域人材となり得る方々との交流を欠かさないようにすることが大切であることは言うまでもない。これまでゲストティーチャーとしてお招きした方々をリストアップしておく人材バンクなどの工夫は、どの小学校でもしている取り組みであろうと思われる。

　②子どもの興味関心に応じた地域との連携

　人材バンクという方法には、年数を重ねるうちに、毎年子どもたちが出会う人が「この学年ではこの人」「この活動ではこの人」と半ば固定化されてしまう現象が見られる。それでは、子どもたちの主体的な学習活動とはなりにくい。

　外部との連携を活発で新鮮なものにするためには、まず子どもたちの興味や関心、願いに寄り添うことである。子どもたちが「こんな人に出会いたい」という願いをもてるように課題を設定したいものだが、そうでなくとも、町たんけんや季節見つけで実際に校外に出たときに、子どもたちが興味関心を抱いたものやことに、そこに人がいればお声をかけるし、たとえ人がいなくともさまざまな伝手を使って探してでもつながりを求めたい。同じ活動でも、そこに子どもたちが関われる人がいてくださると、相手意識が芽生え、感謝の気持ちが生じ、活動に温かみや厚みが感じられるようになるのである。

　③授業者自身の好奇心や思いに応じた地域連携

　授業者自身の好奇心や願いも、活発で新鮮な外部連携には大切な要素である。町の光景、町の人の姿の多くは、子どもたちにとってありふれた当たり前の景色に過ぎないことが多い。「当たり前」と思っていることに「自覚的な気づき」は生まれにくい。そこで刺激となるのが授業者のもつ好奇心や願いである。子ども達の「当たり前」に「なぜ？」「なに？」を示すことや、「これに気づい

てほしい」と願うことは、子どもたちに自覚的な気づきを促し、子どもたち自身が外部との連携を必要に感じるきっかけになるのである。

　こうした外部との連携のポイントは、子どもたちの学習活動を豊かにするだけでなく、出会いや体験をとおして探究的に自らの学びを創り上げていく資質・能力の基礎を育成するものである。

（4）　成果と課題

　コロナ禍の下、臨時休校があったり児童の活動が大きく制限されたりする中だったからこそ、これまで見過ごしがちであった学校の周りに出かけ、校区の魅力に改めて気づくことができたという点が大きな成果として挙げられる。

　この年にできた地域や地域の人との出会いが、子どもたちの主体的に学びに向かう姿としてつながっていくよう今後もたゆまぬ工夫を重ねていきたい。

（上田晋郎）

3．実践事例（2）小学校中学年

（1）　実践の構想

① 　学年・単元名　4年生　「やさしさいっぱい！　北八下」

② 　2020年

③ 　単元の目標

　福祉に関わる交流活動や追究活動を通して、障がいのある人や高齢者などについて理解し、自分たちの住む町を住み良くやさしい町にするために、自分にできることを考える。

「知識・技能」…地域に住む障がい者や高齢者、妊婦や幼児などの様々な人が
　　　　「住み良い町」とは、設備などの環境だけでなく、そこに住む人々の思い
　　　　が深くかかわっていることに気付く。

　　　　　地域の人や福祉活動をしている人に話を聞いたり、体験活動をしたり
　　　　して、多様な情報を集める。

「思考力・判断力・表現力」…・障がい者や高齢者などの地域の人々の生活の
　　　　様子や思いを聞いたり、キャップハンディ体験をしたりするなどして集

めた情報を整理し、それぞれの立場に立って「住み良い町づくり」について考えたことを、わかりやすく表現することができる。

「学びに向かう力・人間性」…地域の人と触れ合い、地域を見つめることを通して、様々な人の立場に立って自分ができることを考えて活動し、地域への愛着の気持ちを深める。

④ 「外部との連携」との関連

　総合的な学習の時間では、社会に開かれた教育の観点から、学校内だけでなく保護者や地域の人々、地域の学習素材を活用することで、豊かな学びとなっていく。本単元では、福祉的な観点から地域の環境を見つめる場や障がい者や高齢者との交流、地域の為に活動している人の話を聞く場を単元の中に位置づけた。このことにより、地域の見方や障がい者、高齢者などの様々な人々に対する捉え方を深め、地域の一員として自分にできることは何か考えたり実践しようとしたりしようとする子どもを育成できると考えた。

　4年生になった子どもたちは、3年生までの学習で自分たちの住んでいる町に対して「やさしく親切な人がたくさんいる」「一生けん命働く人がいる」「地域の人のためにボランティア活動をしている人がいる」などの地域の良さを見つけた。このことから、「自分たち住む地域には、『ステキ』がいっぱいある」という思いをもち、「北八下大好き」という気持ちになっている。

　そこで4年生では、「大好きな町だけど誰にとっても住み良い町なのか？」という新たな視点で校区の様子を見つめ直すことから学習をスタートし、子どもたちが地域を学習材として福祉的な視点で学び続けることのできる単元を構成した。

　本校区は、堺市の最北東に位置し、古い住宅と新しい住宅が混在する地域、第2種特別工業地域に指定されている地域、「大泉緑地」という緑地公園がある。古いものと新しいものが融合し、昔から知恵を出し合いたゆまぬ努力を積み重ねてきた人々にも出会える校区である。子どもたちにとっては大好きな校区だが、福祉的な視点で校区を見直すことで、問題点が見えてくる。

　これらの問題点に気付き、課題を追究し活動を通して自分たちだけでなく高齢者、障がい者、子ども、妊婦などすべての人がずっと住み続けたいと思える町をジオラマで表現し、さらに自分たちにできることについて考え、追究でき

◎表 9-3-1 「やさしさいっぱい 北八下」の単元計画第１次

主 な 活 動	外部人材との連携
第１次 北八下って誰にとっても住みやすい町？ 校区の様子を調べよう（20 時間）	
○障がいについて知ろう⑤ ・障がいのある人の思いや生活の様子を知る。 ・キャップハンディ体験を行う。 ☆書籍や体験から考えたことをもとに、感想や体験を共有し、学習の見通しを持つ ○北八下は，誰にとっても住みやすい町かな？⑥ ・自分の経験や家族の経験を話し合う。 ・学校の様子や校区の様子を調べる。 ☆身の回りの様子や経験について考えることから、校区の問題点に気付く。 ○聞いてみよう・見てみよう・出会ってみよう⑨ ・視覚障がい者の話を聞く。 ・手話通訳者と聴覚障がい者の話を聞く。 ・高齢者施設で体験する。 ・障がい者や高齢者にとって，住みよい町かを考える。 ・身近な人に妊婦時の話をインタビューする。 ☆出会った人々や施設の様子などの見学で知ったことや気付いた事を、整理・分類し、人々の思いや問題点を関連付け、課題に気付く。	○視覚障がい者・聴覚障がい者 ・生活の様子や工夫、困ったことや危険について理解し、障がい者の思いを知る ○手話通訳者 ・聴覚障がい者への支援活動や思いを知る。 ○高齢者 ・生活の様子や地域に対する思いを理解する。 ○高齢者施設の設備やそこで働く人 ・施設の設備を見学し、高齢者に配慮したつくりになっていることに気付く。 ・高齢者の健康や安全に配慮して働いている様子から、高齢者への思いに気付く
第２次 「住み良くやさしい町 北八下を作ろう」 （23 時間）	
○北八下の工夫や不便なところをさらに調べよう。⑤ ・大泉緑地で車椅子体験や視覚障がいの体験をする。 ・校区の様子を調べに行く。 ☆体験を整理・分析し、「自分達の町は、誰にとっても住み良いやさしい町なのか？」考える。 ○北八下は，誰にとってもやさしい町かな？⑮ ・「誰にとっても住み良いやさしい町」を考える。 ・自治会の人や市役所の人はどんな町づくりをしようとしているのか聞く。 ☆自治連合会長の話を聞く場を設定し、さらに知りたい情報を集める。 ・これまで学んだことをもとに，「住み良いやさしい町 北八下」をデザインする。 ・デザインした「住み良いやさしい北八下」の発表 ・発表を聞き、自分が大切にしたいことを考える。 ・地域の人に伝えたいことを発信する。 ○学習活動を振り返ろう③ ・学んだことや身についた力を互いに認め合う。 ・学んだことや考えたことなどを作文にまとめる。 ☆自分ができることについてまとめ、今後も取り組んでいこうとする意欲につなぐ。	○府立大泉緑地公園 ・危険の少ない場所でキャップハンディ体験をする。 ・安全とされている公園内でも障がい者や高齢者にとって危険が潜んでいることに気付く。 ○自治連合会長 ○福祉事務所職員 ・町つくりに対する思いや活動の様子について知る。 ○手話通訳者 ・自分達が考えた理想の町「やさしい町 北八下」に対して、アドバイスをもらう。 ○ゲストティーチャーや保護者

る単元を設定した。単元の学習を通して、様々な立場の人とふれあい、探究活動を行う中で、子どもたちはこれまで以上に自分たちの住む地域に愛着の気持ちを持つと共に、様々な人の立場に立って考えられる力をつけることができると考える。

⑤　単元計画（表 9-3-1 参照）

(2)　実践の概要

【課題の設定】

　本単元では、子どもたちが課題意識を持ち、意欲が持続するよう、課題設定の場での体験活動を工夫したいと考えた。そのために、「キャップハンディ体験」「校区の様子を調べる活動」を設定し実践した。

　①キャップハンディ体験

　キャップハンディ体験については、子どもたちはこれまでの経験の中で、障がい者と接したり実際に車いすを使って移動したり、白杖を使って町を歩いたりすることはほとんどなかった。「車いすって楽そう」と思っていた子どもが、体験することで、「スロープの上り下りがこわかった」ということに気付いた。また、白杖とアイマスクでの体験をした子は、「いつも過ごしている学校でも、こわい」「音と白杖を頼りに、町に出るのはもっとこわいと思った」と発言していた。子どもたちは自分の思っていたことと、実際に体験したこととの違いを感じていた。この違いを感じたことから、子どもたちを障がいや障がい者理解について本気で考えることができる活動になるとともに、問題意識をもって次の活動に取り組むきっかけになった。

　②校区の様子を調べる活動

　校区の様子を調べることについても、キャップハンディ体験の活動で問題意識を持つことができたので、積極的に校区の様子を見直し、今後の学習に必要となると思われる多くの情報を集めることができた。単元の初めに対象とじっくり向き合う体験を位置づけることは、自分自身の問題意識から出てきた「障がい者はどんな生活をしているのだろう」や「校区は障がい者にとっては安全なのだろうか」「校区は誰にとっても住みやすいのだろうか」などの課題を設定できたとともに、その後の学習に主体的に取り組んでいくことができ、単元

全体への学習の意欲づけ、方向付けができた。

【情報の収集】

情報収集については、子どもたちが課題解決のために必要と考えた①高齢者との交流　②視覚障がい者、聴覚障がい者の話を聞く　③自治連合会長に町づくりの取り組みについて話を聞く　④校区の様子を調べる

◎図 9-3-1　インタビューの様子

⑤キャップハンディ体験を校区の公園で行う　⑥インタビューによる情報収集（図 9-3-1）の場を設定した。子どもたちが主体的に設定した体験活動だったので、多くの情報が収集できた。

ここでは、外部の方々の協力が欠かせないため、①②③の体験活動では、事前に、教師とゲストティーチャーがねらいを共有するために、授業のねらいや子どもたちにどんな力をつけさせたいかなどを明確に伝えた。また、授業展開の中での役割分担も事前に確認した。このことにより、子どもたちの「もっと調べたい」という意欲につながる体験になった。

また、多様な人材との交流を行ったことで、様々な立場の人の暮らしや思いがわかり、集まった情報に広がりが見られたことで学習を深める手立てになった。

【整理・分析】

体験から得た多くの情報を有効に活用し、思考の高まりへとつなぐためには思考ツールによって視覚化し、整理したり友だちと一緒に分類したり、更に学級全体で意見交流をして、対話の中で考えを練り上げる場を設定する必要がある。そのために、以下の活動を設定し実践した。

第 1 次「北八下って誰にとっても住みやすい町？校区の様子を調べよう」(20)

高齢者、視覚障がい者、聴覚障がい者との交流体験の都度、初めて知ったことや思ったことを K J 法（図 9-3-2）で整理・分類し、自分の考えを伝え合った。更に学級全体で意見交流をすることで、高齢者や障がい者が感じている生活の中での困ったことや喜びなどを明らかにした。また、聴覚障がい者に付き添う

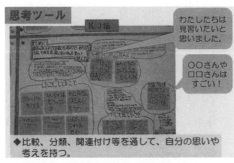

◆比較、分類、関連付け等を通して、自分の思いや
考えを持つ。

◎図9-3-2　障がい者との交流後のKJ法

◎図9-3-3　体験後の話し合い

手話通訳者にもインタビューし、障がい者に対する思いだけでなく自分たちへの願いも知ることができた。

　これらの学習活動から、子どもたちは「障がいがある人も私たちと同じように楽しんだり、安全に暮らせるようにしたりするには、どうしたらよいだろう。」と考えるようになっていった。（図9-3-3）

　身近な人に妊婦の時や自分が幼かった時の話をインタビューするとともに、疑似妊婦体験を行った。その後、感想や気付いたことを交流することで、町の施設や設備が思いのほか危険であることに気付くとともに、自分自身も親に大切に思われていたことを知り、誰もが大切な存在なのだと考えることができた。

第2次「やさしい町　北八下」をつくろう（25）

　これまでの学習で高齢者や障がい者について理解を深めてきた子どもたちは、「障がい者と同じように実際に町の中で体験したい。」という気持ちになっていった。そこで、校区にある大きな緑地公園で車いすとアイマスク体験をすることにした（図9-3-4）。この体験の後、活動を振り返り自分の感じたことや考えたことを書き、話し合った。ここで子どもたちは、設備の整った公園でも、危険な場所があることに気付いた。視覚障がい者や車いすに乗っている人にとって、もっと安心して行動できる場所にしたいと考え、話し合った。

　そこで、校区の福祉活動に積極的に取り組み、町づくりの中心になって活動している自治連合会長の話を聞くことにした。話を聞いて感じたことや考えた

ことを振り返り、ノートに書き、更に対話によって話の内容を整理した。（図9-3-5）

　話し合いで、子どもたちは、自治連合会長の地域に対する思いを明らかにしていった。そして、「会長さんの『小さなことも福祉につながっているんだよ』という言葉から、困っている人に声をかけるのも、福祉の心なのかなと思いました。…中略…最終的に私は、この北八下をよくするために協力できたらいいと思います」と書いた子どももいた。また、振り返りでは、「老人やいろいろな人を助けたいし、自分だけ幸せっていうのも、不幸っていうのもいやだから、協力したいです」と書き、考えの深まりが見られた。

　本単元の学習では、外部の人材との協力によって子どもたちの学びが広がり、深まると考える。そのためには、学習過程の深まりに合わせて適切に連携、協力を求められるよう、日ごろから人材、施設などの情報を収集し、関係づくりをしておくことが大切である。

◎図9-3-4　車椅子体験

◎図9-3-5　自治会長の話

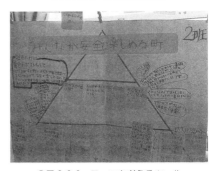

◎図9-3-6　テーマを考えるツール

【まとめ・表現】

　自分たちが考えてきた街づくり（図9-3-6）を、「やさしい町北八下」のジオラマに表現することにした。この活動により子どもたちの学びが、見える形として表現され、自分たちが考える「誰にとっても住み良い町」が明確になった。

◎図9-3-7　ジオラマ発表の様子

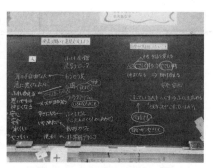

◎図9-3-8　発表後の話し合いの板書

発表（図9-3-7）を聞いてそれぞれの町の良さを交流した後、これから自分が大切にしたいことについて話し合った。その中で、普段の生活の中で自分が友だちや誰にでも優しくなれることが、まず自分たちにできることだと気づいていった。（図9-3-8）ゲストティーチャーとして携わってくれた外部の人々を招いて自分たちが作ったジオラマを発表し感想を交流することで、他者からの評価を受け、「嬉しかった」と感じたり、「そういうアイデアもあったのか」と感心したりすることできた。さらに、自分たちの学習に自信をもつことができた。

(3)　外部との連携を効果的に進めていくためのポイント

　①子どもの思いや願いに基づいた外部の人や施設との連携

　　子どもたちの思いや願いを大切にしていくことが、課題解決に向けて主体的に取り組み、学びを深いものにする。本単元では、子どもの思いや願いに沿って外部の人や施設を活用したことで、課題解決に向けて必要な情報を得ることができ、意欲が高まり、学習が深まっていった。

　②実際に活動している人との出会い

　　実際に社会で活動している身近な人との出会いが、子どもたちを変容させる。本単元では、日ごろから子どもたちとかかわり、地域のために活動している連合自治会長や堺市で活躍している手話通訳者の「本物」との出会いによって、子どもたちの心が揺さぶられ、本気になっていった。

　③外部人材による学習評価への協力

　　現実社会の厳しさを感じ、子どもたちの意識が変容するために、外部人材に

よる評価の効果は大きい。話を聞く、インタビューするだけでなく、自分たちの学習を最後まで見届けてもらい、評価してもらうことで、学習が自己満足で終わるのではなく、社会とつながる学習になった。

④外部人材との出会いと交流の場の工夫

子どもたちの心を揺さぶり、本気で学習に取り組むようにするためには、子どもたちの思いや活動が、途切れることがないように展開しなければならない。そのために本物との出会いの場を適切に設定することが大切である。本単元では、課題追究の場での情報収集やまとめ・表現の場での評価の場面で外部人材と出会わせたことは、効果的であった。

（島﨑由美子）

４．実践事例（３）小学校高学年

2011（平成 23）年４月、６年生、学年の年間テーマを決める際、東日本大震災の新聞記事が目にとまった。「顔晴ろう（がんばろう）」被災された方が「もうこれ以上頑張ることができないと思ったときに、ボランティアの方が笑顔で「頑張りましょう」と声をかけてくださった顔を見て『顔が晴れる』とコメントをされていた。この１年いつも笑顔で頑張ろうと、年間テーマを決定した。本稿では、高学年における外部との連携による実践として、６年「顔晴ろう」の実践を紹介する。

(1)　実践の構想

①６年　「顔晴ろう」〜今、私たちにできること〜

②１年間

③単元の目標

「知識・技能」…日常生活が平和であることの大切さに気付き、自分たちが、今できることを考える。

「思考力・判断力・表現力等」…誰もが平和に過ごせるために、今すぐに行動できることを考え、行動する力を養う。

「学びに向かう力・人間性」…地域の人々が笑顔になるために地域の一員

として、大切なもの何かを考え、行動できる力を発揮することの大切さを学ぶ。

④外部との連携との関連

　6年生に進級する1か月前に起きた東日本大震災は子どもたちにとって非常にショックな出来事ではあったが、遠く離れた場所という認識であり子どもたちには、何もできないという考えがあった。そこで、当時の新聞記事等の切り抜きを子どもたちの提示したところ、同じ小学生でありながら卒業式を迎えられなかった「大川小学校」に関する記事に興味を示し、「今自分たちができることなないだろうか」と考え始めた。6年生は年間を通じて「平和学習」を進める中で地域の一員として生き抜くために、まずはいつの笑顔で、常に周囲に目を向け行動できるようになってほしいと願い、この取り組みを進めることにした。

⑤大単元「『顔晴ろう』〜今、私たちにできること〜」の学習計画

小単元名	主な活動
第1次 東日本大震災について	東日本大震災の現状を知り、今自分たちのできることを考える自然災害について、考え、防災意識を高める。（全20時間）
第2次 広島修学旅行	世界で初めて投下された原子爆弾の悲惨さを知り、平和について考える（全40時間・修学旅行2日間を含む）
第3次 今、私たちにできること	東日本大震災、広島修学旅行で、学んだことをもとに、学校、地域に対して何ができるのかを考え、行動する。（全35時間）
第4次 卒業に向けて	卒業を迎えるあたって、1年間の学習を生かして、最後の授業を自分たちの手で、作り上げる。（全25時間）

(2) 実践の概要

①「東日本大震災について―津波被害を受けた大川小学校に千羽鶴を送ろう」

1) 学習の流れ

学習過程	小単元名	主な活動
課題の設定	全校児童に呼び掛けて、折り鶴を作ってもらおう	全校児童で、千羽鶴を作る児童朝礼で呼びかける。低学年に折り方を教える。（10時間）
情報の収集	大川小学校に連絡をして、送り先を聞く	実行委員が直接電話をかけ、送り先等を聞く（3時間）
整理・分析	手紙を添えて、送ろう	励ましの手紙を添える（2時間）
まとめ・表現	節電を呼びかけよう	節電のポスターや新聞を作り校区内に知らせる（5時間）

2）結果と考察

　大川小学校に連絡（係の児童が直接電話）をしたところ、「全国各地から折り鶴が届けられ、保管場所すらない状態なので折り鶴1羽ずつに願いを込めて、手元に持っていてほしい」と、言われ、そのことを全員に伝え、丁寧に願いを込めて折り鶴を作成し、手元（机の上や本のしおり等）において復興を願っていた。また、「節電」に関するポスターを作成し校内や地域に掲示し節電の呼びかけを行った。

　卒業式を迎えることができなかった6年生に対して、同じ6年生として何ができるのを考えられるようになったと思う。また、ボランティアとして活動をつづけた方々に対しても、自分たちは現地に行けないから、今するべきことは何なのかを考え、地域を「笑顔にするために」できることはないのかと考えることができた。その結果の一つとして「節電運動」に結びついたと考える。

　大川小学校に対して、事前連絡をする（子どもたちの意向を伝え、電話での受け答えを約束していただきました）。

②第2次「広島修学旅行」

　1）学習の流れ

学習過程	小単元名	主な活動
課題の設定	広島について調べ、見学の目的を決める	修学旅行の目的を考え、調べたいこと、平和について考える。（3時間）
情報の収集	インターネットを使い、必要な情報を集める	・広島にある被爆建造物を調べる ・広島に投下された原爆について知る（10時間）
整理・分析	見えてきたことを整理し、行動計画を立てる	見学場所決定し、行動予定を立てる 移動手段、見学場所、時間を明記 （6時間）
まとめ・表現	平和の大切さを伝えよう	修学旅行新聞を作る 見学してきたことをもとに、各学年に応じた報告内容を考える（8時間）

　2）結果と考察

【修学旅行を計画しよう】

・1日目の平和学習（広島の見学）すべて自由にし、集合時間だけを厳守する。

・被爆建造物と平和記念資料館は必ず見学すること

・平和セレモニーを行う

・すべて班行動とし、実行委員会を中心に決定する。

以上の点を提示し、計画を立てることを話すと、実行委員会を中心に次のような内容が決定された。

◎図9-4-1 平和セレモニー

《実行委員会提案》
・行動班を考える
・見学場所について調べる
・行動計画を立てる
・平和セレモニーで実施すること
（図9-4-1.2）
・千羽鶴の作成（図9-4-3）

◎図9-4-2 セレモニー

◎図9-4-3 千羽鶴

すべての行動計画を自分たちで立てることで、「知りたいこと」が明確になり、積極的に平和学習に取り組めることができた。市内に点在する被爆建造物（図9-4-4）実際に見学し、原爆の恐ろしさを改めて痛感したように思える。市内の大川小学校（ウエルカムボードで迎えていただきました図9-4-5）、袋町小学校にどの班も見学に行き、自分たちで作成した「祈りの鶴」（図9-4-6）を置

◎図 9-4-4　被爆建造物

◎図 9-4-5　ウエルカムボード

◎図 9-4-6　折りの鶴

◎図 9-4-7　折り鶴の碑

いてきていた。また佐々木貞子さんが入学するはずであった幟町中学校の「折り鶴の碑」（図9-4-7）を見学に行った班もあった。平和公園内の慰霊碑にとどまらず、市内に点在する被爆に関する施設を見学することで、さらに学習意欲が高まったように思える。

　わずか3mほどの大きさの爆弾が約14万人の人の命を奪った恐ろしさを、下級生にも伝えようと、8月6日の全校平和登校日に実物大の広島原爆「リトルボーイ」を作成し展示。平和報告会は、各学級を回り、その学年に合った内容を考え、報告会を行った。

　各見学先に下見に行ったときに、班行動をすることを事前に伝え、見学の手順等を子どもたちに知らせ、迷惑がかからないように事前指導を行った。緊急連絡用にレンタル携帯を持ち、子どもたちに携帯番号を知らせる。付き添いの教師が各チェックポイントに立ち、子どもたちの行動予定表に基づき、中間

チェックを行う。

③第3次「今、私たちにできること」

1）学習の流れ

学習過程	小単元名	主な活動
課題の設定	地域に目を向け、誰もが笑顔になれるように	地域に目を向け、平和なくらすために必要なことを考える（5時間）
情報の収集	必要な情報を集める	調べたい内容を考え、班を作り情報を共有する（15時間）
整理・分析	見えてきたことを整理し、今、できることを考える	調べたともももとに、伝え方を考え、行動を起こす。（10時間）
まとめ・表現	下級生、地域に発信しよう	体育館で、チョボラ発表会を開催する※チョボラ＝ちょっとボランティア（5時間）

2）結果と考察

【今、自分たちのできること～チョボラ（ちょっとボランティア）】

・在校生に伝えておきたいことを考える。

・下級生に伝えること、地域に発信することを整理し体育館を発表会場として時間を決め各学年ごと地域に分けて見学に来てもらう。

・みんなを笑顔にするために、車いす体験・アイマスク体験・高齢者疑似実体験・手話で話そう・点字・学校の周囲のバリアフリー・ユニバーサルデザイン・防災（学校の備蓄倉庫・防災に必要なもの）

　以上の項目に関して、調べ学習を行い、地域の方や校内に対して発表会を行う。

　日本赤十字社にお願いし、車いす、高齢者疑似体験キットを貸していただく。花王のシャンプーとリンスの点字表記のシールやコクヨのユニバーサルデザインのホッチキス等の提供を受ける。これらすべて、子どもたちがインターネットで調べたうえ、自分たちで電話をかけ提供を受けることになった。提供決定後に改めて、お礼の連絡をさせていただきました。点字の表記に関しては、1年生の全児童分の点字表記の紙を作成し、4年生に対しては、手話（4年生の国語の教科書に手話のことが出ている）で名前が表現できるように手話カード（図9-4-8）を作成。発表会当日、参観に来てくださった地域の方々には、その場で、名前の点字カードと手話カードを作成。日常で使っている品物にも点字表記があること等を展示した。防災に関しては、東大阪市消防局と連携をし、

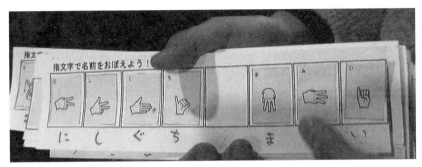

◎図 9-4-8 手話カード

◎図 9-4-9　防災展示

◎図 9-4-10　車いす体験

災害時に必要なものを子どもたち自身が考え、持ち出し荷物の例（4年生のときに作成し、中学校ブロック全戸に配布した防災避難マップと共に）（図9-4-9）を展示。学校近くにできたJRの新駅のバリアフリーに関して調査を行

い、どのルートで行くと車いすも通りやすいかをポスターに仕上げた。下級生に対しても車いす体験、アイマスク体験、高齢者疑似体験の通路つくり、実際に車いすの補助や、視覚障害の方や高齢者の方のお手伝いができるように体験コーナー（図9-4-10）を設置し、参加した下級生に熱心に教えることができた。

④第4次「卒業に向けて」

1）学習の流れ

学習過程	小単元名	主な活動
課題の設定	小学校最後の授業を迎えるにあたって	自分たちで、作り上げる卒業式にしよう（5時間）
情報の収集	今できることを考える	1年間の学習のまとめにする（10時間）
整理・分析	見えてきたことを整理し、計画を立てる	別れお言葉を考え、伝えたいことを折りこむ（5時間）
まとめ・表現	小学校最後の授業	最高の思い出にしたい（5時間）

2）結果と考察

【卒業に向けて】

卒業を前に、1年間のまとめとして、「卒業式は小学校最後の授業」自分たちで作る卒業式にしようと実行委員会を設立した。

これまでの調べ学習の中で「佐々木貞子さん」に関して調べていた班から貞子さんの甥にあたる佐々木祐滋さん（NPO法人 SADAKO LEGACY 副理事長）が作られた「NEGAI」という曲を見つけ、貞子さんの闘病当時のことを詩に綴った内容で、卒業に向けて「お別れの言葉」の中で合唱できればと提案があり、全員が賛同何とか楽譜が手に入らないかと、NPO法人 SADAKO LEGACY に連絡を取り、「NEGAI」の楽譜の入手方法を尋ねたところ、佐々木さんに許可をとっていただき、楽譜は佐々木さん自身が残していないとのことで、楽譜をわざわざ作成し、送ってくださることになりました。さらに3月11日に当時東京の中野区の東日本震災被災者住宅で、佐々木さんが「NEGAI」を復興支援の一環として、歌われるので、子どもたちの歌声も一緒に披露できないかとの提案があり、卒業式を前に音楽専科の教師と共に練習を開始し、「顔晴ろう」の折り鶴とDVDを NPO法人 SADAKO LEGACY に送付（図9-4-11）、当日、集まった方々に披露していただくことができました。さらに当日の映像も学校に送っていただき、卒業式当日には被災者住宅の自治

◎図 9-4-11 「NEGAI」合唱

会の方々よりお礼とお祝いのメッセージを贈っていただきました。みんなが笑顔になってほしいとの思いが通じ、晴れ晴れとした姿で、最後の授業を披露してくれました。

(3) 成果と課題

　１年間を通して、常に周囲を「笑顔にする」ために「今できること」を考え行動をすることを中心にすえ、授業を構成してきた。すべての行動は班で考えて行動するようにしてきた。２学級の壁を取り払い、理科と社会科の交換授業をすることで、二人の担任は常に学年全体の子どもたちと関わることを心掛け、総合的な学習では算数の少人数担当教師や音楽専科の教師と共に、学年授業として取り組みを進めることができた。子どもたちは各外部団体の連絡にも初めのうちは戸惑いがあったが、自分たちで、考え教えあいながら、学校長への許可も自分たちでとり、丁寧に対できるようになってきた。自分たちが考えたことが、実現するにつれ自信につながり、次は何ができるのだろうと考え行動してきたことで、最後の授業（卒業式）での「NEGAI」の合唱につながったと考える。自由に学習を進める中に自分たちでルールを作ることで、互いを認め、評価しあえる子どもたちに成長したと思う。

(4) 本実践を通して見えてきたこと「外部との連携」

　最後に実践を振り返り、改めて「外部との連携」のポイントを問われたら、

次の3点をあげたい。

①子どもの思いや願いの把握

②教師間の共通理解と連携

③計画的・組織的な体制のもと、誠意をもった「外部との連携」

　子どもたちと外部の人びととの両者が「ウィンウィンの関係」が構築できる教師の役割は大きいと感じている。

（服部信悟）

5．実践事例（4）高等学校

　本節では、探究的な学習活動（以下、探究活動という）を教育活動の一つの柱に据えた高等学校における、大学生のTA（Teaching Assistant）、大学教員、地元自治体職員など外部人材との連携について紹介する。

(1)　事例校の概況と探究活動の取組み

　事例校である大阪府立豊中高等学校は2021年度に創立100年を迎えた伝統校で、国公立大学に現役で100人以上が進学する。生徒数は1080名、2012年度からそれまで設置されてきた普通科に加えて文理学科が設置され、2018年度から文理学科のみの募集となった。

　文理学科とは、「人文科学・社会科学・自然科学の各領域で、探究的な学習を行い、多元的な視点で物事を考え、未知の状況にも的確に対応する力や、価値観や文化の異なる人たちと協調して国際社会で活躍する力をはぐくむ」[1]ことを目標としており、探究活動を総合的な学習の時間をさらに進化させた学校設定科目として実施（1年次「課題研究Ⅰ（1単位）」、2年次「課題研究Ⅱ」（2単位）、3年次「課題研究Ⅲ（1単位）」）している。本節で取り上げる「課題研究Ⅱ」では、文理学科文科と文理学科理科に分かれ、それぞれ人文科学・社会科学の領域と自然科学の領域を中心に探究活動に取り組んでいる。

(2)　年間計画と外部人材との連携の概要

　表9-5-1から、夏休みの期間には文理学科文科のフィールドワークで地元自

治体職員等との連携が、2学期には文理学科文科・理科共通で大学生のＴＡとの連携が行われていることがわかる。これらの連携に加え、文理学科理科のある研究班の活動では大学教員が専門的分野での講義、実習などの連携が行われた。

◎表 9-5-1　課題研究Ⅱの年間計画と外部人材との連携

	学期	回数	文理学科文科		文理学科理科	
			内容	外部人材	内容	外部人材
課題設定・先行研究	1学期	1	オリエンテーション		オリエンテーション	
		2	テーマ探し①		予備実験①	
		3	三角ロジック講習会		予備実験②	
		4	テーマ探し②		予備実験③	
		5	研究活動① 文献講読		三角ロジック講習会 予備実験④	
		6	研究活動② 異学年交流		研究活動① 異学年交流	
		7	研究活動③		研究活動②	
		8	研究活動④		研究活動③	
		9	フィールドワーク立案		研究活動④	
課題の深化	夏休み	－	フィールドワーク実施 研究要旨準備	地元自治体・大学・NPO・企業	研究要旨準備	
	2学期	10	発表準備①	大学生のＴＡ	発表準備①	大学生のＴＡ
		11	発表準備② カンファレンス＊		発表準備② カンファレンス＊	
		12	中間発表会リハーサル		中間発表会リハーサル	
		13	中間発表会		中間発表会	
課題の具体化		14	中間発表振り返り		中間発表振り返り	
		15	研究活動③		研究活動③	
		16	研究活動④ 異学年交流		研究活動④	
		17	研究活動⑤		研究活動⑤ 異学年交流	
		18	研究活動⑥		研究活動⑥	
		19	研究活動⑦ カンファレンス＊		研究活動⑦	
		20	研究活動⑧		研究活動⑧ カンファレンス＊	
まとめ・振り返り	冬休み	－	研究要旨作成		研究要旨作成	
	3学期	21	発表準備①		発表準備①	
		22	論文執筆について		論文執筆について	
		23	発表準備②		発表準備②	
		24	プレゼンリハーサル		プレゼンリハーサル	
		25	豊高プレゼン（発表会）		豊高プレゼン（発表会）	
		26	面接・論文執筆		面接・論文執筆	
		27	面接・論文提出		面接・論文提出	

＊カンファレンス：生徒同士の質問会

(3) 大学生のTAとの連携

　事例校における探究活動は、グループ単位で探究テーマを設定し、仮説を立て、検証のためフィールドワーク、アンケート、実験などによりデータを収集し、統計的分析を経て考察した上で結論を出すという過程をたどる。

　テーマは多様であり担当教員の役割は専門的な知識を提供することより、学習の進め方を支援することが主となる。「課題研究Ⅱ」を担当する教員数は17名であり、1人の教員が20数名の生徒を指導することになる。生徒へのきめ細やかな学習支援や教員の業務軽減の観点から、大阪大学の学生がTAとして生徒の学習支援に当たっている。

　大阪大学では教職課程で学ぶ4年次の学生が教育実習後、さらに学校などにおいて教育活動に従事し教職全般に関する見識と技能が身についているかを再確認し、教育者としての責任感や社会性などの向上をめざすため、教職教育科目として「教職実践演習」を設定している[2]。事例校において学生は8月から12月の間、22時間以上の現場体験を行い「教育・支援活動日誌」を作成し、高等学校の担当教員は活動内容の指導や支援、「教育・支援日誌」の記録内容の確認、署名・捺印を行っている。

　事例校でのこの制度を活用した学習支援は表9-5-2の通りである。

◎表9-5-2　ＴＡが行った学習支援

	文理学科文科	文理学科理科
研究活動への助言	先行研究の探し方、アイデアの出し方、アンケート調査の分析方法、実現可能なプランの提案	実験計画段階で、仮説を検証しうる手法になっているかどうかの確認、インターネットサイトなどの紹介
発表会に向けての助言	データ引用の表示方法、プレゼンテーションの仕方、ICT機器操作への助言	表やグラフの作成、ポスターのレイアウトや配色、フォントサイズなどの助言

　TAについて生徒にアンケートを行った（対象：2020年度2年生354名、回答者数：343名）。TAと話したことがある生徒が、文理学科文科で138名中122名（88.4％）、文理学科理科で205名中133名（64.9％）と学科により差異が見られた。これは文理学科文科担当の学生が7名であったことに対して、文理学科理科担当の学生が3名と少なかったことが原因であると考えられる。TAと話したことがあると回答した生徒のTAに対する満足度の回答結果は、図9-5-1に示すとおり、肯定的な回答をした生徒が多いことが分かる。

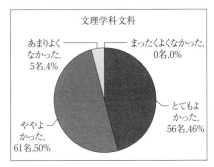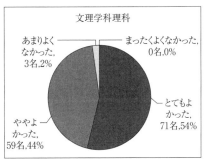

◎図 9-5-1　大学生ＴＳについてのアンート結果

◎表 9-5-3　ＴＡに対する肯定的回答の理由における頻出単語

品　詞	頻出単語（出現回数）
名　詞	アドバイス（102）、研究（77）、自分たち（25）、視点（22）、意見（22）パソコン（19）、質問（10）、相談（10）
動　詞	くれる（139）、もらう（48）、教える（39）、できる（22）、分かる（20）、考える（15）違う（11）、聞ける（10）、

　また、肯定的な回答をした生徒に、その理由を自由記述させた。自由記述における頻出単語を調べた結果（表 9-5-3）や実際の記述から、「アドバイスしてくれる」「自分たちの研究（もしくは結果）に対して」といった記述が多く見られた。

　このように、高校生が必要とする自分達が取り組んでいる研究テーマに即した学習支援を大学生 TA が行っていることがわかった。この事例の成功要因として、高校生と年齢的に近い大学生がメンターとして学習の支援を行っていることもあるが、探究活動を成功させたいという高校生の目標、将来教職に就くことをめざして実践的指導力を身につけたいという大学生の目標、生徒にきめ細やかな指導を提供したいという教員の目標とが一致していた点も指摘しておきたい。

（4）　大学教員の専門的指導

　2020 年度の文理学科理科・地学研究班は総人数 31 名。テーマは液状化現象、鳴き砂の再生、宇宙放射線遮蔽、オーロラなど多様で、これらの探究活動を 1

名の担当教員だけで指導すること困難であり、専門の大学教員との連携を模索することになった。大阪工業大学理工教育支援室が、「高校生のための課題研究サポート」³というプログラムを実施していることを知っていた担当教員が、同プログラムの窓口に問い合わせ、同大学の日置和昭教授が派遣されることになった。日置教授の学習支援の内容は表9-5-4の通りである。

◎表9-5-4　鳴き砂班に対する大学教員の支援

日付	内　容	
8月4日	液状化現象講習会	液状化現象の概要、研究手法についての助言
8月5日	先行文献の提供	メールによる研究論文などの送信
8月7日	計測器具の貸出し	研究者用ふるいの郵送提供
8月16日	鳴き砂の集計計測	借用したふるいを用いた計測（京都府京丹後市）
9月11日	大学研究室訪問	計測結果を踏まえた助言

　8月4日の液状化現象講習会には、液状化現象研究班と鳴き砂班の生徒が参加し、液状化現象の概要やふるい分析などの研究手法について助言がなされた。この日、京都府京丹後市の琴引浜でのフィールドワークで鳴き砂の粒径計測を計画していた鳴き砂班は、学校備品のふるいを日置教授に見てもらったところ、研究者用の規格品ではないことがわかり、大学研究室のふるいを借用することとなり、8月16日に計測が行われた。

　9月11日には、計測結果をまとめたレポートを持参して日置教授の研究室を訪問した。日置教授からの計測結果を踏まえた助言がなされ、鳴き砂班の研究内容は、「鳴かなくなった鳴き砂を鳴かせる事」「珪砂から鳴き砂を生成する事」から、「人工物から鳴き砂を生成する事」に拡張されることとなった。

　なお、鳴き砂班は日本地質学会第18回ジュニアセッション（2020年10月）や大阪サイエンスデイ生徒研究発表会（第1部2020年11月、第2部2021年1月（銀賞受賞））で研究発表を行った。

　担当教員は、「1年間を振り返ると、教員の対応を補う目的で外部連携を進めたが、連携の調整や付添いなどの業務が増え、決して負担減にはならなかった。しかし外部との連携により、生徒が専門家と直に接することができ、適切な助言やモチベーションを得て、より充実した高水準で生徒満足度の高い研究を行うことができたと言える。限られた高校教員の専門性を超える研究成果を

得たという意味で、教員の対応を補ったと考えられる」と述べている。

(5)　地元自治体職員との連携

　文理学科文科2年次の探究活動は、「国際関係」「異文化理解」「人間科学」「地域創生」の4つの分野に分かれテーマ設定を行い、夏休みにフィールドワーク（以下、FW という）を行うよう指示をしている。事例校での FW とは、オンライン会議やメールでのやりとり、対面形式でのインタビューなどの手法による調査活動全般を指す。2020 年度、32 のテーマに対する FW は、延べ 40件の FW 先（大学などの研究機関 17 件、地方自治体 8 件、企業 7 件、NPO 3 件、その他 5 件）で行われた。FW 先との折衝は、担当教員と連携し、次の手順により生徒自身が行った。

---

①　FW 先を決定したら、担当教員へ報告し計画書を提出する。

②　教員から、FW 先へ、FW の可否を事前にうかがう。

③　担当教員から、その結果をチーム代表者へ連絡する。

④　自分たちで電話やメールを使い FW 先へ日程調整の連絡を行う。

⑤　FW 先に連絡する際には、しっかりメモをとり、絶対に間違えないようにする。

⑥　担当教員へ、FW 先に連絡した結果を報告する。

⑦　FW 先を訪問、またはメール等を通じてインタビューを行う。

⑨　FW を訪問した後、またはメール等で話を聞いた後、お礼のメールを送る。

⑩　夏休み明け初回の授業で、FW 報告書をチームで 1 枚提出する。

【注意事項】

※急な訪問は失礼に当たるので訪問予定日は 1 週間以上先に設定する。

※不明なことがあれば、すぐに担当教員へ相談する。自分たちだけで判断しない。　　　　　　　　　　　　　　　（「FW の心得〜 2020 年度版〜」より抜粋）

　事例校の FW の特徴の一つに、学校が所在する地元豊中市との連携が挙げられる。そのきっかけは、2020 年 7 月に事例校と豊中市との間で締結した包括協定である。この協定による連携の内容は、「教職員相互の交流・研修を実

施すること（人材育成に関すること）」「教育力の向上を目的とした共同研究を
進め、発信すること（地域振興に関すること）」「児童・生徒を対象とした学習
機会を提供すること」などである。

　生徒の中には、探究活動の成果の豊中市への提言や豊中市内での実践（販売
実習や広報活動など）を希望する者もいる。このような希望を叶えることと、
協定の連携内容の一つである地域振興に関する協同研究とは趣旨が一致してい
ることが、生徒と豊中市職員との連携を円滑に進める要因の一つになったと考
えられる。豊中市を FW 先に選んだ班の研究テーマは表 9-5-5 の通りである。

◎表 9-5-5　豊中市でのフィールドワーク

研究テーマ	フィールドワーク先
ストレスについて	豊中市（くらし支援課）
豊中市と協力してイベントによる公園の活性化	豊中市（公園みどり推進課）
避難所での新型コロナウイルス感染症対策	豊中市（危機管理課）
豊中市に住む外国人のための安心できる避難所の仕組み	豊中市（危機管理課／人権政策課）
子育て情報の認知度を上げるには	豊中市（こども政策課）
豊中市の名産品を作り出し、市の活性化をはかる	豊中市（魅力創造課）

　豊中市を FW 先に選んだ 31 名の生徒にアンケートを実施した。豊中市を
FW 先に選んだ理由（選択肢から複数回答）を表 9-5-6 に示す。「専門家からレ
クチャーをしてもらって…」というやや受動的な内容の選択肢より、「自分た
ちから専門家に研究を伝え…」という主体的行動を伴う選択肢を選んだ生徒が
多く、FW に対する主体的な姿勢が表れる結果となった。

◎表 9-5-6　豊中市をフィールドワーク先に選んだ理由

選択肢	回答数
自分たちから専門家に研究を伝えて、アドバイスをもらいたかった	22（42.3%）
専門家からレクチャーをしてもらい、研究分野に関する知識を深めたかった	16（30.8%）
専門家との意見交換により自分たちの研究に何が必要かを見出したかった	10（19.2%）
アンケート調査を充分に行うために必要だったから	3（5.8%）

　また、豊中市への FW の評価については、とてもよかった 21 名（67.7%）、
ややよかった　 7 名（22.6%）、あまりよくなかった　　 3 名（9.7 ％）、

まったくよくなかった0名（0%）という結果で概ね好評であったといえる。肯定的な評価をした理由の自由記述を要約すると、「自分たちでは出てこないような意見や知らない情報を沢山知ることができたから」「論文にはない実際の豊中市の立場や課題が分かったから」「アドバイスをいただいた上に、イベント作りに毎日協力してくださっ

◎図9-5-2　活動の様子

たから」などであり、否定的な評価をした理由は、「知っている情報ばかりだったから」であった。

　このように、外部の人材との交流を基盤とするFWにおいて、生徒の探究活動について理解のある外部人材が自身の立場や専門性を活かして知見を生徒に示し生徒と意見交換を行うことは、生徒の視野を広げ質的向上につながる。加えて、探究活動が外部人材から支えられていることを生徒は実感し、自己有用感の向上につながるのである（図9-5-2）。

（6）　高等学校における外部連携

　高等学校の探究活動は、小・中学校に比べ学問的な専門性が要求され、教員の指導の範疇では収まりきれない場合が多い。そのため、教員は直接生徒の探究テーマに対する専門性を活かした指導の観点に加え、外部人材との連携を生徒の自主性を尊重しながら実態を踏まえ構築するという観点をもつことが求められる。また、高校生という発達段階に応じた探究活動に対する責任感と行動を伴わせることも重要である。

　事例校では、大学生TA・大学教員・地元自治体職員など外部人材との連携や外部での探究活動を行う上で、「教員がすること」「生徒がすること」「外部人材がすること」を明確にして組織的に取り組んできた。外部連携を推進した事例校での探究活動の取組みは、前述の生徒のアンケート結果からも、教育的に有益なことが明らかになった。

　なお、事例校では当初、教員の多忙化解消という観点から、外部人材との連

携の導入を推進しようとしたが、外部人材との調整などにむしろ時間が必要となり、必ずしも多忙化解消の方策にはならないことが明らかになった。

最後に、外部人材との連携についてその形態を3つのタイプに分類し、まとめとしたい（図9-5-3）。

まず、(a) 講演型は、外部人材が生徒を「教える側」、生徒は「教えてもらう側」として指導を受け、そのことを基に探究活動を行うタイプである。大学教員が専門的知見を基盤として高校生を指導する場合がこのタイプに該当する。

次に、(b) 支援型は外部人材が生徒の行う探究活動を「支援する側」として支えるタイプである。ＴＡが探究活動の経験者として高校生を支援する場合がこのタイプに相当する。

また、(c) 協働型は、外部人材が生徒に助言するだけではなく、生徒の提案を外部人材の日常業務に活かすというタイプである。地元自治体職員との連携がこのタイプになる。

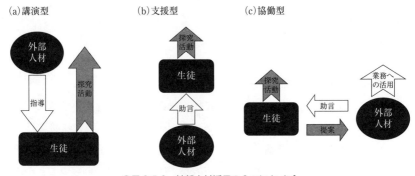

◎図9-5-3　外部人材活用の3つにタイプ

外部連携を継続的に行うには、生徒・教員にとって有益であるだけでなく、外部人材にとっても利益をもたらすものでなければならない。タイプ (a) (b) (c) いずれの場合であっても、学校と外部人材とが Win-Win の互恵関係が形成されていることが重要であり、学校は「『『外部人材から学ぶ』から『外部人材と学ぶ』」へ」をめざすことが肝要である。

（平野裕一）

【文献】

1　大阪府教育委員会（2021）大阪府立高等学校教育課程基準
2　大阪大学ＨＰ　大学案内－就職・進学情報－教職免許・課程－教職課程－教職課程関係スケジュール（４年間を通した学習計画の概要）
　https://www.osaka-u.ac.jp/ja/guide/career/teacher/teacher-certification-course
3　大阪工業大学ＨＰ　https://www.oit.ac.jp/japanese/development/science.html

【参考文献】

早坂淳（2018）「「総合的な学習の時間」における外部人材活用の意義と課題－「協働」概念による課題の克服を目指して」『長野大学紀要』第 39 巻第 3 号
pp.125-136
文部科学省（2009）高等学校学習指導要領解説　総合的な学習の時間編
文部科学省（2018）高等学校学習指導要領解説　総合的な探究の時間編

10章 カリキュラム・マネジメントの推進

章のねらい

　本章では、生活科・総合的な学習の時間におけるカリキュラム・マネジメントのあり方を提示する。まず、学習指導要領で整理されている、カリキュラム・マネジメントの3つの側面の内容、その実践化の方針を確認する。次いで、小学校や高等学校でそれらがどのように具体化されているかを当事者の目線で語る。読者は、これらを通じて、生活科・総合的な学習の時間のカリキュラム・マネジメントを充実させる組織的アプローチを学ぶことができる。

1. カリキュラム・マネジメントをどう推進するか

(1) カリキュラム・マネジメントの3つの側面

　小学校ならびに中学校学習指導要領（2017（平成29）年告示）、高等学校学習指導要領（2018（平成30）年告示）改訂の基本方針のひとつとして、「各学校におけるカリキュラム・マネジメントの推進」が位置づけられている。カリキュラム・マネジメントとは、学校教育に関わる様々な取組を、教育課程を中心に据えながら組織的かつ計画的に実施し、教育活動の質の向上につなげていくことであると定義づけられ、その3つの側面が、以下のように示されている[1]。

　・児童（生徒）や学校、地域の実態を適切に把握し、教育の目的や目標の実現に必要な教育の内容等を教科等横断的な視点で組み立てていくこと
　・教育課程の実施状況を評価してその改善を図っていくこと
　・教育課程の実施に必要な人的又は物的な体制を確保すること

　以下では、これらの3側面をもとに、カリキュラム・マネジメントを推進する際のポイントを確認していきたい。

①教科等横断的な視点にもとづく教育内容の組み立て

　生活科・総合的な学習（探究）の時間（以下、総合的な学習の時間と記す）における教科等横断的な視点にもとづく教育内容の組み立てについては、もとより意識されてきたことである。例えば、生活科では、保幼小接続・連携を意図したスタートカリキュラムにおいて教科等横断的な視点にもとづく活動が行われてきた（例えば、文部科学省 国立教育政策研究所教育課程研究センター2018）[2]。また、総合的な学習の時間においても、国際理解、情報、福祉・健康等の現代的な諸課題に対応する横断的・総合的な課題を学校の実態に応じて設定することが学習指導要領で求められてきた。

　このように、生活科や総合的な学習の時間における教科横断的な教育内容の組み立てに関しては、これまでの取組と親和性が高いものと考えられる。こうした点をふまえつつ、2017（平成29）年、2018（平成30）年の学習指導要領改訂では、そのさらなる充実が求められることになった。例えば、生活科、その中でもとりわけスタートカリキュラムに関しては、次のような点が示されている[3]。

> 幼児期の教育との連携や接続を意識したスタートカリキュラムについて、生活科固有の課題としてではなく、教育課程全体を視野に入れた取組とすること。スタートカリキュラムの具体的な姿を明らかにするとともに、国語科、音楽科、図画工作科等の他教科等との関連についてもカリキュラム・マネジメントの視点から検討し、学校全体で取り組むスタートカリキュラムとする必要がある。

　ここでいう「生活科固有の課題としてではなく」という点については、今回の学習指導要領改訂における強調点のひとつであろう。また、生活科と社会科、理科、総合的な学習の時間をはじめとする中学年の各教科等への接続をより確かなものとする必要性も示されている。つまり、教科横断的な教育内容の組み立てを生活科の中に限定されたものとするのではなく、学校全体のカリキュラムをより一層意識した上で、その位置づけを改めて検討することが求められているのである。

　そして、生活科、総合的な学習の時間ともに、それらを学校全体のカリキュ

ラムの中に位置づけようとするならば、児童（生徒）や学校、地域の実態を適切に把握し、教育の目的や目標、さらにいえば、学校で育てたいと考える資質・能力を明確化することが必要となる。この点については、総合的な学習の時間における改訂の趣旨としても言及されている[4]。先述のように、総合的な学習の時間に関しては、横断的・総合的な課題が学習指導要領において例示されており、各学校においてはそれを手がかりに学習をデザインすることができる。しかし、今後は、それが学校全体で育てたい資質・能力といかに対応しているのかという観点からの再検討が求められることとなる。

　さらに、こうした教科等横断的な教育内容の組み立ては、教える側がその実現を意図するだけではなく、それが学び手である児童・生徒にも認識され、実感を伴う学びとして経験されることが何よりも望まれる。田中（2017）は、2つあるいはそれ以上の教科・領域をつなぐ取組のねらいとして、学習意欲の喚起、題材や体験の提供、学習の意義の理解、スキル育成の充実等を挙げている[5]。これらの実現のためには、児童・生徒自身が、教科等を横断した教育内容の全体像やその関連性を把握することがまず求められる。

　写真 10-1-1 は、教科等横断的なプロジェクト学習やトピック学習を先進的に行ってきた英国ロンドンの小学校の掲示物である。当該校の児童は "A walk in London" というテーマにもとづいて学習をすすめていたが、その中で扱われている歴史や地理等の内容とその結びつきが掲示物の中で示されており、児童自身がそれを随時確認することができるよう意図されていた。

　このように、カリキュラム・マネジメントを学校全体で推進する際には、教師と児童・生徒、さらには学習に関わる多様な人々がその全体像を把握し、教育内容のつながりを実感できるよう工夫することも必要となろう。そして、それは「意図されたカリキュラム」「実践されたカリキュラム」「経験されたカリキュラム」を有機的に結びつけようとする工夫であると言える。

②教育課程の実施状況の評価・改善

◎写真 10-1-1　ロンドンの小学校の掲示物

　教育課程の実施状況についての評価は、授業評価や学校評価と密接に関連づいている。これらのうち、わが国においては、授業研究と呼ばれる営みが定着していることもあり、一時間単位の授業についての評価は丁寧に行われてきた。しかしながら、安彦（2009）は、そうした授業研究が学校のカリキュラム全体を改善することはまれであること、例えば、授業研究が一単元全体の複数の授業時間を対象に行われたならば、カリキュラム改善に資するデータを得ることができると指摘している(6)。

　こうした課題を解決する取組も展開されつつある。小柳ほか（2018）は、児童・生徒の中長期的なエビデンスを蓄積しうるe-ポートフォリオをツールとして授業研究を実施することで、児童・生徒の姿というエビデンスをもとに、授業を考える手ごたえを提供する機会となることを明らかにし、カリキュラム・マネジメントにおける活用可能性を検討している(7)。このように、児童・生徒の学びをこれまで以上のスパンで捉え、その記録をもとにカリキュラムの方向性や改善点を話し合う等、従来の授業研究の取組を発展させることも必要となる。

　このような教育課程の評価・改善のためには、何かしらのデータやエビデンスの活用がその一助となる。その際、何を収集すればよいのだろうか。例えば、木原（2019）は、カリキュラム・マネジメントに活用可能なデータのレパートリーとして、以下のものを挙げている(8)。

①全国学力・学習状況調査、教育委員会が実施する学力調査等
②単元テスト
③児童・生徒たちのノートやワークシート
④授業評価アンケート
⑤授業実践に関するレポート
⑥授業改善や校内研修に関する教員アンケート
⑦学校評価のための保護者アンケート
⑧研究発表等における第三者評価

　児童・生徒たちの資質・能力や各学校のカリキュラムの成果に関わるものとしては①や②が注目されがちであるが、それは資質・能力のある側面を把握するためのものにすぎない。ゆえに、各学校が独自に設定している教育目標や育

てたい資質・能力を軸として評価を行うためには、その他のものも欠かすことはできず、それらには学校ごとのオリジナリティが反映されているはずである。例えば、④〜⑧については、各学校の教育目標や育てたい資質・能力にもとづいてアンケートやレポートが作成・データ収集されたり、第三者評価が実施されたりするはずである。

　文部科学省より示されている「学校評価ガイドライン（2016（平成28）年改訂）」では、学校運営に関わる12の分野について評価の視点が示されている。例えば、教育課程の評価項目・指標等を検討する際の視点として、次のようなものが挙げられている（一部抜粋）[9]。

・学校の教育課程の編成・実施の考え方についての教職員間の共通理解の状況
・児童生徒の学力・体力の状況を把握し、それを踏まえた取組の状況
・体験活動、学校行事等の管理・実施体制の状況
・必要な教科等の指導体制の整備、授業時数の配当の状況
・教育課程の編成、実施の管理の状況

　生活科、総合的な学習の時間は、各学校や児童・生徒の状況に応じた創意工夫や柔軟な対応が求められる場面も多い。とりわけ、総合的な学習の時間は、その目標や内容を各学校で定めることが求められており、教職員間の共通理解の程度やその方向性についても相互理解を深めておきたい。また、学校内外における体験活動が多く求められる生活科や総合的な学習の時間に関しては、それらの実践をすすめるにあたり、教職員に必要以上の負荷がかかっていなかったかどうかといった管理・実施体制についても丁寧に点検することが、持続的なカリキュラム・マネジメントへとつながる鍵となろう。

③人的・物的な体制の確保・改善

　先述のように、生活科や総合的な学習の時間では体験活動が重視されており、地域の方々や学校外の専門家からの協力を得るといった場面も少なくない。近年、キャリア教育、防災教育、安全教育、環境教育、消費者教育等「○○教育」と呼ばれるものが多数存在している。そうした多岐にわたる教育を充実させていくためには、学校外の専門家等多様な人々との連携・協力のもとで、生活科や総合的な学習の時間の学びを創りあげていくことが求められる。ただし、

多様な人々の協力を得ることが自動的に学びへと結実するわけではない。学校、教師と学校外の人々、施設等との連携の際には、目指す教育目標の共有、意思疎通等を丁寧に行っていく必要がある。

　また、学習指導要領では、人的・物的な資源として、予算、時間、情報も挙げられている[10]。例えば、ある小学校長は、異動した際には、まず地域を歩き、どのような施設があるのか、どのような方がおられるのかといったことを自ら情報収集すると述べていた。また、別の小学校長は、生活科や総合的な学習の時間でお世話になった地域の方々のリストを作成し、教職員と共有することで、これらの情報を各学年の中にとどめることなく学校全体の「財産」にしようと努めていた。つまり、人的・物的な体制の確保とは、地域の教育資源（人材、施設等を含む）や学校内の教材・教具の整備状況を整えることだけではなく、生活科や総合的な学習の時間に資する情報を見極め、収集・蓄積するとともに、それらを学校内で共有すること、さらに言えば、そのための仕組みづくりもカリキュラム・マネジメントの一環であると言えよう。

(2)　カリキュラム・マネジメントの充実にむけて

　ここまでカリキュラム・マネジメントの3つの側面を取り上げてきた。これらはそれぞれ独立したものではなく、密接に関連づいている。例えば、教科等横断的な教育内容を組み立てようとする際に、その一つの方策として、人的・物的な体制の充実が求められることもあろう。また、これらをより一層改善するためには、教育課程の評価・改善を欠かすことはできない。そして、さらに言えば、こうした取組をすすめていくための場が不可欠である。その場のひとつとして挙げられるのが授業研究であろう。ただし、先の安彦による指摘にもあったように、授業研究をカリキュラムの改善に資するよう再デザインする必要性がある。

　例えば、田村（2018）は、授業研究とカリキュラム評価を連動させつつ、評価を核としたカリキュラム・マネジメントを実践している好事例を紹介している[11]。そこで取り上げられている事例では、授業研究や実践過程における年間指導計画への加筆・修正が実施されていたこと、全国学力・学習状況調査をはじめとするデータの分析と教員相互の協働的な評価・改善・計画という一連

のプロセスが明確にマネジメントの中核に位置づけられていたこと、さらには、学習者による授業評価（児童による他学級の授業参観や自学級の授業の振り返り）が行われていたこと、そしてこれらが共通していたと特徴づけている。

このように、これまでの授業研究を基盤としながらも、それをカリキュラム・マネジメントの視点から再構築すること、具体的には、カリキュラムに焦点をあてた議論を重ねる場として企画・運営することが求められる。わが国においては、カリキュラムを開発・改善するという視点が学校において十分には根づいてきたとは言い難い状況にある。しかしながら、本章の冒頭で述べたように、生活科や総合的な学習の時間はカリキュラム・マネジメントとの親和性は比較的高いものと考えられる。そうであるからこそ、これらが中心となり、学校全体のカリキュラム・マネジメントを主導していくことが期待される。

（島田　希）

【文献】
(1) 文部科学省（2017）「小学校学習指導要領（平成29年告示）解説総則編」東洋館出版社, p.40
(2) 文部科学省 国立教育政策研究所教育課程研究センター編（2018）『発達や学びをつなぐスタートカリキュラムースタートカリキュラム導入・実践の手引き』学事出版
(3) 文部科学省（2017）「小学校学習指導要領（平成29年告示）解説生活編」東洋館出版社, p.6
(4) 文部科学省（2017）「小学校学習指導要領（平成29年告示）解説総合的な学習の時間編」東洋館出版社
(5) 田中博之（2017）『改訂版カリキュラム編成論－児童・生徒の総合学力を育てる学校づくり－』放送大学教育振興会
(6) 安彦忠彦（2009）「第1章カリキュラム研究と授業研究」日本教育方法学会編『日本の授業研究－Lesson Study in Japan－授業研究の方法と形態〈下巻〉』pp.11-20
(7) 小柳和喜雄・真弓英彦・田代伸一・宇野剛・乃一志保（2018）「e-ポートフォリオを活用した授業研究に関する研究－カリキュラム・マネジメントへの意識化を促す教職大学院のプログラム開発－」『教育メディア研究』24（2）, pp.29-42
(8) 木原俊行（2019）「第12章カリキュラム・マネジメントの意義」教師のための教育学シリーズ編集委員会監修/高橋純編著『教師のための教育学シリーズ7 教育方法とカリキュラム・マネジメント』学文社, pp.156-169
(9) 文部科学省（2016）「学校評価ガイドライン〔平成28年改訂〕」https://www.mext.go.jp/component/a_menu/education/detail/__icsFiles/afieldfile/2019/01/30/1323515_021.pdf（2021.5.10最終確認）
(10) 前掲書(1).
(11) 田村知子（2018）「序章日本のカリキュラム・マネジメントの現状と課題」原田信之編著『カリキュラム・マネジメントと授業の質保障－各国の事例の比較から』北大路書房, pp.1-33

2．実践事例（1）小学校

(1)　学校カリキュラムの作成

①子どもの実態・地域の特色・教師の思いを活かす

　各学校において、学校としてのカリキュラムを、各教科・領域のめざすもの、また、学校の教育計画に基づいて作成している。学校の教育計画は、市の教育施策及び教育重点目標が反映されると同時に、地域や児童・保護者の実態に応じて立案されている。

　本校は、大阪府堺市堺区の中で最も北西にあり、大和川を挟んで大阪市に隣接している。臨海工場地帯の一角や大規模なショッピングモールを含む広い校区である。創立110年を越え、親子三代に渡って本校の出身というご家庭も多い反面、大阪の中心部への通勤の便の良さから新しく居を構える方も多く、三世帯同居世帯と核家族世帯の両方が見られる。児童数650名弱、各学年100名強、教職員数は40名ほどの中規模校である。

　大阪湾と大和川の両方に面していることから、過去の大きな台風において、教職員と児童が登校中に被害に遭い命を落とされるという痛ましい過去がある。また、工場地帯と大阪市内を結ぶ幹線道路を大型トラックが猛スピードで走り抜ける中を横断歩道で登下校する必要があることから、安全教育の充実についてはこれまでにも力を入れてきたところである。

　40名程度の教職員のうち、20代30代で経験10年未満の教職員が約半数を超え、個々人の教員の力量を向上させるための研修を継続すると同時に、チーム学校として力を合わせた取組を進めているところである。

②学校カリキュラムの作成

　前述の内容をふまえ、学校として第3学年から第6学年まで4年間の総合的な学習の時間の全体計画を作成している【表10-2-1】。

　校区の特徴から、5年生の総合的な学習の中で防災学習に取り組んでおり、学習の中で作成したハザードマップを校区安全マップに反映させて各家庭に配付しています。【表10-2-2】

◎表 10-2-1　令和元年度　総合的な学習の時間の全体計画

（様式⑨－1　小学校）

令和元年度　総合的な学習の時間の全体計画

堺市立　三宝　　小学校

学習指導要領　第 1 の目標	各学校の教育目標
探究的な見方・考え方を働かせ、横断的・総合的な学習を行うことを通して、よりよく課題を解決し、自己の生きかたを考えていくための資質・能力を育成することを目指す。	自ら考えよりよい行動ができ社会の中でたくましく生きる子

総合的な学習の時間の目標

探求的な見方・考え方を働かせ、地域の人、もの、ことに関わる総合的な学習を通して、主体性を持ち多様な他者と協同しながらねばり強く課題に取り組み自己の生き方を考えることができるように資質・能力を育成する。

各学校において定める「総合的な学習の時間」の内容

	探 究 課 題	探究課題の解決を通して育成をめざす具体的な資質・能力		
		知識及び技能	思考力, 判断力, 表現力等	学びに向かう力, 人間性等
3年	いいところ・昔のくらし 単元「わたしたちの町の歴史や人々の願いとその取り組み」	学校区の歴史を知り、地域のなり立ちの特徴や人々の思い、願いを知る。	地域の人々等の思いを踏まえて、課題を設定し、情報を収集したり、必要な情報を選んだりして、まとめる。	地域との関わりを通して、地域を大切にする心を育て、自分の生き方を考えようとする。
4年	自立と決意の二分の一成人式 単元「二分の一成人式」	偉人や今まで成功してきた人の名言や生き方を調べ、様々な人々の生き方を知る。	様々な人々の生き方から自分の将来の生き方について、どのような道のりがあるのか、そのために今の自分は何をすべきかを調べ、考えをまとめる。	探求的な活動を通して自己の生き方を考え、夢や希望を持って実社会・実生活に参画していこうとする
5年	～歩いて見つけて考えて作る、わたし達のハザートマップ～ 単元「わたしたちの町の防災について考えよう」	自分と家族の命を守るための防災の知識と技能を身につける。	防災という視点から「身の周りを見直し、いざという時の判断力を養う。	探求的な活動を通して自己の生き方を考え、未来への見通しを持って実社会・実生活へ参画していこうとする力を養う。
6年	～職業体験訓練を通しての生き方探し～ 単元「いろいろな仕事について考えよう」	働く人と接し、実際的な知識や技能、技能に触れることを通して、働くことの意義を理解する。	働くことの厳しさや、喜びなどを身を持って体験することで、社会的なルールやマナーを体得する。	探求的な活動を通して自己の生き方を考え、夢や希望を持って実社会・実生活に参画していこうとする。

異校種・生活科との関連	地域との連携	子ども堺学との関連
・町たんけん（生活科） ・地域のお年寄りの方との交流（生活科） ・保育園・幼稚園との交流	・校区探検（月州神社・田守神社・イオン・河口慧海など） ・防災マップ作りのための校区めぐり	・茶の湯体験、百舌古墳群調べ（堺市調べ） ・堺ゆかりの人物調べ・鉄砲町、山口家住宅 ・包丁作り、線香作りなどの伝統産業

◎表10-2-2　令和元年度　総合的な学習の時間　5年生　年間指導計画

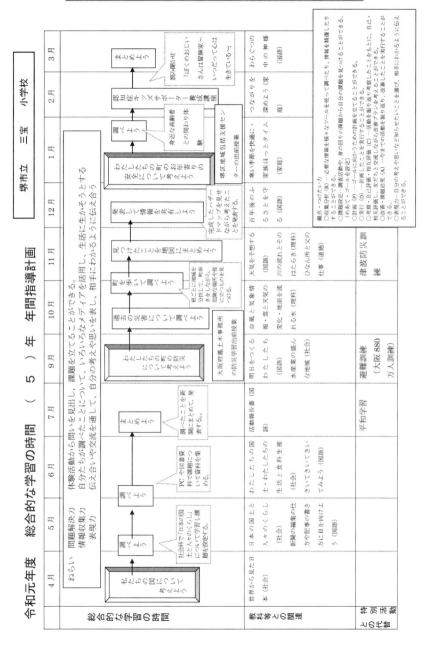

◎表10-2-3　令和元年度　第2学年全体計画

月	4	5	6	7	9
特別の教科道徳	1 二年生になって A(3)節度, 節制 2 ぐみの木と小鳥 B(6)親切, 思いやり 3 つのがついた かいじゅう A(1)善悪の判断, 自律, 自由と責任	4 がんばれアヌーラ D(17)生命の尊さ 5 しょうかいします C(14)よりよい学校生活, 集団生活の充実 6 お月さまとコロ A(2)正直, 誠実	7 おり紙の名人―よしざわ あきら A(4)個性の伸長 8 ぶらんこ B(9)友情, 信頼 9 ぼくのサッカーシューズ C(13)家族愛, 家庭生活の充実 10 ありがとうの手紙 B(7)感謝	11 すてきなえがお A(2)正直, 誠実 12 かえってきたホタル D(18)自然愛護	13 黄色いベンチ C(10)規則の尊重 14 あいさつがきらいな 王さまB(8)礼儀 15 クラスの大へんしんC(14)よりよい学校生活, 集団生活の充実 16 およげないりすさんC(11)公正, 公平, 社会正義
主な学級活動	二年生がんばろうC-14	学校のきまりを守ろう C-10		たのしい夏休みにしよう A-3	二学期をがんばろう 係や当番を決めよう A-5 C-12 C-14
各教科 国語	ふきのとう A-5 春がいっぱい D-18	たんぽぽのちえ D-18	いなばの白うさぎ B-6 スイミー B-9	うれしいことば B-6	どうぶつ園のじゅうい C-12
算数	時こくと時間 C-10				
生活	2年生もみんななかよく, げんきよく C-14 レッツゴー！まちたんけん C-15	やさいをそだてよう D-18	レッツゴー町たんけん C-15	わくわく夏休みA-3	
音楽	ロンドンばし／こいぬのビンゴ C-16				
図画工作	見つけたよいいかんじ A-4				
体育	多様な動きをつくる運動あそびB-9				
年間を通して行う教育活動	あいさつなどの基本的生活習慣 A-3 B-8				
総合的な学習の時間特別活動他			たてわり班で仲良くしよう B-9		

※「道徳」、「主な学級活動」の欄には、指導内容や取組名と道徳の内容項目番号を併記すること。

※「各教科」、「外国語活動」、「年間を通して行う教育活動」及び「総合的な学習の時間、特別活動

堺市立三宝小学校

10	11	12	1	2	3
17 こまっている子がいるよB(6)観切、思いやり 18 あいさつ月 B(8)礼儀 19 黒板が にっこりするかなA(5)希望と勇気、努力と強い意志 20 どんなきまりがあるかな C(10)規則の尊重	21 教室でのできごと A(1)善悪の判断、自律、自由と責任 22 よかったよ B(9)友情、信頼 23 生まれるということD(17)生命の尊さ 24 おでこのあせ C(12)勤労、公共の精神	25 どうしてうまくいかないのかな A(4)個性の伸長 26 かさじぞう D(19)感動、畏敬の念 27 もうすぐお正月 C(13)家族愛、家庭生活の充実	28 お年玉を もらったけれど A(3)節度、節制 29 おせちのひみつ C(15)伝統と文化の尊重、国や郷土を愛する態度 30 日本のお米、せかいのお米 C(16)国際理解、国際親善	31 ぴかぴかがかり C(12)勤労、公共の精神 32 雨ふり C(11)公正、公平、社会正義 33 空色の自転車 D(17)生命の尊さ	34 一まいの絵 B(7)感謝 35 こうさとびができた A(5)希望と勇気、努力と強い意志
	人権について考えよう B-8		三学期をがんばろう C-14	成長をまとめよう A-4	お別れ会をしようB-6
お手紙 B-6	おもちゃの作り方 A-5	わたしはおねえさん B-6	おにごっこ C-10	スーホの白い馬 D-18	楽しかったよ、二年生 A-4
かけ算 A-5		長さ C-10			
町の「すてき」をしょうかいするよ B-7	ようちえん、ほいくしょのともだちをしょうたいしよう B-6		自分たんけんをしよう D-17	ありがとうをつたえよう B-7	あしたにむかってすすもうA-4
だがっきパーティ B-9					
ゆめのうちゅうりょこう A-4					
ボールゲームB-9	走の運動あそびA-5				
給食・清掃・係り活動 A-5 B-9 C-12				避難訓練 D-17 A-3	
	わんぱくまつりをせいこうさせよう B-6			6年生とのお別れ会 B-6	

（道徳例 3-1生命尊重 「生命のつながり」）

他」の欄には、指導する単元や取組名とともに、それぞれと関連する道徳の内容項目を併記すること。

(2) カリキュラム・マネジメントの視点

①地域の季節・行事との関連

　季節の行事などは、時期を逃さずに反映させることが活きたカリキュラムにつながる。校外学習の時期や行先と生活科・総合的な学習の内容を関連付けることで、体験とつながった効果的な学習となる。

　秋の公園に出かけて拾ったどんぐりを使ってどんぐり工作をする、動物園に出かけるタイミングと「みんな生きている」（動物の飼育）の学習のタイミングを合わせて飼育員を GT に迎えてお話を聞く、校外学習で地域の史跡を訪れるタイミングと調べ学習のタイミングを合わせる、など、学校の中だけに限らずに学習を深めることが大切である。

②学年間・他教科との関連からの見直し

　時には、異学年と共に活動する計画を立案することも、それぞれのめあてを達成させるために有効である。めあては全体に共通するものと、各学年によって異なるものの両方がある。また、合科的な取り組みを進めることで、内容の理解を立体的に実践に活かすという視点で、各教科の内容を俯瞰し、見直すことも必要である。

　例えば、2020（令和2）年度は、長期休校の影響から、1年生のスタートにゆっくりと学校探検に取り組むことができなかった。そのため、2021（令和3）年度の年度初めに、「わくわくするね　2年生」の一環として、1・2年生合同で学校探検をする時間を設定した。例年であれば、入学式のお迎え会で出会う1・2年生でしたが、式典の時間短縮のために実施できなかったので、2年生の児童に「学校のお兄さんお姉さん」としての自覚を促すよい機会となった。このように、学年間で協力し、カリキュラムを随時変更し、学びのねらいを達成するようにしていくことが大切である。【表10-2-3】

　4年生では、社会科・算数科・国語科などと合科的な指導ができるように総合的な学習の時間を計画している。このように、各教科で学習したことを複合的に活用する時間として総合的な学習の時間を設定することも有効である。【表10-2-4】

◎表10-2-4　令和元年度　総合的な学習の時間　4年生

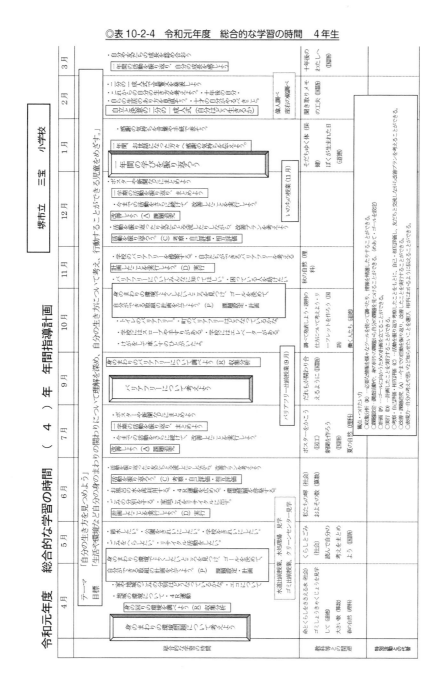

③地域の人・もの（施設）との関連からの見直し（地域連携）

　生活科や総合的な学習の時間には、自らの体験が欠かせない。そのためには、地域にどのような資源があるのかを把握し、調整していく。児童が様々なヒト・モノ・コトと出会うことができるよう、様々な仕掛けが必要である。地域人材や施設を有効に活用するために、実施時期を考えて取り組むことが大切である。

　１年生の生活科では、昔遊びで地域の老人会のみなさんにお越しいただき、交流をしている。また、外部人材を活用してどんぐり工作を教えていただいている。

　堺市は、茶の湯を発展させた千利休の出身地でもあることから、茶の湯体験を「堺スタンダード」として取り入れている。本校は、６年生が歴史の学習を進めるタイミングで、校外学習として「堺　利晶の杜（りしょうのもり）」において茶の湯体験をすると共に、与謝野晶子についても学習を深めていくよう計画している。

　前述の５年生の安全マップづくりや２年生の町探検の活動においては、PTA の協力が欠かせない。実行委員会の年間計画と連動させ、計画的に取り組んでいる。

　このように、地域人材等、地域の資源を活かす計画になっているか、随時見直してアップデートしていくことが大切である。

④幼稚園や中学校との関連からの見直し（異校種間連携）

　子どもたちの学びは校種にかかわらず連続している。円滑な接続のために、異校種間で連携をすすめていくことが必要である。連携のための取組は、カリキュラムとして設定されることで、継続して安定したものとなっていく。

　堺市においては、「幼児教育スタンダードカリキュラム」を設定しており、接続期の指導についても記されているところである。年間複数回の保幼小合同研修会が堺市教育委員会主催で開催され、近隣の保幼小の教職員が集まり、スタートカリキュラム等について一緒に研修を受けるとともに、入学後の子どもたちの様子について情報共有する機会となっている。

　小中連携についても、各中学校区において進めている。本中学校区においては、特別の教科道徳を中心に取組を進めている。小中合同研修会を実施して同

じテーマについて学びを深めたり、お互いの授業を公開している。

(3) カリキュラム評価と改善

　カリキュラムを実践した後には、子どもたちの学びがどうであったのか、計画は学びに効果的であったのかを振り返って評価する必要がある。

　単元ごと、学期ごと、年度ごとに、それぞれの学びについて評価し、必要な改善をしている。見直しは、各学年はもとより、小学校6年間を通してという視点で学校全体で行うことが大切である。本校では、「学びのあり方委員会」において各学年及び専科担当、支援学級担任の代表者が集まり、教務主任と研修主任が中心となって学校としての確認をおこなっている。

　また、地域の代表者を含む学校協議員と学校の代表者が定期的集まり、学校評価を実施している。地域人材活用についての話題がこの場で出ることで、新たな人的・物的資源につながることもある。どのような学びをねらい、どのような活動をしたいのか、学校全体で共通理解しておくことが大切です。

（多賀井直子）

3．実践事例（2）小学校

(1) 新教科「未来そうぞう科」とは
①研究開発学校としての挑戦

　大阪教育大学附属平野小学校（以下、本校）では、2016（平成28）年度より、新教科「未来そうぞう科」を設立し、「未来を『そうぞう』する子ども」の育成の研究に取り組んでいる。

　2016（平成28）年度に文部科学省より研究開発学校の指定を受け、2018（2030）年の指導要領改訂に向けて今後の教育を支えていくためには現状の教育に加え、新たにどのようなことが必要となるのかを考えた。今の世の中は、科学技術が日増しに進歩し、社会構造も急速な変化が進み、未来に対して見通しを持ちにくい時代となっている。そんな中を生き抜いていくためには、どんな状況であろうと、自分の置かれている状況に関わらず、その中で希望をもち、自ら考えて行動を起こし、人と共に協力して、あきらめずによりよい未来を想

像し、創造することができる、そんな子どもを育むことができれば、このような世の中でもたくましく生きていくことができるのではないかと考えた。そこで、研究主題を「未来を『そうぞう』する子ども」と設定し、その育成をめざして、ア）「総合的な学習の時間」と「生活科」と「特別活動」を一つにした新教科「未来そうぞう科」を設立すること、イ）「未来そうぞう科」以外の全ての学習活動においても「未来を『そうぞう』する子ども」の育成をめざすために、「各教科・領域における『未来そうぞう』」を設定することの2つを柱として、4年間研究を進めてきた。「そうぞう」がひらがなであるのは、「想像」と「創造」を兼ねているからである。

②新教科「未来そうぞう科」とは

　この研究開発のスタートと共に始まった新教科「未来そうぞう科」について、説明する。

　まず、新教科「未来そうぞう科」は、学習指導要領における「特別活動」「生活科」「総合的な学習の時間」の3つを1つにまとめて新教科として設定したものである。

　この「未来そうぞう科」において育みたい力として、「主体的実践力」「協働的実践力」「そうぞう的実践力」の3つを設定している。それぞれの実践力とその関係性を図10-3-1に示す。主体的実践力と協働的実践力はそうぞう的実践力の中に内包される関係性と考えている。また、この3つの実践力が必要であると至った経緯としては、本校の学校教育目標が大きく関係している。本校では、学校教育目標「ひとりで考え　ひとと考え　最後までやりぬく子」を基軸として、「未来に向かって力強く生きていく豊かな人間性」を育むことを重視して50年以上教育を進めてきた。その中で育ってきた子どもたちには、この「未来を『そうぞう』する子ども」の原点となる姿があった。そこで、この本校における取組を基盤とし、これらを実践できる力を確実に育む

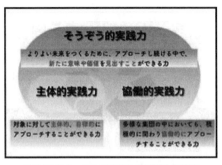

◎図10-3-1　3つの実践力の意味と関係性

ことで、「未来を『そうぞう』する子ども」を育成することができるのではと考えた。そこで、「主体性」「協調性」「創造性」を実践できる力として、「主体的実践力」「協働的実践力」「そうぞう的実践力」を設定し、学校教育全体において育成をめざしていくこととした。

また、「未来そうぞう科」では、3つの領域を設定している。「自分自身」を対象とした【A領域】、「集団や人間関係」を対象とした【B領域】、「社会や自然」を対象とした【C領域】である。この3領域は、「特別活動」「生活科」「総合的な学習の時間」の目標の共通項を整理し、領域として位置付けたものである。

◎表10-3-1　3つの教科・領域の共通点と未来そうぞう科の3領域の関

領域	A領域（自分自身）	B領域（集団や人間関係）	C領域（社会や自然）
特別活動	自己実現	人間関係形成	社会参画
生活科	自分自身	自分と人との関わり	自分と社会や自然との関わり
総合的な学習の時間	探究活動と自分自身	探究活動と他者	探究活動と他者や社会

最後に、未来そうぞう科の時間枠については、現行の学習指導要領の3つの教科・領域の時間を合わせた時数を、朝のモジュール（朝15分×週5）と、通常授業（45分）とに分けて設定して授業を進めている。詳細を表10-3-2に示す。

◎表10-3-2　3つの教科・領域と未来そうぞう科の時数との関係性

	1年	2年	3年	4年	5年	6年
特別活動	34	35	35	35	35	35
生活科	102	105	0	0	0	0
総合的な学習の時間	0	0	70	70	70	70
未来そうぞう科	136	140	105	105	105	105

(2)　新教科「未来そうぞう科」の設立・実施に向けたPDCA

①学びを創り続けるカリキュラムを支える「学びの必然性」

本校のこれまでの研究の中で、子どもが学びを創り続けることができるためには、子ども自身が「学びの必然性」を生み出せるカリキュラムであることが

重要であると分かってきた。子ども自身がその学びにおいて必然性を見出せている時は、自ら学びを創り出し続けることができる。その「学びの必然性」を生み出す要素としては、子どもの興味・関心との繋がりであったり、他教科・領域との繋がりであったり、子どもの実生活との繋がりであったり、それぞれ「繋がり」が重要となる。これは、「未来を『そうぞう』する子ども」の研究についても同じである。本校においては、現在全ての教育活動において、「未来を『そうぞう』する子ども」を育むために、新教科「未来そうぞう科」を核とし、全ての教科・領域において、「主体実践力」、「協働的実践力」、「そうぞう的実践力」を育むカリキュラムを構築している。この中で、教科横断的に計画カリキュラムを立て、実施し、その実施カリキュラムをもとに計画を見直して、新たな計画カリキュラムを立てるという PDCA サイクルを回し続けている。

　今でこそ、このような流れが出来上がっているが、新たな教科を一から創り、それを核としたカリキュラムを創り上げることは容易ではなかった。この新教科「未来そうぞう科」を設立する上で、各教科・領域との関係性、系統立てたカリキュラム、つけたい力の見直しなど、様々な壁にあたりながらも、その都度教員全体で計画を見直し、更によりよい形を模索しつつ現在に至る。どのような過程を経て進めてきたのか、研究の流れと重要な点について述べていく。

②「未来を『そうぞう』する子ども」の育成の研究 4 年間の軌跡
　まず、本研究における 4 年間の研究の流れを表 10-3-3 に示す。

③ 4 年間の研究推進を支えた重要なポイント
1）当事者意識を高める組織改変―教員みんなで「未来そうぞう」を！―
　研究開発 1 年目。一から教科を創るということは、教員皆にとって初めての挑戦であった。「未来そうぞう科」について大枠は共有しているものの、実際にどのような授業を創るか、3 つの資質・能力はどのように育むのかなど、定期的に教員皆で頭を突き合わせて考えつつ、毎日の授業は学年で具体案を考え実践する日々であった。このように進めていく中で、「未来をそうぞうする子ども」の認識について、教員同士ずれがあることが見えてきた。また、実際に「未来そうぞう科」の授業を担当する教員と、授業をする機会がない教員との

◎表 10-3-3　本研究における４年間の研究の流れ

	ⓐ資質・能力の明確化	ⓘ学習内容の系統化	Ⓤ指導法・評価法	ⓔ成果と課題の明確化
1年目	・めざす子ども像の明確化 ・つけるべき力を集約 ・研究授業にて見直し・精選	・各学年の実践例の収集 ・実践例をテーマ別に発達段階を考慮し比較・分類	・各学年の実践例の収集	・ⓐ.ⓘ.Ⓤの評価方法の検討
2年目	・各学年のめざす子ども像とつけるべき力を具体化 ・学年別到達度を表した「資質・能力表」の作成 ・研究授業にて見直し・精選	・6年間の系統立てた内容項目一覧の試案作成 ・研究授業にて見直し・精選 ・6年間の系統立てた内容項目一覧の完成	・発達段階に合わせた資質・能力別指導法・評価法の集約	・ⓐ.ⓘ.Ⓤの評価方法の確定
3年目	・作成した「資質・能力表」をもとに実施→随時改訂 ・教員間の資質・能力の捉えについて再確認→定義の見直し	・各領域の特性をいかした新たな単元開発 ・内容項目一覧をもとに授業実施→随時改訂	・授業実践にて指導法の見直し、新たな方法提案 ・新たな資質・能力別評価法の開発 ・研究授業にて共有、見直し	・ⓐ.ⓘ.Ⓤ評価実施 ・課題の改善検討
4年目	3つの資質 ・能力の関係性の整理		・資質・能力別指導法・評価法モデル試案作成 ・研究授業にて見直し・精選 ・資質・能力別指導法・評価法モデル完成	・ⓐ.ⓘ.Ⓤについての評価実施 ・成果と課題の集約

間で、この研究に対する当事者意識や理解の度合いについても差が出ることも明らかになってきた。

　そこで、2年目の研究の目標としては、全ての教員でこの研究への意識や理解を同じくするということとした（図 10-3-1）。その達成のためにおこなったことは、組織の改編である。未来そうぞう科の3つの領域ごとのグループをつくり、全教員が必ずどこかに所属する「未来そうぞう3部会」を立

◎図 10-3-1　部会ごとの話し合い

ち上げた。全教員に自分の担当する領域があることで、当事者意識を育むことができる。また、各グループに学年一人は所属することで、縦の系統性を意識して研究を進められるようになる。この組織を生かして見出した各領域の系統性を以下に示す。このような目的に応じた組織改変が、その後の研究推進を大きく支えることとなった（図10-3-2）。

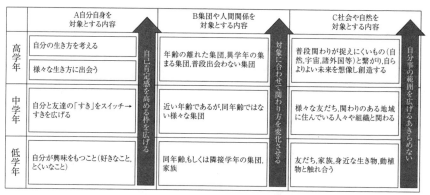

◎図10-3-2　ABCの3つの領域の6年間の系統性について

2）生の子どもの姿から必要な資質・能力を問い直し続けた「そうぞう的実践力」

　一から教科を創るということは、育成をめざす資質・能力も一から考えることである。そこで、この教科を創るにあたって、私たちが「未来をそうぞうする子ども」として、本当に必要だと考える力は一体何であるのか、知識の上だけでなく、常に子どもの姿を見て問い直し続けてきた。その中で、私たち教員皆が一番大切であるとたどり着いたのは「創造的実践力」であった。しかし、その「創造的実践力」のイメージは教員それぞれ少しずつ違っているということも明らかになった。そこで、そのずれを揃え、教員皆で共通認識をもつことができるようにするために、3つの領域別・発達段階別につけたい力をまとめた「資質・能力表」（表10-3-4）を作成することとした。これは、完成させることが目的ではなく、改訂し続けることに意味がある。その過程自身が、「創造的実践力」を問い直すこととなるからである。また、教員がどのような姿を「創造的実践力」が発揮されていると捉えているのか調査しようと、過去の報

告書から教師が価値づけている子どもの姿を抽出し、整理して、創造的実践力の評価の観点をまとめた（図10-3-3）。これにより、具体的に「創造的実践力」が示すものが明らかになった。

また、このように整理する中で、「創造的実践力」では、「想像（イメージ）」も「創造（クリエイト）」も重要であることから、「そうぞう的実践力」と改名することとなった。このような過程を経て、全教員で、教科・領域が違ったとしても学校教育活動全てにおいて、「未来をそうぞうする子ども」という同じ目標に向けて教育を進め

◎表10-3-4　資質・能力表（一部抜粋）

B　集団や人間関係を対象とする内容		
多様な集団との関わりの中で、人の気持ちを「想像」し、人との関わらを深めることが「よりよい未来の創造」へとのながっていくということを実感でき人間関係形成につながるように、人と人との関わり方にアプローチすることができる学習展開を行う。		
	主体的実践力	協働的実践力	創造的実践力
6年	自分が所属する集団における課題解決に向けて、自律的に判断しなから活動するとこができる。	自分が所属する集団における課題解決に向けて、他者とともに協力し、リーダーとして活動することができる。	自分が所属する集団における課題解決に向けて、多面的に創意工夫をして活動することができる。
5年			
4年	自分が所属する集団における課題解決に向けて、よりよくなるように意見を出したり活動に参加したりすることができる。	自分が所属する集団における課題解決に向けて、他者とともに協力して活動することができる。	自分が所属する集団における課題解決に向けて、様々な発想をもち、創意工夫して活動することができる。
3年			
2年	自分が所属する集団における課題解決に向けて、自らすすんで活動に参加することとができる。	自分が所属する集団における課題解決に向けて、他者の意見を聞きながら活動することができる。	自分が所属する集団における課題解決に向けて、様々な発想をもつことができる。
1年			

ていけるようになっていった。各教科・領域でつけたい力があり、その全ての中心に「未来をそうぞうする子ども」として育みたい力がある。どの教科・領域であっても、同じ子ども像をめざして「未来そうぞう科」を核とし、子どもの学びの必然性が生み出されていくように教科横断的にカリキュラムをつくっていくことができるようになっていった。

(3)　新教科「未来そうぞう科」の学びを支える人的物的資源

本研究を進める上で、重要な役わりを担っていたのは、人的物的資源の活用

教師側の観点	①没頭			②協力		③見通し			④整理			⑤発信	⑥※１レジリエンス	
子ども側の観	①楽しむ			②助け合う		③見通す			④つなぐ			⑤人に伝える	⑥しなやかな強さをもつ	
視点	時間	触れる	姿勢	役割分担	交流	過去	現在	未来	比較	関連付け	分類	相手意識	発信	改善	意味づけ価値づけ	やりぬく

◎図10-3-3　創造的実践力の評価の観点とそれぞれの視点

である。子どもたちが直接出会うことにより、心を揺さぶられる話を聞くことができたり、共に何かを成し遂げる体験や自らの働きかけにより五感を通して感じられる変化が起きたりなど、人的物的資源は、子どもにとって「本物との出会い」に繋がることが非常に多い。校舎の中で机に座って教科書と向き合うのみでは得ることのできない、非常に様々な変容をもたらす可能性を秘めている。実際に「未来そうぞう科」の学びを支えた人的物的資源について述べる。

①保護者―本校の学びを支える「参画」制度―

　本校には、伝統的に保護者の「参画」というものがある。「参画」とは、「参観」や「参加」とは違い、「教師の活動の意図を理解し、同じ視点に立って子どもを支える教育支援活動」を意味する。具体的には、参画として関わる前に、教員から保護者へ、本日の授業のめあて、単元のねらい、単元の流れと今後の見通しなどを説明する。この説明が不明確であれば、保護者の方から質問が来る。このように教員と同じ思いのもと動く保護者は、子どもにとって、時には同じ目的に向かって共に進む同志となり、時には自分たちの活動の進捗状況を話し、質問や助言をもらえる外部評価者となり、時には自分を励ましよいところを見出しながら応援してくれる共同探究者となり、様々な顔をもつ非常に貴重な存在となる。身近で多岐にわたって活動を支えられる重要な人材である（図10-3-4）。

②経験豊富なゲストティーチャー

　外部からゲストティーチャーを招くことも非常に多い。社会の枠に捉われず自分の「やりたい」を貫き輝いて生きている大人や、ある分野の専門家、自らの腕を磨き上げた技術者など、授業のねらいによりその枠は様々である。ゲストティーチャーのよい点は、子どもたちが直接関わることで、教員や保護者では満たすことのできない部分を補うことができることである。教師や保護者とは違う第三者的視点で、自ら

◎図10-3-4　保護者に活動を説明する

◎図 10-3-5　ゲストティーチャーのパフォーマンス

の専門性や経験を生かし、子どもたちに対等な立場で語りかけてくれる。子どもにとっては、普段の生活の中では出会うことのないような人も多く、日常では得られない経験ができる。現に、教員や保護者にはそこまで話しかけにこない子どもが、ゲストティーチャーには自ら歩み寄り、自分の思いを語り始める姿を何人も見てきた。この変容は、ゲストティーチャーの言葉や行動が、自らの経験に裏打ちされた生きた本物の言葉や行動である

◎図 10-3-6　国語科でのヒメちゃんの観察

からこそであろう。このような本物の出会いは、未来そうぞう科にとって子どもの心を動かす非常に大切な機会となっている（図 10-3-5）。

③自然を体感できる広大な校庭や学校動物

　本物との出会いは、人だけとは限らない。本校の豊かな自然やミニチュアホースのヒメちゃん、クラウドファンティングで迎えたホタルなど自然との関わりも重要である（図 10-3-6）。学校に動物がいたら楽しくなるのではと一から何を飼おうか話し合って招いたヒメちゃん。この言葉の通じない動物との出会いから、自分の見方・考え方を捉え直し、「生きる」について考える姿が見られた。 また、本校の広大な草原は、新たに耕して畑にするか、その自然のまま放置するか、毎年子どもたちが自分で選択している。試行錯誤しながら様々な挑戦をし、その中で、野菜の育て方や自然の恩恵や驚異について、初め

て自分事として捉える。これをきっかけに、やがて地球全体の環境についても考えるようになっていく。このように自然を五感全てで味わい感じることのできる機会も重要だ。

（岩崎千佳）

4．実践事例（3）高等学校
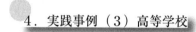

(1)　はじめに

　大阪府立夕陽丘高等学校（以下、「本校」という）は、1906（明治39）年に大阪府島之内高等女学校として創立され、2021年度、創立115年を迎え、「豊かな情操と気品のある人格の育成」を校訓とし、その時代、時代の社会的ニーズに応えながら1世紀の年月を超えて発展している伝統のある学校である。1995（平成7）年には、大阪府内の公立高校で唯一の音楽科（1学年1学級）が設置された。生徒数は915名（普通科20学級、音楽科3学級）、ほぼ全員が大学等への進学をめざしている。

　本校では、「自ら考え、行動できるように自主自律の心を育む」「幅広い教養を身に付け、一人ひとりが自己実現を達成できる力を養う」「国際的視野を持ち、社会の変化に対応できるグローバル人材を育成する」「国際最高レベルの音楽教育を推進する」を教育の4本柱として位置付け、生徒の可能性を引き出す教育活動を行っている。

　2016（平成28）年度からは、総合的な学習の時間を「夕陽学」と称し、「学校を知る、地域を知る」「アジアを知る」「世界を知る」をテーマに探究的な活動に取組み、2019（平成31）年度より総合的な探究の時間として取組みを発展させている。

　総合的な探究の時間は、各学年1単位で設定しており、1年生では、「問の設定と論証」「情報リテラシー」「情報発信」をベースに探究の基礎を学ぶ。2年生では、各教科が講座を設け、生徒が興味・関心のある講座に所属し、ゼミ形式で自ら課題を設定し探究活動を行う。3年生では、2年間で身に付けた探究の力（思考力、表現力、協働する力）を用いて、いくつかの探究に取り組む中で、進路実現に向けた自己の在り方を考える。

　本校における「夕陽学」について、2020年度の取り組みをもとに紹介する。

(2)　「夕陽学」ができるまで

　総合的な探究の時間「夕陽学」を取り組むにあたり、教科横断的な視点で、生徒に必要な資質・能力を身に付けることができるよう、課題を整理することから始めた。

　本校の生徒は、一般的に従順で、明確な目標があれば、目標達成に向かって学習する力は有しているが、自分の可能性を自分で伸ばす力や粘り強く妥協せずに取り組める力が弱く、物事を論理的・批判的に捉えたり、体系的に整理・思考する力はそんなに高くはない。当然、探究活動を充実させるためには、教員の支援が必要となってくる。

　生徒に付けたい力として、各教科共通していることは、基礎的・基本的な「知識・技能」の確実な習得だけではなく、社会の新たな変化の中で主体的に学び続ける姿勢や自律的に学習を継続する力の育成、論理的な思考力・判断力・行動力の育成に加えて、自ら問題を発見し、課題を解決する力の育成である。一方で、新学習指導要領では、各教科に探究的な要素が盛り込まれる。そのため、

　　　・本校として探究活動を通して育成したい力を明確にする

　　　・学校全体で取り組むことができるよう組織体制を整える

　　　・各教科の探究に関わる活動を、整理して「夕陽学」で共有する

こととし、まず「夕陽学」の目標を以下のとおりとした。

　①自ら課題を見つけ、自ら学び、自ら考え、主体的に判断し、よりよく問題
　　を解決する資質や能力を育成する

　②プレゼンテーションを中心とした活動の中で、学び方やものの考え方を身
　　に付ける

　③課題に取り組む中で疑問を持ち、探究活動に主体的、創造的、協働的に取
　　り組む態度を育てる

　また、組織として「夕陽学委員会」を設置し委員長を任命制とした。構成メンバーは教頭、首席、委員長をはじめ各学年の担任を合わせた12名である。委員会の役割は、3年間の探究活動の全体計画の立案と、探究を通してすべて

の学習の基盤となる具体的な資質・能力が育まれるよう、教科・科目等を超えた学習活動を調整することである。

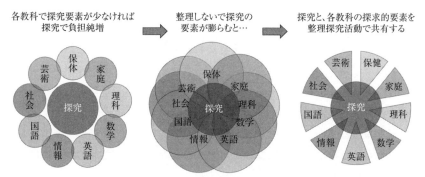

◎図 10-4-1 「夕陽学」と各教科の位置

「夕陽学」の位置づけを、探究学習単独ではなく、各教科を結び付けて整理し、教員全体で取り組むことで、各教科との結びつきを実現していく（図10-4-1）。

各教科で行われている探究活動の例を表 10-4-1 で、「夕陽学」の指導計画の概要を表 10-4-2 に示す。

◎表 10-4-1 　各教科における探究活動の例

教科・科目	内容
情報：社会と情報	SDGs に関するプレゼンテーション （情報検索、発表資料の作成、引用に関すること）
社会：現代社会	ディベート（情報収集、立案、反論）
英語：コミュニケーション英語 I	TT スピーチ・自由英作文（根拠の提示、例示）

◎表 10-4-2 　指導計画の概要

＜第 1 学年＞

前期	後期	
探究基礎	フィールドワーク	最終発表

・探究を進めるうえで必要な知識や考えるための技法などを育成する。
・「大阪」のエリアでフィールドワークを行い、年度末に最終発表を行う

＜第２学年＞

前期	後期	
ゼミ形式の探究活動	中間発表	最終発表

・各教科が開講するゼミを選択し、グループに分かれ１年を通して探究活動を行う。
・中間発表、及びそのフィードバックを踏まえて探究活動を進め年度末に最終発表を行う。

＜第３学年＞

前期	後期
探究発展	探究発展

・担当者が探究活動を位置づけた講座を開講する。
・１年次、２年次の探究基礎・ゼミ活動で身に付けた探究の力を用いて、全４回の探究活動を行う。

(3) 「夕陽学」における教科横断的な展開

　１年次に取り組んだ探究基礎の年間計画を表 10-4-3 に、ワークの内容を表 10-4-4 に示す。

　９月から数名のグループ単位で「夕陽丘での高校生活を充実するために」、様々な観点から探究のテーマを設定し、仮説をたて、それぞれの検証方法の考察に取組み、10 月 29 日大阪フィールドワーク（以下、「FW」という）を実施した。探究のテーマは大別す

◎表 10-4-3　年間計画（１年次）

時期	内容	ワーク
4、5 月	・オリエンテーション ・説得力のある文章を書く	1～4
6、7 月	・情報の扱い方 「夕陽丘高校について知ろう」 　教員へのインタビュー	2～8
8、9、10 月	・探究とは 　解決課題と仮説、論証ワーク ・解決課題と仮説設定 ・検証方法考案 ・調査、フィールドワークの準備	9～12
10 月 29 日	大阪フィールドワーク	
11 月	・情報の処理	
12 月	・発表準備	
1 月	・クラス発表（1 月 14 日） ・研究個人レポート作成 ・2 年生の発表会に参加（1 月 28 日）	
2 月	・最終発表（クラス代表による）	

ると、施設に関すること、学校生活に関すること、能力開発に関すること、音楽に関すること、その他となり（テーマ・領域は表 10-4-7 に後掲）担当教員は、課題解決に向けた指導を行うのではなく、調査の内容、方法や進め方を支援する役割が主となった。生徒は調査活動を円滑に行うため事前に研究企画書の作成、アンケート・インタビューの内容などを学習した。

　当日は9時に学校を出発し、14時から15時の間に帰校する。図書館にて文献調査、アンケート・インタビュー調査の実施、実験の実施など調査は多岐にわたった。感染症拡大防止の観点から、街頭でのアンケートは中止した。教員18名は、生徒の安全を確保するため調査が実施されている要所（梅田、天王寺、難波等）に分かれ巡回を行った。

◎表 10-4-4　ワークの内容

No	内容	No	内容
1	カタカナノカタチ・ニテルカタカナドンナカナカナ	7	データーを入手する
2	自由研究と探究の違い	8	研究ジャンルを決める
3	探究に必要な心構え	9	深めていきたい疑問を決めよう！
4	説得力のある文章を書く	10	課題設定
5	文章を読み取る	11	仮説の設定
6	データーを読み取る	12	研究手法を考える

　FWについて、事後に生徒にアンケートを行った。（対象：2020年度1年生318名、回答者数：304名、回答率：95.6％）その結果を図10-4-2に示す。結果からは、活動に対して主体的、積極的に協働して取り組むことができたこと

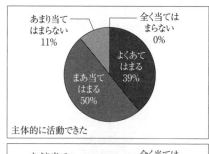

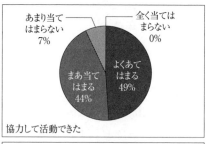

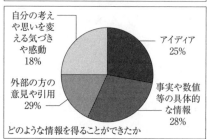

◎図 10-4-2　FW についてのアンケート結果

がうかがえる。また、生徒の感想の
中には、他校との比較や、企業の視
点からみたものの考え方に初めて触
れることができ、普段の授業では学
ぶことのできない経験をした（90%
の生徒が肯定的に回答）とあった。

　FW の結果を含め考察し、1月に
はクラスで、2月にはクラス代表が
全体に対し発表を行った（図10-4-3）。

◎図10-4-3　クラス発表の様子

　<研究テーマの一例>

　　　・「プロの舞台裏」

　　　・「夕陽丘おひるね大作戦」

　　　・「授業中に寝ないために」

　　　・「WIN – WIN　食堂の経営」

　研究内容については、深まりに欠けるものもあったが、1年生全員が、1年を
かけて課題の設定、仮説を立てる、検証、考察、結論といった探究のプロセス
を学ぶことができた。また、個々の生徒が研究個人レポートを作成し、その内
容を英語のスピーチコンテストにおいて発表するなど、教科との繋がりがみら
れたことや、学年代表発表については、中国の学生とオンラインで学校交流を
行う際、自校の取組みとして紹介するなど、深まり、発展をさせることができた。

　次に2年次に取り組んだゼミ形式の探
究活動の年間計画を表10-4-5に、講座
テーマを表10-4-6に示す。

　1年次で探究の基礎を学んだ生徒は、
それぞれの興味・関心に合わせて講座を
1年間受講し、その中で自分の探究の
テーマを設定する。各講座では担当教員
から講義や指導助言を受けながら研究を
進める。

◎表10-4-5　年間計画（2年次）

時期	内容
4、5月	オリエンテーション
	受講講座の調査
6月から8月	・講座開講
	・探究活動
9月	各講座における中間報告
10月から1月	・探究活動
1月	・最終発表
2月	・2年間のまとめ

　2年次の探究の担当教員は、専門性を生かし指導するとととともに、生徒の疑

◎表 10-4-6　講座テーマ

講座	テーマ
国語 1	言葉を超える『コトバ』たち〜私たちの生活に密着している言葉を再考し、表現する〜
国語 2	言葉を超える『コトバ』たち〜私たちの生活に密着している言葉を再考し、表現する〜
社会 1	会社を設立しよう！
社会 2	京都・大阪・奈良の観光プランを考えよう！
数学 1	新しいトランプゲームの考案
数学 2	魔方陣の考察（R2 年度　閉講座）
理科 1	再生・再利用
理科 2	再生・再利用
英語 1	効果的な英語の学習法探求とその実践
英語 2	外国語（英語）作品の分析
保健体育 1	バリアフリースポーツ「男女・障がい者・健常者の垣根を越えて楽しめるスポーツを考える」
保健体育 2	バリアフリースポーツ「男女・障がい者・健常者の垣根を越えて楽しめるスポーツを考える」
芸術（音楽）	フィルムスコアリング概論：映像と音〜視覚と聴覚のインタラクションを読み解く〜
家庭科	さまざまな食品で天然酵母を培養し、パン・ド・カンパーニュを作る
情報	Python で IOT やってみよう！　〜上手にググりながら、やれることを増やす〜

問や発案に対して、解決に導く方法や内容を深める支援を行った。

　　＜研究テーマの一例＞

　　　・キャッチコピーのあれこれ　　　　　・チョークの再生＆脱色

　　　・ミュージカル映画における歌の効果

　　　・日本と海外の映画ポスターの違い　　・「酵母菌」育てました！

　1 月に実施した最終発表は、70 班（1 つの班は 4 〜 5 人）を 4 つのグループに分け、20 教室を使用して行い、研究の継続性を考え、1 年生も興味のある発表を見学できるようにした。

　2 年間の探究活動を終えて、生徒が自分たちにどのような力が夕陽学で身についたと考えているのか、アンケートを実施した。その結果を図 10-4-4 に示す。検証する力、正しい情報か判断する力や情報を読み取り、分析する力の割合は低いが、当初の目標であった情報収集や物事を深く考える力や協働する力、発表する力については生徒自身も成果があったと感じているようだ。

　生徒の感想には、「日常生活では疑問を持ちながら生活をすることが少ないが、夕陽学を通してあるひとつの事を深く考えて、しっかり学ぶ力が付いた」

　「自分の興味があることについて、1 年間をとおして課題や解決策を考える

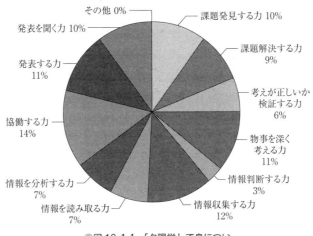

◎図10-4-4 「夕陽学」で身につい

なかで、また新たな課題が見つかり、それを自ら考え、そして行動することができた。新しいことを学ぼうとする力が身についた」の記述があった。

(4) 「夕陽学」における人的・物的資源の活用

「夕陽学」を充実した活動にするためには、校内だけでなく外部の方の支援が必要であった。大阪FWでは、学校（大学、高校）、地域、企業をはじめ様々な個人・団体の方にご協力をいただいた。表10-4-7にその状況を示す。生徒はFWを行うにあたって、自分たちの責任感と自覚をもって、各団体の方へのアポイントメントや最後のお礼状の作成までやり遂げた。その一連の学習は生徒にとって大きな刺激となり、自らの考え方や行動を見つめなおすきっかけにもなった。

(5) 最後に

普通科・音楽科で探究活動を充実させるためには、学校全体が一丸となって取り組むことが必要不可欠である。成長する生徒の姿を確認しながら、今後は、年間の評価に向けた評価のルーブリックの充実を行い、担当者の指導、評価の目安を明確にしていきたい。

（網代典子）

◎表10-4-7　探究基礎（1年次）のテーマ及び調査団体等

大別	テーマ　領域	お世話になった団体
施設関係	食堂関連 （密回避、メニュー充実、経営、アイス自販機設置など）	大阪市立大学　北食堂、 近畿大学（ZOOM）、大阪府庁食堂、 大阪緑涼高等学校、上宮高等学校、 大阪市立大阪ビジネスフロンティア高等学校、大阪府立生野高等学校　など
	更衣室・トイレ（衛生・密回避）	入船温泉、TOTO（関西支社）、 大阪城ホール
	校内環境（美化・コロナ対策）	阿倍野キューズモール、通天閣
	Wifiの使用について	天王寺図書館、ミスタードーナッツ、 スターバックス、マクドナルド
	トレーニングルームをより有効に使うには	ファーストクラストレーナーズ北浜本店
学校生活	授業中寝る人を減らす（シエスタ制度・眠気の除き方）	（株）beyond、福岡県立明善高等学校、 大阪大学（足立　准教授）
	男女平等の制服	トンボ大阪支店
	自転車通学（実情と課題）	大阪府立清水谷高等学校、 あべの翔学高等学校
	挨拶について	アウィーナ大阪、上宮高等学校
	夕陽の男子を増やすには	学校説明会においてアンケート
	夕陽に緑を増やそう	咲くやこの花館
	図書室を人気にする方法	ジュンク堂　くまざわ書店、 大阪市立大阪ビジネスフロンティア高等学校
	昼休みに地震が起きたらどうしたらよいか	阿倍野ハルカス
能力開発	夕陽生の好奇心を高めるには	キッズプラザ大阪
	自己実現・夢を叶える決め手 夢や目標について	MBS毎日放送、大阪赤十字看護専門学校、 常翔学園
	どうしたら楽に階段をのぼれるか	大阪保健医療大学
	学習行動と成績	大阪市立中央図書館（文献調査）、 大阪府立北野高等学校
音楽関係	クラシック音楽を聴く時間	いずみホール
	私立高校と公立高校の違い	相愛高等学校、夕陽丘学園
	舞台裏のお仕事	関西芸術座
	音大生の一人暮らし	音大生の一人暮らし大阪音楽大学
	良いコンサートホールとは	いずみホール、ザ・シンフォニーホール
	気軽に音楽を楽しむ機会を増やすには	ルクアときめき事業部
その他	高校生の犯罪について（防犯）	大阪府中央少年サポートセンター
	お弁当のレパートリー	LOFT、東急ハンズ

【編者プロフィール】

木原俊行（きはら　としゆき）

　広島県三原市に生まれる
　現在　大阪教育大学大学院　教授
　専門　教育方法学、教育工学、教師教育学
　近著
　『教育方法とカリキュラム・マネジメント』2019　学文社（分担執筆）
　『初等中等教育におけるICT活用』2018　ミネルヴァ書房（分担執筆）
　『情報教育・情報モラル教育』2017　ミネルヴァ書房（分担執筆）
　『「授業研究」を創る』2017　教育出版（分担執筆）
　『教育工学的アプローチによる教師教育』2016　ミネルヴァ書房（共編著）
　『教科教育のフロンティア』2015　あいり出版　（共編著）
　最近の論文
　木原俊行・小柳和喜雄・野中陽一（2021）「教職大学院実務家教員による教育実践
　研究の実態－教師教育者としての取り組みに注目して－」『日本教育工学会論文誌』
　第45巻第2号
　木原俊行・島田希（2021）「学校を基盤としたカリキュラム開発に資する学校園長
　の役割と学びの実態－ある地域の幼稚園小中高等学校のリーダーに対する質問紙調
　査の結果から」『大阪教育大学紀要　総合教育科学』第69巻（共著）
　木原俊行・島田希（2020）「教育委員会指導主事による校内研修のコンサルテーショ
　ンの現状と課題」『大阪教育大学紀要　総合教育科学』第68巻（共著）

馬野範雄（うまの　のりお）

　大阪市に生まれる
　現在　関西福祉科学大学　教授
　専門　教科教育（社会科、生活科、総合的な学習の時間）
　著書
　『社会系教科教育研究のアプローチ ～授業実践のフロムとフォー～』2010　学事出
　版（共著）
　『文化を基軸とする社会系教育の構築』2017　風間書房（共著）
　『社会系教科教育学研究のブレイクスルー』2019　風間書房（共著）
　論文
　「コンテンツとコンピテンシーの両立を図る授業開発－『生活（小)』の実践を手が
　かりにして－」(2018)『関西福祉科学大学紀要』第22号
　「小学校教育の動向と展望－生活科・総合的な学習の時間を視点として－」(2018)『社
　会系教科教育学会『社会系教科教育学研究』第30号
　「小学校の教育実習において学生が培う力とは－全国の小学校教員、教員を目指す
　大学生を対象とした調査結果から－」(2019)『人間環境学研究』第17巻1号

【シリーズ・新時代の学びを創る】11

　生活科・総合的な学習の時間の理論と実践

2021 年 11 月 15 日　初版　第 1 刷　発行　　　　　　定価はカバーに表示しています。

編　者　　木原俊行・馬野範雄
発行所　　（株）あいり出版
　　　　　〒600-8436　京都市下京区室町通松原下る
　　　　　　　　　元両替町 259-1　ベラジオ五条烏丸 305
　　　　　電話／FAX　075-344-4505　http://airpub.jp/
発行者　　石黒憲一
印刷／製本　モリモト印刷（株）